湖南省教育科学"十三五"规划课题"中小学教师胜任力评价标准研究"（课题批准号：XJK17ZDWT08）成果

中小学教师胜任力的提升与评价

赵雄辉　王向红　罗　兰

戴伍军　张博文　龙红明　◎　著

戴小春　张三平　熊文君

中南大学出版社
www.csupress.com.cn
·长沙·

绪　论

本书是湖南省教育科学"十三五"规划课题"中小学教师胜任力评价标准研究"（课题批准号：XJK17ZDWT08）的一个阶段性成果。课题的立项源于湖南省中小学正高级教师职称评审过程中，管理部门和被评对象提出的系列问题。

2009 年 1 月，经国务院同意，人力资源和社会保障部（以下简称"人社部"）、教育部选择山东省潍坊市、吉林省松原市、陕西省宝鸡市 3 个地级市开展深化中小学教师职称制度改革试点工作。改革的主要内容，一是统一并健全中小学教师职称系列；二是完善评聘标准，体现中小学教师专业性、实践性、长期性的职业特点，突出教书育人实绩的导向，并向农村教师适当倾斜；三是在评价机制上，探索实行多种评价方式，注重发挥同行教育专家在评审工作中的重要作用；四是在聘用制度上，坚持与中小学教师岗位管理改革紧密衔接，使中小学教师职称评审在学校核定的岗位结构比例内进行，引导优秀教师向有岗位空缺的薄弱学校或农村学校合理流动。

2011 年 8 月 31 日，国务院召开常务会议，会议决定在全国部分地市开展深化中小学教师职称制度改革试点工作，建立统一的中小学教师职称制度，并设置正高级职称。随后人社部、教育部印发《关于深化中小学教师职称制度改革扩大试点指导意见的通知》，正式全面启动改革扩大试点工作。全国各省份各选择 2 至 3 个地级市，用一年左右的时间开展改革扩大试点工作。同时，已开展试点工作的山东、吉林、陕西三省在全省开展改革工作。

2015 年 9 月，人社部、教育部联合印发《关于深化中小学教师职称制度改革的指导意见》，对原中学教师和小学教师相互独立的职称（职务）制度体系进行改革，建立统一的中小学教师职称（职务）制度，明确职称系列的员级、助理级、中级、副高级、正高级职称(职务)名称依次为三级教师、二级教师、一级教师、高级教师和正高级教师。国家制定中小学教师专业技术水平评价的基本标准条件，各省、自治区、直辖市以及新疆生产建设兵团根据本地教育发展情况，结合各类中小学校的特点和教育教学实际，制定中小学教师具体评价标准条件。

《关于深化中小学教师职称制度改革的指导意见》是一项重大的人才评价制度创新，本次改革遵循中小学教师的成长规律和职业特点，改革原中学和小学教师相互独立的职称(职务)制度体系，统一了自1986年以来一直实行的中学、小学两大职称系列，首次设置正高级职称，从制度框架、评审标准、评价机制等方面对中小学职称制度进行了整体设计，明确了中小学教师职称制度改革在全国范围内推开。这是贯彻《中共中央国务院关于进一步加强人才工作的决定》中关于深化职称制度改革要求的重要举措，是落实义务教育法、建立统一的义务教育教师职务制度的重要内容，是分类推进职称制度改革的重要探索。

2016年，由人社部和教育部联合下达评审指标，各省市教育厅根据《关于深化中小学教师职称制度改革的指导意见》全面开展评审，并公布了我国中小学正高级教师职称的入选名单，一批优秀的中小学教师站到了职称序列的"金字塔顶"。这是在少量地区试点的基础上在全国范围推开的新举措，标志着中小学职称评审这个重要的制度创新得到了全面施行。

2017年，人社部、教育部联合印发《关于做好2017年度中小学教师职称评审工作的通知》明确提出：1.各地根据本地区中小学教育教学工作实际，充分考虑不同地域、不同学段、不同学科的特点和要求，进一步改进完善评价标准；2.坚持把师德放在中小学教师评价的首位；3.不将论文作为限制性条件，注重考察教师教书育人的工作业绩和实际贡献；4.进一步完善正高级教师评价标准，发挥正高级教师在城乡各地区的引领作用，让更多优秀教师"跳一跳能够得着"；5.对长期在农村和艰苦边远地区工作的中小学教师，可放宽学历要求，不做论文、职称外语和计算机应用能力的要求，提高实际工作年限的考核权重；6.坚持以同行专家评审为基础的业内评价机制，注重参考工作单位考核推荐意见，探索学校、学生、家长共同参与的多方评价形式。加大对一线教师特别是农村教师的倾斜力度，评审通过的正高级教师中，担任学校和教研机构行政领导职务的原则上不超过30%。

在国家全面推进中小学教师职称改革政策实施的过程中，湖南省教育厅、湖南省人力资源和社会保障厅（以下简称"人社厅"）根据教育部、人力资源和社会保障部的工作部署，于2012年启动了中小学教师职称制度改革试点工作，选定了株洲市和常德市两个地级市作为改革试点市。经过个人申报、考核推荐、专家评审等环节，共34名教师被上报至省教育厅，成为正高级教师的参评对象，最终有19名教师获评中小学正高级教师，其中8名来自株洲市，11名来自常德市。这项改革试点打破了湖南省中小学教师最高只能评副高级的"天花板"，在中小学教师队伍中一石激起千层浪。

湖南省人社厅、教育厅按照国家文件精神，于2016年8月25日下发了《湖南省深化中小学教师职称制度改革工作实施方案》（试行），具体制定了《湖南省深化中小学教师职称制度改革职称（职务）过渡办法》《湖南省深化中小学教师职称制度改革职称（职务）评审办法（试行）》《湖南省中小学教师水平评价基本标准条件（试行）》《湖南省幼儿园教师水平评价基本标准条件（试行）》《湖南省特殊教育教师水平评价基本标准条件（试行）》《湖南省教研人员水平评价基本标准条件（试行）》《湖南省校外教育机构教师水平评价基本标准条件（试行）》《湖南省深化中小学教师职称制度改革教师专业技术岗位结构比例控制标准（试行）》《湖南省深化中小学教师职称制度改革跨校评聘实施办法（试行）》，这些办法中明确了正高级教师职称由湖南省组织评审，高级教师职称由市州组织评审，一级教师职称评审权下放至省直管县（市），其他县市区待条件成熟后再稳步下放，暂未获得一级教师职称评审权的县市区，其一级教师职称由市州统一组织评审；二、三级教师职称由县市区组织评审。正高级教师数量由国家实行总量控制，2016年，人社部、教育部批复湖南省评审正高级教师的总数为146人。2017年，中小学正高级教师数量仍实行总量控制，全国评审正高级教师的总数为3496人，湖南省评审正高级教师的总数为147人。2018年，全国中小学正高级教师指标数共计3604个，湖南省有157人。2019年起，人社部不再下达评审指标，各地在核定的岗位结构比例内开展正高级教师职称评审，评审结果报两部备案。

随着评审工作的逐步开展，在正高级职称评审细则研制过程中和实际评审过程中，评审专家、工作人员和被评对象提出了一些问题：

1. 国家《中小学教师水平评价基本标准条件》中的条款都是比较抽象、概括性的，如何全面准确地理解评价标准，如何根据标准对评审对象进行区分？

比如：在达到基本共同标准条件的基础上，参评正高级教师要具有崇高的职业理想和坚定的职业信念；需要出色地完成班主任、辅导员等工作任务，教书育人成果突出；要深入系统地掌握所教学科的课程体系和专业知识，教育教学业绩卓著，教学艺术精湛，形成独到的教学风格；具有主持和指导教育教学研究的能力，在教育思想、课程改革、教学方法等方面取得创造性成果，并广泛运用于教学实践中，在实施素质教育中，发挥示范和引领作用；在指导、培养一级、二级、三级教师方面做出突出贡献，在本学科教学领域享有较高的知名度，是同行公认的教育教学专家等这些标准如何定量评价，如何在评审中区分排序？

2. 国家文件要求各地完善评审标准，省级条件如何在国家的条件下体现地方特点，如何确定本省的评审标准和操作细则？

湖南省制定了《湖南省中小学教师水平评价基本标准条件（试行）》，从政治素养、法纪意识、敬业精神、育人行为、学习态度、师德师风、身心条件、资格要求等方面列出了基本条件，并对正高级教师的业务能力水平提出了四个方面的要求，包括：教育艺术高超，育人业绩卓著；教学业务精湛，教学效果优异；研究能力超群，教研成果丰富；示范作用显著，区域同行公认。在这个基础上还要制定具体的评审打分细则，细则到底如何科学设置考评点和分值，采取什么考评方式，具体如何分点计分，还需要进一步细化和增强可操作性。

3. 各级各类中小学教师、校长、教研员有不同的工作特点，如何分类制定具体的评价标准，体现岗位、学科的特点？

湖南省深化中小学教师职称制度改革实施方案中，将教师分为5类并分别制定了水平评价基本标准条件，明确了对于一线教师要突出教育教学实绩，注重考察教师教书育人的工作业绩和实际贡献，切实改变过分强调学历、论文的倾向，不将论文作为限制性条件，而将继续教育作为申报参评上一级职称的重要条件，探索出以教案、研究报告、工作总结等教学成果替代论文的评审方式。许多证据可以从学生的学业成绩、获奖情况、综合素质评价中反映出来，但是，不同的学校有很大差异，薄弱学校的学生很少获奖，教学质量排名也往往在后面，但教师的付出可能比一些名校的要多，付出与收获的比重难以反映出来；校长和教研员也各有不同的特点，虽然不能简单地把学校的所有成绩都归于校长，但有时学校本身就社会声誉高，人民群众满意度高，校长的付出就难以反映出来；而作为教研员，他们很难有突出的教育教学业绩，各种评奖也往往没有教研系统的指标，所以要切合各类人员的实际分别制定标准，但如何体现不同类别的特点，实现可以比较的目的呢？

4. 评审要综合考虑农村边远地区的实际特点，要考虑市州的平衡，到底倾斜到什么程度，照顾的比例如何确定呢？

国家明确在农村和艰苦边远地区工作满 20 年和 30 年、目前分别还是初级、中级职称的中小学教师，申报上一级职称时，学历可放宽一个"台阶"；对长期在农村和艰苦边远地区工作的中小学教师，不做论文、职称外语和计算机应用能力的要求，侧重考察其实际工作业绩和服务基层的年限、效果等，提高实际工作年限的考核权重。要确保农村和艰苦边远地区中小学教师职称评审现有的倾斜政策落实到位。但是，职称评审不仅仅是对工作态度的衡量，还是对学术水平的衡量，照顾的适度性与调动的积极性的处理是一个现实的矛盾，不能简单地用降低职称标准来照顾在农村和艰苦边远地区工作的教师，但又要发挥职称的激励作用，通过职称评审提高农村教师的待遇，于是倾斜度的把握、市州评审通过率的平衡就是一个政策性和技术性的问题。

5. 职称评审要有利于教师队伍的建设，到底如何通过职称评审标准和评审导向引导教师的专业发展，提升教师的胜任力呢？

现代中小学教师既承担了"传道、授业、解惑"的任务，还要指导学生养成良好的学习习惯、参与校本课程开发、管理班级、辅导学生心理健康、参与教育科研，这就需要教师具备多方面的能力。对教师的职称评审重视哪些指标，教师就会在工作中主动倾向做相应的事情，因此，评审标准有很强的导向功能。充分考虑中小学教师的多重角色，引导广大教师提升教师胜任力，是制定职称评审标准需要积极考虑的问题。

6. 职称的评审过程如何实现信息公开，如何促进同行专家评审、核查材料的真实性，消除评审过程中的弄虚作假、暗箱操作行为，确保公平公正组织评审？

在评审的过程中，材料需经过学校、县区、市、州教育局的层层审核，但审核人员并不具备鉴别论文期刊、获奖证书真假的能力，每年都可能遇到假论文、假证书的情况，作假的材料是否都在评审过程中被识别，如何在申报过程中严格审查，确保材料的真实性呢？

面对这些问题，在具体制定评审标准和评审的过程中，主管部门领导要求教研部门要进行深入调查研究，要遵循教育规律和教师成长规律，引导中小学教师的专业成长，把设置这些指标的道理说清楚，指出更多的促进青年教师专业成长的路径。基于此，湖南省教育科学"十三五"规划设立了重大委托课题"中小学教师胜任力评价标准研究"，经过申报、评审，确定承担该课题的课题主持人为湖南省教育科学研究院赵雄辉研究员，核心成员有罗兰、王向红、龙红明、张博文、戴伍军、戴小春、张三平、熊文君。参加过课题讨论的人员还有：吴停风、陈波涌、谢贵香、李炳煌、杨敏、王俊良、何国清、张思明、黄国雄、林宏华、彭波、曹汉庆、单莹、李婷、李学等。

经过课题组讨论，确定从中小学教师胜任力构成的核心要素出发，结合湖南省特级教师和正高级教师职称评审的有关工作要求，开展湖南省中小学教师胜任力评价标准的构建研究，提出有关指标体系和有关评审工作的改进建议，这不仅仅是为进一步完善省级正高级教师职称评审提供参考，还为各地开展中小学教师胜任力考核评价、新教师招聘、教师资格认定、中高级专业技术职称评审、教师培训、教师职业发展规划等工作提供参考。

课题的主要研究内容包括：

1. 中小学教师胜任力理论研究。主要对中小学教师胜任力的概念、内涵、外延、主要特点、模型建构、胜任力评价等方面的理论问题进行探索。

2. 中小学教师胜任力评价标准的比较研究。主要对各省市的中小学教师职称评审标准开展比较研究。

3. 中小学教师职业道德与德育胜任力的提升与评价研究。

4. 中小学教师知识素养与学习能力的提升与评价研究。

5. 中小学教师课堂教学能力的提升与评价研究。

6. 中小学教师教研能力的提升与教研成果的评价研究。

7. 中小学教师个性特质与社会影响力的提升与评价研究。

8. 中小学教师职业幸福感的创造与获得能力的提升与评价研究。

在这些研究的基础上，根据有关要求，对中小学教师正高职称评审工作的改进进行专门讨论，提出改进建议。

课题组致力于从湖南省中小学教师队伍建设的实际出发，在对中小学教师胜任力的内涵、内在结构、外在表现、主要特征进行分析的基础上，对中小学教师胜任力的提升提出建议，并对胜任力的评价进行探讨，目的是为广大一线教师的专业发展提供帮助，为改进职称评审建言献策。但是，在课题的实际研究过程中，大家发现，教师队伍建设和教师专业成长在新的时期面临许多新的问题。国家对教师队伍的建设越来越重视，社会对教师素质的期望值不断提高，人工智能带来教育的重大变革，对教师的角色与素质的要求不断更新，要把这些问题研究清楚并让建议更具有操作性是一件非常困难的事情，所以我们只能就其中一些问题把讨论的成果呈现出来，先出版本书。

参与本书写作的有赵雄辉、罗兰、王向红、龙红明、戴伍军、张博文、戴小春、张三平、熊文君，由赵雄辉统稿，吴停风、李炳煌、谢贵良参与初稿修改讨论。尽管作者们多次集中讨论、反复修改，但还是感到心有余力不足，有关评价建议还不够成熟，不当之处有待进一步研究，也欢迎广大教育管理工作者、中小学一线教师、教研员批评指正。

第一章
中小学教师胜任力概述

中小学教师胜任力评价标准能够让中小学教师从中找到自己的不足，激发自己专业发展的内在动力，从而进一步提升自己的专业素养。中小学教师胜任力评价需要借鉴人力资源理论中有关胜任力评价的成果，结合中小学教育实际，明确中小学教师胜任力的内涵，确定中小学教师职业需要的胜任力特征，最终建立中小学教师胜任力评价的基本框架。

第一节　中小学教师胜任力的界定

学校是一种特殊的组织，教师作为学校的人力资源，与一般行业人力资源的胜任力要求既有共同点，也会有自身的具体特点。除了专业知识和能力有特殊要求外，与工作相关的道德、心理、态度、价值观等内隐性的因素同样影响着教师的专业工作。

一、胜任力的研究历程

关于胜任力的研究，最早可以追溯到 20 世纪 20 年代"科学管理之父"泰勒的探索。泰勒主张管理层通过动作和时间分析员工之间业绩差异的原因，他通过"时间—动作研究"（time and motion study）将复杂的工作拆分成一系列简单的步骤，以识别不同工作活动对能力的要求。但当时他把人当作机器的附属物，主要关注智力和能力，忽视了人的主动性和创造性。20 世纪 50 年代，约翰·弗拉纳根（John Flanagan）也进行了相关的研究，他提出了一种新的考察个体行为的方法——关键事件技术（Critical Incident Technique，CIT）。虽然约翰·弗拉纳根当时没有明确提出胜任力的概念，但他为后来的胜任力研究奠定了一定的方法基础。

胜任力的正式研究始于20世纪70年代。美国心理学家、哈佛大学教授戴维·麦克利兰应美国国务院邀请，参与设计"预测外交官实际工作绩效"的技术。经过潜心研究，他于1973年在《美国心理学家》杂志发表《测量胜任力而非智力》一文，首次明确提出"胜任力"的概念。该文的发表也成为"胜任力运动"（Competency Movement）的标志。他在该文中指出，学校成绩、智力、能力的倾向测验不能预测职业或生活成就，主张用胜任特征测试取而代之。他还提出了基于胜任特征的有效测验的六项准则，并倡导用正在从事的具体工作中涉及的能力来进行评估，即胜任力测评方法。此后，胜任力测评逐渐推广至整个企业界，其影响延展到包括服务工作领域、专业技术领域等在内的各行各业，同时也衍生出了基于不同行业的变形。到20世纪80年代，胜任力成为管理学、心理学、教育学等领域研究的热点问题。

1982年，麦克兰根（Mclagan）等人出版了《胜任的经理：一个高效的绩效模型》一书。此后，胜任力开始在英国、美国、加拿大、日本等发达国家企业人力资源管理中被广泛使用，有关胜任力的研究和进展得到了学术界的认可。随着胜任力思想逐渐被人们认同和接受，胜任力研究日益深化，胜任力理论得到不断发展。20世纪90年代以来，西方国家掀起了胜任力实际应用的高潮，许多以胜任力特征建模服务为主要业务的咨询公司开始创建，各种胜任力特征模型数据和通用胜任力词典也不断地被开发出来。

关于胜任力的研究主要涉及胜任力内涵、胜任力特征、胜任力模型、胜任力测评等内容。不少研究者对"胜任力"的概念都提出了自己的定义。其中，代表性的定义有以下几种：

1. 麦克兰根认为："所谓胜任力，是指一个人在某个角色或职位上有优越绩效的能力。它可以是知识、技能、智慧策略或综合以上三者的结果；它可以应用在一个或多个工作单位中。胜任力的说明涵盖范围视其希望的用途而定。"1990年，麦克兰根修正了这一定义，指出胜任力是"指对优秀成果的产生具有重要影响的能力"。

2. 施宾塞（Spencer，1993）认为，胜任特征是指"能将某一工作（或组织、文化）中表现优异者与表现平平者区分开来的个人的、潜在的、深层次特征，它可以是动机、特质、自我形象态度或价值观、某领域的知识、认知或行为技能——任何可以被测量或计数的，并且能显著区分优秀绩效和普通绩效的个体特征"。

3. 波雅提兹（Boyatizis，1994）把胜任力界定为一个人具有的并用来在某个生活角色中产生成功表现的任何特质，这种个体的潜在特征可能是动机、特质、技能、自我形象、社会角色或者知识。

4. 哈克尼（Hackney，1999）从培训的角度认为，胜任力就是指"一个人成功完成组织目标时所需要的知识、技能和态度。胜任力被定义为确保产生效绩的多种能力"。

5. 赫尔莱（Helley，2001）认为，胜任力"常常被用来描述一个广泛的特质群，如从动作技能到人格特征，从安全分离细胞的能力到成功地回应调查报告者提出的问题的能力等。事实上，胜任力通常被定义为一种特质，这种特质能够使一个人以富有成效的方式完成他/她的工作，而且，这种特质能依据一个可接受的绩效标准进行测量。它包含知识、技能、能力、特质、态度、动机和行为等多个方面"。

从这些定义看，业界对胜任力的界定众说纷纭，缺乏统一见解。但从中也可以看出一些共识：1. 他们都强调工作情境中员工的价值观、动机、个性、态度、技能、能力和知识等特征；2. 它与工作绩效有着密切关系，可以用来预测员工未来的工作绩效；3. 与工作相联系，具有动态性；4. 能够区分业绩优秀者和一般者。只有满足这些特征，才可被认为是胜任力。

二、教师胜任力的内涵

教育领域的胜任力研究最早是对教育管理者胜任力的研究。20 世纪 70 年代后期，美国中学校长协会提出了校长的胜任力指标体系，旨在指导校长的选拔及其职业的发展。20 世纪 80 年代，英国政府提出通过管理教师绩效来提高学校教育质量。到 20 世纪 90 年代初，英国又成立了"国家教育评估中心"，构建了具有英国特色的教育管理者胜任力研究模式，先后开发出侧重技能和行为、侧重职业资格、侧重素质和侧重特质的教育管理者胜任力模型。

随着各国教育教学改革的不断深入，对教育管理者胜任力的研究逐步向教师胜任力研究发展。1993 年，美国学者西蒙兹研究了学生喜爱的教师所具有的特征。1996 年，澳大利亚国家教学委员会在依据教师胜任力标准实施的全国教学质量项目中，开发设计了一个胜任力框架，提出了教师入职的教学胜任力指标。1997 年，英国学者乔丹对称职与不称职的教师特征进行了研究，总结了两者各自的特征。2000 年 6 月，麦克伯咨询公司向美国教育与就业部提交了一份题为"高绩效教师模型"的报告，提出了高绩效教师的胜任特征群。卡比兰于2004 年提出了教师胜任力的评价标准。赫尼曼和米兰诺维斯基于同年提出了提高教师胜任力的战略和基于人力资源的教师绩效胜任模型。我国学者对教师胜任力问题的关注始于 21 世纪初，公开发表的相关研究成果最早见于 2003 年，教师胜任力的研究取向也从最初的理论探索逐渐转向实证研究，从构建通用的胜任力模型转向研究具体职位的胜任力。

　　我国发表研究教师胜任力的文章始于 2003 年，为了研究教师测评，引入胜任力这一概念，我国关于教师胜任力的研究也越来越丰富，关于中小学教师、不同学科的教师、农村教师、网络教师胜任力的研究越来越多，尤其是一些硕士、博士的毕业设计也热衷于研究教师胜任力模型。

　　教师胜任力相关问题的研究有多个角度。在现有的研究中，研究的方法或是采用调查、测量等实证手段分析优秀教师素质，或是通过经验总结、历史比对等方法对教师素质进行归纳，总结出现有教师所应具备的心理素质。而对不同人群心中理想教师应具备的心理素质进行调查，从而得到教育行业优秀从业人员应该具备的素质和品质的结构模型。研究的重心和问题有教师的认知类型、教师的仪表仪态、价值取向等，有从学生角度出发的主观评价、有教师的自我评价、有对教师行为的观察，还有教育管理人员的评价、教师资格考评、教师职业品质与教学成功之间相关度的分析等。1980 年，著名教育心理学家刘兆吉研究了数名优秀教师和模范班主任的心理品质，此后，从心理学角度关于教师品质、理想人格、教师人格的研究越来越多。国内学者也编制了一些相应的测评工具，如《小学教师素养评定量表》，它包含90 个项目，可由学校校长或者评价人员同时对某个教师进行逐项评判。教育专家魏红、胡祖莹根据各类研究结论，制订了《优秀教师特征表》，其内容涉及教学组织性、教学激励性、教学明晰性、积极的性格特征四个方面。查有梁提出了 40 个《优秀教师基本素质检测》条目和 40 个《优秀教师教学素质检测》条目。

关于教师胜任力内涵的研究，很多学者给出了定义。例如，罗伯特·J.斯坦伯格（R. J. Stemberg）对教师进行了深度研究，归纳总结出其所应具备的胜任力特征包括超高的知识水平，创造性的洞悉水平、创造能力，超高的工作效率。洛伦佐（Lorenzo）认为决定教师能否成功地实施教学，关键是看教师个体是否具备教育教学的专业知识、专业理念、专业师范技能等胜任力特征，它是教师个体成功地进行教育教学的所有能力特征。戴尼斯（Denis）认为，教师胜任力随一定的情境、一定的时空条件的变化而有所不同，是不同教学环境和时代下，教师职业对教师能力要求的总规格。

近几年，关于教师胜任力内涵的研究成果逐渐丰富起来。我国第一次对其概念做出研究的是学者邢强、孟卫青，他们认为，教师胜任力是教师的培养目标，它是教师个体高效、成功地进行教育教学工作必须拥有的专业知识、专业师范技能、态度、价值观等全部能力特征、个性特征。曾晓东认为，教师胜任力是导致正面的教学效果的所有特征的集合，它可以区分优秀教师和普通教师，可用于教师评价。徐建平等提出，教师胜任力指"在学校教育教学工作中，能区分高绩效表现优秀的教师与一般普通教师个体潜在的特征，包括能力、自我认识、动机以及个人特性等"。胜任力的研究在全球掀起了高潮，有多个国家已经对此进行了相关的研究，获得了大量的研究成果。在这些研究中，有对企业中领导胜任力进行研究的，也有对教师胜任力进行研究的，但对教师胜任力研究的对象是不一样的，有中小学、高校的；也有班主任、优秀教师、新手教师等相关胜任力的研究。对于教育的发展而言，教师胜任力是十分重要的。

对教师胜任力内涵的定义虽然有差别，但也呈现出一些共同特点。综合各家观点，本书总体认为教师胜任力主要由教师的专业素养、学科知识、动机、教育理念、师生观、师范技能、自我概念、学术能力、性格特征等这些胜任特征组成，它们是教师能够成功胜任教育教学工作、教学科研工作的主要因素，也是识别优秀绩效教师和普通教师的特征集合。这些因素具有以下特点：

1. 综合性：教师胜任力一般是指导教师职业、教育教学工作成功进行的各种能力特征的总和，它是一个综合性的概念，由所有胜任力特征项目组成。

2. 可测量性：通常教师胜任力特征项目都是可以测量的，比如专业知识水平、师范技能等都可以进行测试。

3. 情景性：随着教学环境、时代等时空条件的改变，教师职业对教师能力的要求也与时俱进，不同的时代、不同的工作条件对教师的要求都是不同的，所以教师胜任力也具有情境性，随时代的发展而变化。

4.与绩效水平的关联性：教师胜任力在一定程度上展示了教师的绩效水平，可以用于区分优秀教师和普通教师。

可以说，中小学教师胜任力的首个关键落在"胜"上，即特别强调卓越者与普通者之间的区分性，重点把握卓越者与普通者之间的层次差异性，其次以"力"为出发点，指明它涵盖了一系列的特征和特性，即其实际上是一个特质群，并非某一单方面的单个的素养、能力、特征，而是各相关"力"的整体和综合。胜任特征并非一成不变，它会依据时代要求、社会环境、培养目的、教学对象、工作环境的变化而不断变革，不断提出更高的、更符合时代要求的胜任标准。

第二节　中小学教师胜任力的维度划分及特征分析

中小学教师胜任力是一个涵盖丰富内容的概念，需要进一步分解其中的要素，辨明各个要素的本质特点。

一、通用胜任力模型中的维度划分

麦克利兰在其构建的冰山模型（图1-1）中将员工的素质划分为两个部分：一部分是呈现在人们视野中的占1/8 的"冰山以上的部分"，如基本知识、资质、技能行为，这些是外在表现，较为容易观察和测量，被称为显性素质；另一部分是看不到的占7/8 的"冰山以下的部分"，如社会角色、自我形象、特质和动机，是人内在的、难以观察和测量的部分，它们不太容易通过外界的影响而得到改变，但对区别人的行为表现和素质起着关键性的作用。

美国学者施宾塞在此基础上，从特征的角度提出了"素质冰山模型"，将胜任力划分为两大部分：水上冰山部分（知识和技能），即基准性胜任力（Threshold Competence），这是对胜任者基础素质的要求，但它不能把表现优异者与表现平平者区别开来；水下冰山部分，包括社会角色、自我概念、特质和动机等胜任力特征，可以统称为鉴别性胜任力（Differentiating Competence），是

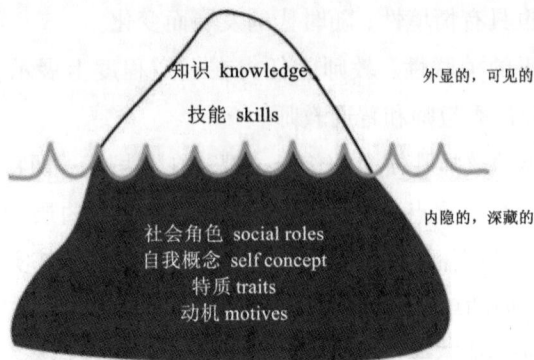

图1-1　胜任力之冰山模型

区分表现优异者与表现平平者的关键因素。我们可以将人类胜任力的结构比做冰山，冰山顶部可见的第一层水平是完成工作或符合职位要求必须具备的可观察到的知识和技能，正如施宾塞所说的，这是职位和任务能够被恰当地执行所需要的能力，是指导性的知识和技能，可通过专业和职业的培训学习到。冰上的第二层水平是可以应用于各种情况的中间技能，这些中间技能被认为是可以较为广泛地应用的职业技能或基本资格，包括社会角色和沟通技能，是技术化的和专业化的，是很难学习的，它们需要个人监督和反馈，相对来说所花费用较大。指导性技能和中间技能（第一层水平和第二层水平）合在一起被认为是专业和职业的胜任力。胜任力结构的第三层水平（即水下冰山部分）包括了价值观、标准、人和所属组织的伦理和道德，这些价值和标准是一种对世界和他人的看法，是一种对文化、价值和传统的特殊看法，涉及人格和专业框架，能够辨认出胜任者的人格特征。这些类型的价值观和标准是一个非常个人化和长期的社会化过程，这个过程有助于胜任者进入职业化领域。人的胜任力结构三个水平被看成是职业资格的参考。人的胜任力结构第四层水平位于人格深层结构，包括自我意向、实际动机、热情的来源和行动的努力程度。人的胜任力的这些特征很大程度上决定了人在特殊情况下怎样行动，对于成功完成那些需要高度负责的复杂任务，深层次的胜任力比表层的胜任力重要。

　　麦克兰根描述以胜任力为基础的人格特性时，认为人格深层结构，如人的努力和热情程度、动机和自我意向是区分成功的绩效者和普通的绩效者的关键因素,是其取得成功的决定性因素。

但随着研究的深入,施宾塞等人也发现了更多的胜任力的要素,仅仅分为外显和内隐的冰山模型已经不再适用,因而他们又提出了洋葱模型(图1-2)。与前面的冰山模型相比,洋葱模型添加了态度和价值观的要素,并且将胜任力划分为三层而不再是两层。洋葱的最外圈代表技能、知识等外显特征,中间代表态度、价值观、自我形象、社会角色等特征,其程度要比最外圈的特征更为内隐,洋葱的最内圈是个性、动机等,为个体最为内隐、最为深层的特征。洋葱模型最主要的特点在于将个体的特征根据其内隐和外显的程度进行了划分,越靠近洋葱内里则特征越为内隐,越靠近洋葱外圈则越为外显,一目了然地呈现了不同层次的特征要素。并且他们还认为越为内隐的要素越难改变,它们是先天形成的,后天难以重塑,越外层则越容易发展。

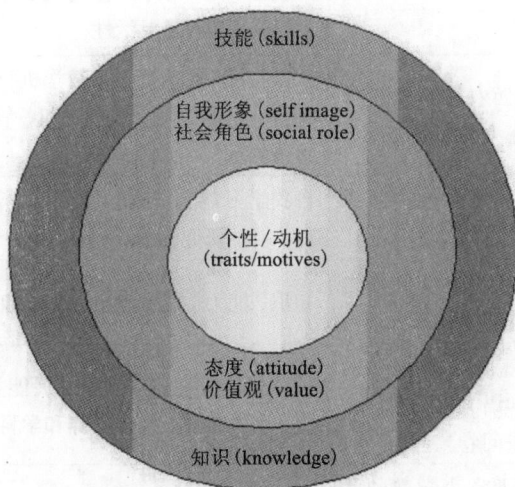

图1-2 胜任力之洋葱模型

二、中小学教师胜任力模型中的维度划分

在研究中小学教师胜任力应该包括哪些维度的过程中,许多学者进行了调查,有的是把中小学教师一起调查,有的是分小学教师和中学教师进行调查,有的是分小学教师、初中教师、高中教师来调查研究,不同的调查得到了不同

的维度结果。表1-1～表1-4参考了李雪等人制作的2003—2012年间中小学教师胜任特征问卷研制情况统计表，并将中小学教师胜任特征问卷的相关数据更新至2018年11月。

表1-1 2009—2018年间小学教师胜任特征问卷调查结果

研究者与时间	问卷名称	问卷涉及的维度
成鹏 （2009）	《小学教师胜任特征问卷》	责任心、主动性、积极学习、沟通合作、宽容、教学组织管理
李云亮 （2010）	《小学语文教师胜任力测评问卷》	服务意识、成就动机、专业知识、专业技能、关系技巧、个人特质
王丽 （2012）	《小学"学思维"活动课教师胜任特征问卷》	动机导向、主动性、理解学生、倾听与响应、专业知识、分析式思考、概念式思考、学生中心导向、开放性、内部动机、坚持性、好奇心、独立性、散发性、怀疑性、灵活性
李雪 （2014）	《辽西农村小学教师胜任力调查问卷》	认知特征、个人特质、教学机智、关系特征、个人魅力、职业态度、成就动机、管理能力、学生观、情绪特征
韦庆灵 （2016）	《乡村小学教师教学胜任力问卷》	自我学习能力、教学效能感、教学技能、专业知识、教学研究能力
陈利利 （2017）	《小学班主任胜任力调查问卷》	知识、能力、成就动机、个人特质
连舒婧 （2017）	《信息技术环境下的小学语文教师胜任力调查问卷》	信息化教学素养、教师发展能力、组织和管理能力、个人特质、媒体素养和学科专业技能
龙润 （2018）	《江西省小学教师队伍现状调查问卷》	知识素养、教学能力、职业品格、个人特质

表1-2 2008—2018年间初中教师胜任特征问卷调查结果

研究者与时间	问卷名称	问卷涉及的维度
王英 （2008）	《初中班主任胜任力评定问卷》（学生使用/教师使用）	育人能力、知识结构、教学能力、心理辅导能力、班级管理技能、职业道德、情感、自我监控能力、人际交往、成就动机

续表1-2

研究者与时间	问卷名称	问卷涉及的维度
李晓雯 (2011)	《广州市南沙区农村初中班主任胜任力问卷》(学生使用/教师使用)	知识结构、教学能力、育人能力、心理辅导能力、班级管理技能、教育观念、职业道德、情感、自我监控能力和人际交往、成就动机和工作质量意识
李志娟 (2013)	《初中教师胜任特征测验》	教学艺术与技能、职业素养、个人品质、关注学生
钟朋丽 (2018)	《江西省初中教师队伍现状调查问卷》	知识素养、教学能力、职业品格和个人特质
韩晓菲 (2018)	《教师胜任力测验》	个人特质、关注学生、专业素养、人际沟通、建立关系、信息搜集、职业偏好、尊重他人、理解他人

表1-3 2006—2018年间高中教师胜任特征问卷调查结果

研究者与时间	问卷名称	问卷涉及的维度
李秋香 (2006)	《高中化学教师胜任特征的调查问卷》	人际洞察力、教学艺术、合作及自我控制、组织协调、教育理念、自我监控、宏观调控、个人驱力及灵活性、适应性、注重(尊重)学生
吕中科 (2010)	《高中班主任胜任力调查问卷》	人际沟通能力、班级管理能力、情感道德能力、教育教学能力
刘立明 (2008)	《上海高中教师胜任特征调研表》	人际沟通能力、班级管理能力、情感道德能力和教育教学能力
代汤勤 (2009)	《高中班主任胜任力调查问卷》	预见性、团体合作、观察力、敏感性、自信适应力、自我控制、超越自我、奉献精神、协调性、沟通力、耐力
刘爽 (2012)	《高中班主任胜任特征自评问卷》	教育教学能力、人际沟通能力、自我监控能力、组织管理能力、个人效能、成就导向、人格特质和职业素养
郑鑫 (2014)	《高中英语教师胜任特征测验》	沟通合作、责任意识、专业素质、主动性、抗职业倦怠、情绪管理、重视反馈

表1-4　2004—2018年间中小学教师(混合)胜任特征问卷调查结果

研究者与时间	问卷名称	问卷涉及的维度
徐建平 (2004)	《教师胜任力测验》	进取心、责任感、理解他人、自我控制、专业知识与技能、情绪觉察能力、挑战与支持、自信心、概念性思考、自我评估、效率感、组织管理能力、正直诚实、创造性、宽容性、团队协作、反思能力、职业偏好、沟通技巧、尊敬他人、分析性思维、稳定的情绪
韩曼茹 (2004)	《中学班主任胜任力调查问卷》	教育能力、心理特征、态度、动机
寇阳 (2007)	《中学教师课堂行动观察表》	课堂互动、教学机智、教学态度、教学进程控制、教学境界、总体评价
雷鸣 (2007)	《广州市中学教师胜任特征初始问卷》	职业素养、关注学生、教学与管理技能、人际沟通
叶瑾 (2007)	《中学班主任胜任力调查问卷》	育人能力、班级管理能力、教学能力、知识结构、自我监控能力、教育观念、职业道德、工作态度、人际交往、心理辅导能力、情感、人格魅力
刘晶 (2008)	《心理健康教育教师胜任特征调查问卷》	帮助与服务、个人效能、管理技能、认知维度
潘高峰 (2008)	《中学体育教师行为自评问卷》	个人特质、关注学生、专业素养、信息搜集、职业偏好、人际沟通、建立关系、尊重理解他人
关旎彦 (2009)	《中学教师胜任特征集中度调查》	职业素养、关注学生、教学及管理技能、人际沟通与情绪管理
王莹彤 (2009)	《中学科任教师胜任特征问卷》	鉴别性胜任特征、基准性胜任特征、选择性胜任特征
胡娜 (2010)	《行为自评问卷》	个人特质、关注学生、专业素养、职业偏好、建立关系、人际沟通、信息搜集、尊重理解他人
何秋菊 (2011)	《中小学教师的教学行为特征调查问卷》	沟通能力、反思能力、成就导向、自信、教学管理、创造性、关系建立、教研能力、情绪管理、思维能力、主动性、自我反馈、职业偏好
姚光勇 (2011)	《中小学心理健康教育教师胜任状况问卷》	理论知识、活动设计、人格特质、专业技能、自我概念、遵守职业道德

续表1-4

研究者与时间	问卷名称	问卷涉及的维度
孙远路 (2011)	《教师知识基础自评题目》	一般价值观、成就动机、责任心、职业兴趣、一般智力水平、知识水平、创造力和情绪智力
李慧亭 (2011)	《中学信息技术教师教学胜任特征调查问卷》	教学基本素质、实践操作能力、调控能力、获取、利用、开发课程资源的能力、专业素养、组织教学活动的能力、正确实施教学测评的能力、沟通合作的能力
吕建华 (2011)	《中学教师胜任素质词典》	个性特征、职业态度、构建师生关系、教学管理
胡佳妮 (2011)	《中学化学教师胜任力量表》	智力、管理规划能力、人际交往能力、专业能力和人格特质
张长城 (2011)	《中学体育教师胜任力调查问卷》	综合能力特征、个性特征、必备知识
李欣 (2012)	《中小学体育教师胜任特征调查问卷》	教学知能部分、个人效能部分、职业素养部分、专业发展部分、社会适应部分和学生观念
王林跃 (2012)	《中学教师胜任特征自评问卷》	成就动机、科研能力、影响力、职业观、人际关系、沟通能力、学生观、教学能力
王冠楠 (2016)	《农村中小学教师教学胜任特征调查问卷》	外显潜力(教学技能、沟通技能、组织管理能力)、思维潜力、内驱潜力、人际潜力、高阶潜力、专业潜力
江雪琴 (2016)	《基于创新人才培养的中学教师胜任力问卷》	教育智能、师德素养、个性品质、团队协作能力、创新素养
郭媞 (2016)	《中学班主任胜任力调查问卷》(学生使用/教师使用)	育人能力、班级管理、教学能力、知识结构、自我监控、教育观念、职业道德、工作态度、人际交往、心理辅导、情感、人格魅力

续表 1－4

研究者与时间	问卷名称	问卷涉及的维度
张瑞敏 （2017）	《面向创客教育的中小学教师胜任特征核检表》	扎实的 STEAM 学科知识、成就动机、学科之间的整合能力、项目活动设计能力、课程设计与开发技能、好奇心、创新意识、教育教学基本能力、多学科知识结构、信息技术基本知识、组织管理能力、以学生为中心、语言表达能力、发现并解决问题的能力、乐于分享、灵活性、探究意识、团队意识、自我提升、操作性知识、艺术设计的相关知识、学科与技术整合的能力、问题意识、专业情怀、耐挫性、动手操作的能力、启发学生思维的能力、教育教学的基本知识、沟通协调能力、关心、尊重学生、责任感
康毅 （2018）	《中小学 STEAM 教师胜任特征核检表》	人格特征、关系特征、成就特征、认知特征
王淑芳 （2018）	《江西省中小学英语教师队伍现状调查问卷》	教学能力、职业品格、个人特质、知识素养

在中小学教师胜任力研究的模型构建这一部分，既有针对某一阶段的通用性的、整体性的模型，直接探讨中小学、小学或中学教师胜任力模型，有就某一具体科目的教师胜任力模型，具体涉及语文、英语、化学、物理、体育、音乐、心理健康教育工作者；又有针对教师职务角色的性质和特点来构建某一类教师群体胜任特征模型的；也有研究校长、班主任胜任特征模型的；还有依据区位差异就某一具体地区来探析的。尽管诸位学者的表述各异，但实际上，我们可以抓住其内在本质来窥视出其一致的、相通的观点。受冰山模型的影响，绝大多数学者在进行模型构建时，一般都会分为基准性和鉴别性两个维度。同时，概括地来说，学者们普遍将胜任力模型看作是知识、技能、个人特质等一系列特质的综合，是一个涵盖各方面胜任要素的特质群，只不过各学者在胜任特质具体细分上存有差异。

三、中小学教师胜任特征群

在寻找中小学教师胜任特征的过程中，专家们根据不同的研究对象，从不同的视角,归纳出不同的模型,由于对概念本身定义的差异,会有各种各样的划分和解读。

1.徐建平等通过比较优秀教师和一般教师的胜任特征,整理出了基准性胜任特征和鉴别性胜任特征,如表1-5。

表1-5 中小学教师鉴别性胜任特征和基准性胜任特征

类别	具体胜任特征		
鉴别性 胜任特征	提升的动力 自我控制 挑战与支持 自我评估	责任感 专业知识与技能 自信心 效率感	理解他人 情绪觉察能力 概念性思考
基准性 胜任特征	组织管理能力 宽容性 热情 分析性思维	正直诚实 团队协作 沟通能力 稳定的情绪	创造性 反思能力 尊敬他人

而表1-6中,徐建平等人还依据聚类分析结果,参照施宾塞胜任特征分类,把教师胜任力模型中包含的22项胜任特征划分为服务特征、自我意象、成就特征、认知特征、管理特征、个人特质六个胜任特征群。详见下表。

表1-6 徐建平等建立的中小学教师胜任特征群

特征群	胜任特征
服务特征	沟通技能、理解他人、尊敬他人、宽容性、热情
自我意象	自我控制、自我评估、反思能力
成就特征	提升的动力、效率感、挑战与支持
认知特征	概念性思考、分析性思考、专业知识与技能
管理特征	情绪性觉察能力、团队协作、组织管理能力
个人特质	自信心、倡导责任感、正直诚实、创造性、稳定的情绪

2.李晔等人基于长期绩效建立了中小学胜任模型,将教师胜任特征标准化

的结果进行聚类分析,并参考施宾塞、徐建平和张厚粲关于胜任特征的分类,把15项长期影响教师的胜任特征划分为人格特质、自我概念、影响力、管理能力、成就特征、认知能力六个特征群。

表1-7 李晔等建立的中小学胜任特征模型

特征群	胜任特征
人格特质	人际了解、自信心、责任心、正直、诚信、尊重他人、学生服务导向
自我概念	自我控制、反思与改进
影响力	冲击与影响、关系建立
管理能力	培养他人、团队合作
成就特征	主动性
认知能力	分析性思考

3. 马红宇等人建立了中小学教师胜任特征模型,它借鉴了管理学领域的胜任特征模型构建的方法与编制中小学教师胜任特征问卷,并通过专家评价和绩优组与普通组教师之间的差异比较,对初始指标进行确认和筛选。正式调查数据的因素分析结果表明,中小学教师胜任特征模型包含教学技能、个人修养、个性特质、职业态度、学生观念和专业知识六个胜任特征群。这一模型中的六个因子结构的稳定性,在教师自评和学生评价数据中均得到很好的验证。同时,该模型对中小学教师的绩效表现具有良好的预测力,不同的胜任特征群对不同绩效指标的预测力呈现出一定的针对性。

表1-8 马红宇等建立的中小学教师胜任特征模型

特征群	胜任特征
教学技能	教学过程富有激情、灵活安排教学内容、经常进行教学反思、关注教学效果、灵活使用多样化的教学手段、准确把握学生的课堂行为、有效维持课堂秩序、营造良好的课堂氛围、探索和尝试新的教学方法、有计划有条理地组织教学、有行之有效的教学方法、准确评估课堂教学效果、善于挖掘学生的潜能、在教学中对学生进行积极反馈、针对学生特点采用合适的教学方法

续表 1-8

特征群	胜任特征
个人修养	有爱心、言行一致、情绪稳定、有责任心、举止有涵养、处事耐心、工作勤勉、宽容大度、虚心学习、有自制力、心地善良、淡泊名利
个性特质	做事认真细心、讲信用、作风严谨、有自信心、为人正直、诚实、同事关系融洽
职业态度	对教师职业感兴趣、坚信教师职业的重要性、愿意坚守教师岗位、真心喜欢教师职业、相信教师职业的前景、热爱教育事业
学生观念	关爱学生、尊重学生、理解学生、公平对待每一个学生
专业知识	熟练掌握所任学科的教学教法知识、学科知识扎实、知识面广

4.李雪等人以文献为依据，提出了一个可能的中小学教师通用胜任特征模型。除了冰山模型的六个维度外，该模型提出一个教师职业特有的维度——行业品质。该模型既显示出教师职业与其他职业的共通性，也显示出教师工作的特殊性。该模型可以在未来的研究中得到修改完善。

表 1-9　李雪等建立的中小学教师通用胜任特征模型

维度	胜任特征
技能	管理能力、人际交往与沟通、创造力、教育教学技能(教学艺术和机智)、教研能力、心理辅导能力、因材施教能力、情绪能力
知识	专业知识(学科知识、条件性知识)、专业素养
自我概念	自信、自我完善意识、职业偏好
态度、价值观	以学生为中心、关爱学生、工作质量意识、宽容、服务意识
个人品质	责任心、个人修养、个人效能、人格魅力、自我调控、灵活性、宜人性
社会动机	成就动机、主动性、职业价值观
行业品质	职业道德、学生观、教育观、服务意识、专业发展

5.孙远刚等人认为，教师是特殊的职业工作者，教育是社会的特殊行业，所以教师在知识、能力、人格 3 个方面应具有特殊的胜任特征。

表 1 - 10　孙远刚等建立的中小学教师胜任力模型

维度	胜任特征
知识胜任	基础知识、专业知识、职业知识、预验知识
能力结构	智力、管理能力、人际能力、职业能力
人格胜任	乐群性、聪慧性、稳定性、恃强性、兴奋性、有恒性、敢为性、敏感性、怀疑性、幻想性、世故性、忧虑性、实验性、独立性、自律性、紧张性

6. 李英武等人建立了中小学教师胜任特征模型。它在理论构想的基础上自编教师胜任力问卷, 对 1019 名中小学教师进行调查, 探索出了中小学教师胜任特征的结构维度。结果表明, 我国中小学教师胜任特征的结构可以从四个维度来描述, 即情感道德特征、教学胜任力、动机与调节、管理胜任力。

表 1 - 11　李英武等建立的中小学教师胜任特征模型

维度	胜任特征
情感道德特征	热爱、理解学生, 积极关注学生、诚实守信、自信
教学胜任力	综合分析和创新能力、人际关系建立以及教学研究
动机与调节	职业承诺、技术与信息寻求、自我调节与评价
管理胜任力	控制、应变、积极的信念、教学监控力

7. 王沛等人对收集到的 205 个词汇进行归纳整理, 得到了 59 个胜任特征描述词, 并将所有胜任特征归类到 9 个维度中, 如表 1 - 12。

表 1 -12　王沛等初步构建的中小学教师胜任特征模型

维度	胜任特征
业务知识	本体性知识、条件性知识、实践性知识
认知能力	信息搜集能力、课堂信息知觉能力、洞察力及课堂思维
教学监控能力	教学计划与准备、反馈与评价、控制与调节、课后反思、因材施教
职业动机	职业兴趣、职业承诺、职业忠诚、职业价值及教学效能感

续表 1-12

维度	胜任特征
职业管理	参加培训、参加科研、了解新发现、对变化持开放态度、学习新知识新技能、压力管理和情绪调节
沟通合作	社交导向、理解自己、理解他人、主动聆听、与同事合作、和学生交流
为人师表	以身作则、团结协作、培养新力量、廉洁从教、依法执教
学生观	尊重学生、富有同情心、对学生持积极态度、公平对待所有学生、以学生为教学中心、发展学生
个人特质	合作性、风趣幽默、尊重信任、宽容耐心、亲切和蔼、乐于助人、正直诚信、认真严格、有责任感、有效率、自律、坚持不懈、有计划有条理、敏感、富有激情、随机应变、好奇、兴趣广泛

综上所述，中小学教师胜任力具有岗位特异性、绩效预测性、内容广泛性、动态发展性等特点，一般来讲，包括专业知识、专业技能、专业道德三个方面的内容。结合教师专业标准，中小学教师胜任特征一般可概括为知识胜任力、教学胜任力、道德胜任力（师德）三个方面。

第三节 中小学教师胜任力评价框架

建立胜任力模型就是制定用人的标准，而根据标准进行测评是为了科学"识人"。胜任力测评一般是对员工在履行岗位工作职责和实现岗位绩效目标过程中所表现出来的胜任力要素进行测量和评定，以使员工具备的核心胜任力符合企业发展的战略要求。为了进行测评，要建立与组织相匹配的岗位胜任力模型，选择能够对胜任力要素进行评价的测评工具。北京师范大学徐建平博士运用心理测量学技术，质性研究与量化研究相结合，在国内率先从胜任力测评角度，对教师胜任力问题进行了严格的实证性研究，建构了教师胜任力模型，编制了《教师胜任力测验》量表，开展了教师胜任力测验的应用研究，这些成果有助于我们认识高效能优秀教师取得成功的胜任特征，以及合格教师应该达到的基本胜任品质，对教师的培养、选拔、任用都有很强的实践应用价值。

一、有关中小学教师胜任特征的指标

对李雪等人制作的 2004 年到 2012 年间中小学教师胜任特征问卷调查情况进行统计后，我们又多领域、多视角地开展了研究，将各学段的胜任特征归类统计列于下表，数量从 10 到 45 个不等，这些胜任特征可归结为多个维度。

表 1-13　中小学教师的胜任特征归类与统计（频次）

学段	胜任特征及频次统计
中小学	教学计划与组织(30)、人格特征(19)、职业动力(15)、专业知识(14)、沟通能力(13)、伦理品德(12)、尊重信任(11)、教育创造性(10)、自我控制(10)、条件性知识(8)、育人态度(6)、认真严格(6)、反思能力(6)、关心热爱学生(6)、教学应变(5)、组织能力(5)、理解学生(5)、洞察力(5)、自我评估(5)、自信(5)、情绪调节(4)、正直诚信(4)、宽容耐心(4)、终身学习(4)、热爱教育(4)、注意引导(3)、乐于助人(3)、情绪健康(3)、自我激励(3)、收集信息(3)、职业偏好(3)、建立关系与交往能力(4)、实践性知识(3)、影响力(3)、参与互动(3)、积极关注(3)、有自制力(3)、开放性(3)

表 1-14　高中教师的胜任特征归类与统计（频次）

学段	胜任特征及频次统计
高中	专业知识(11)、沟通协调(10)、教育教学计划与组织实施(7)、职业能力(8)、诚实(6)、育人态度(4)、伦理品德(4)、亲和力(3)、宽容(3)、耐性(3)、自信(3)、责任心(3)、合作能力(2)、相信学生(2)、尊重学生(2)、良好的仪表风度(2)、耐挫力(2)、爱岗敬业(2)、幽默风趣(2)、奉献精神(2)、关心学生(2)、理解学生(2)、工作热情(2)、精力充沛(2)、成就动机(2)、批判有方(2)、自我评价(2)、职业动机(2)、情绪控制能力(2)、正直(2)、教育方法(3)、教学基本功(2)

表 1-15　初中教师的胜任特征归类与统计（频次）

学段	胜任特征及频次统计
初中	育人能力(2)、知识结构(2)、教学能力(2)、心理辅导能力(2)、班级管理技能(2)、职业道德(2)、情感(2)、自我监控能力(2)、人际交往(2)、成就动机(2)

表1-16　中学教师的胜任特征归类与统计(频次)

学段	胜任特征及频次统计
中学	人际交往(13)、沟通能力(13)、关心学生(12)、专业知识(11)、责任心(10)、尊重他人(10)、创新能力(9)、建立关系(8)、专业素养(8)、反思能力(8)、信息搜集能力(8)、职业偏好(8)、管理能力(7)、理解他人(7)、伦理品德(7)、情绪稳定(7)、自信心(6)、耐心(6)、公平公正(6)、感染力(6)、爱岗敬业(6)、主动性(6)、分析性思维(5)、专业技能(5)、教学能力(5)、监控能力(5)、组织能力(5)、宽容心(5)、敏感性(5)、影响力(5)、为人师表(4)、终身学习(4)、成就动机(4)、建立关系(4)、自我调节能力(4)、职业热情(4)、表达能力(3)、积极乐观(3)、诚实正直(3)、自我发展(3)、情感(3)、观察力(3)、激励(3)、亲和力(3)、职业价值(3)

表1-17　小学教师的胜任特征归类与统计(频次)

学段	胜任特征及频次统计
小学	专业知识(11)、团队合作(4)、责任心(4)、教学组织管理(5)、自我反思能力(3)、问题解决能力(3)、情绪管理(3)、语言表达能力(2)、科研能力(2)、信息管理能力(2)、建立关系(3)、灵活性(2)、幽默感(2)、自信(2)、宽容(2)、主动性(2)、儿童导向(2)、教学技能(2)、职业偏好(2)、终身学习(2)、沟通能力(2)、灵活性(2)、学习能力(3)、学段心理发展知识(2)、文艺素养(2)、探究能力(2)、伦理品德(2)

注:胜任特征后括号里的数字为出现的频次。

从以上的频次分析,频次出现高的特征可以总结为以下维度:

1. 教师的师德与职业品格,包括:关心学生(12)、尊重他人(10)、伦理品德(7)、理解他人(7)、情绪稳定(7)、自信心(6)、耐心(6)、公平公正(6)。

2. 教师知识素养,包括:专业知识(11)、专业素养(8)。

3. 教学能力与艺术,包括:教学计划与组织(30)、信息搜集能力(8)、沟通能力(13)、专业技能(5)、教学能力(5)、监控能力(5)、组织能力(5)、教学应变(5)。

4. 教师学习力,包括:反思能力(8)、终身学习(4)。

5. 教研经历与能力,包括:创新能力(9)、教学组织管理(5)、分析性思维(5)。

6.教师个性特质与影响力，包括：人格特征（19）、人际交往（13）、责任心（10）、职业偏好（8）、感染力（6）、爱岗敬业（6）、主动性（6）。

在中小学教师胜任力模型建构中，包括优秀教师胜任特征和教师共有的胜任特征两部分。其中，优秀教师的胜任力包括11项特征，分别为：进取心、责任感、理解他人、自我控制、专业知识与技能、情绪觉察能力、挑战与支持、自信心、概念性思考、自我评估、效率感。教师共有的胜任力包括11种特征，分别为：组织管理能力、正直诚实、创造性、宽容性、团队协作、反思能力、职业偏好、沟通技能、尊敬他人、分析性思维、稳定的情绪。徐建平博士用测验法对这一模型进行了验证，证明结构良好，维度有效。

二、针对正高级职称评审的教师胜任力评价构架

国家颁发的中小学教师专业标准由"专业伦理、专业知识、专业能力"三维构成，并细分为教育的信念与理想、教师的培养目标与职业定位、教师的基本职业素养、教师的职业伦理与精神、教师专业成长与发展、师生关系。这是教师职称评审的基础依据，但正高级职称是中小学教师的最高职称，他们是教师中的优秀代表，他们的角色内涵、关键特征、素质结构等方面都优于普通教师，所以我们从以下几个维度建立了正高级教师胜任力评价框架，来评价中小学正高级教师的胜任力。

1.教师的职业道德。包括：师德师风、职业态度、职业情感、职业追求、德育胜任力、人际关系等。

2.教师知识素养。包括：学科知识素养、教育学知识、心理学知识、通识知识等。

3.教学能力与艺术。包括：课堂教学设计能力、课堂教学实施能力、课堂教学艺术、教学风格与特点等。

4.教师学习力。包括：学习欲望、终身学习态度、学习新事物的能力、学以致用的能力等。

5.教研经历与能力。包括：教学探索意识、教师教研经历、教师教研成果等。

6.教师个性特质与影响力。包括：个性魅力、服务社会、引领团队、社会影响力等。

7.教师幸福感获得能力。包括：职业收入满足感的获得能力，职业活动场域的物质安全保障感的获得能力，职业场域关系和谐感的获得能力，职业活动中的被尊重感的获得能力，职业追求上自我实现感的获得能力。

对中小学教师胜任力进行评价，要依据胜任力要素建构教师胜任力模型、选择测评工具，要采用多种测评方法，运用测评技术，通过心理测验、面试、情景模拟等科学方法对教师的价值观、性格特征以及发展潜力等心理特征进行客观测量与科学评价。

参考文献

[1] Mclagan P A . Competency Models[J]. Training and development journal, 1980.

[2] Signe M. Spencerl L. M., Spencer S M, Wiley. Competence at work：models for superior performance[M]. Competence at work：models for superior performance, 1993.

[3] Richard E. Boyatizis. Rendering Into Competence the Things That Are Competent[J]. American Psychologist, 1994.

[4] Hackney C. E. Three Models for Portfolio Evaluation of Principals[J]. School Administrator, 1999.

[5] Stemberg R. J, Carroll J. B. Factor - Analyzed Data Sets：What They Tell Us and Don't Tell Us About Human Intelligence[J]. Psychological Science, 1994.

[6] Lorenzo A. R., Lorenzo B. U. Learning Styles of Teacher Education Students：Basis in Improving the Teaching - Learning Process [J]. Procedia - Social and Behavioral Sciences, 2013.

[7] Dinel H., Mathur S. P., L. Vesque A B . A Field Study of the Effect of Depth on Methane Production in Peatland Waters：Equipment and Preliminary Results[J]. Journal of Ecology, 1988, 76(4).

[8] 邢强, 孟卫青. 未来教师胜任力测评：原理和技术[J]. 开放教育研究, 2003(04).

[9] 曾晓东. 对中小学教师绩效评价过程的梳理[J]. 教师教育研究, 2004, 016(01).

[10] 徐建平, 张厚粲. 中小学教师胜任力模型：一项行为事件访谈研究[J]. 教育研究, 2006 (01).

[11] Schalock, H. Del, et al. Extending Teacher Assessment beyond Knowledge and Skills：An Emerging Focus on Teacher Accomplishments[J]. Journal of Personnel Evaluation in Education, 1993.

[12] Comeau D., Turner A. K., Hunke E C . An iceberg model implementation in ACME[C]. Agu Fall Meeting. AGU Fall Meeting Abstracts, 2017.

[13] Angelo S. DeNisi. Competence at Work[J]. Encyclopedia of Applied Psychology, 2004.

[14] 李雪, 范会勇. 中小学教师胜任特征的测量工具研制与回顾[J]. 现代教育科学, 2013 (06).

[15] 李雪, 范会勇. 近十年我国中小学教师胜任特征模型内容的研究综述[J]. 教育导刊, 2013(09).

[16] 徐建平. 教师胜任力模型与测评研究[D]. 北京: 北京师范大学, 2004.

[17] 李晔, 李哲, 鲁铱. 基于长期绩效的中小学教师胜任力模型[J]. 教育研究与实验, 2016 (02).

[18] 马红宇, 唐汉瑛, 汪熹, 等. 中小学教师胜任特征模型构建及其绩效预测力研究[J]. 教育研究与实验, 2012(03).

[19] 李英武, 李凤英, 张雪红. 中小学教师胜任特征的结构维度[J]. 首都师范大学学报(社会科学版), 2005(04).

[20] 王沛, 陈淑娟. 中小学教师工作胜任特征模型的初步建构[J]. 心理科学, 2008(04).

第二章
中小学教师职业道德

教师职业道德简称"师德"，它是教师在从事教育活动时必须遵循的行为准则和必备的道德品质，也是教师评价与职称晋升的首要条件。每个教师都必须遵循《新时代中小学教师职业行为十项准则》，要坚定政治方向，自觉爱国守法，传播优秀文化，潜心教书育人，关心爱护学生，加强安全防范，坚持言行雅正，秉持公平诚信，坚守廉洁自律，规范从教行为。

第一节　中小学教师职业道德内涵

每个中小学教师都必须拥护党的领导，胸怀祖国，热爱人民，遵纪守法，贯彻党和国家的教育方针，忠诚于人民教育事业，具有良好的思想政治素质和职业道德，牢固树立爱与责任的意识，爱岗敬业，关爱学生，为人师表。

一、爱国守法是教师职业道德的基本要求

热爱祖国与遵纪守法是每个公民的神圣职责和义务，教师更要模范践行。"爱国"是中华民族的传统美德，也是中国特色社会主义核心价值体系的一个重要方面。"守法"是保证我国现代化建设健康稳定发展的内在要求。随着我国法律制度的健全和完善，我国的法治化水平逐步提高，法治进程进一步向前发展，公民的自觉守法显得越来越重要。

近20年来，我国在教育法治化方面取得了巨大进展，颁布了许多法律，比如：1986年颁布《中华人民共和国义务教育法》，1994年1月开始施行《中华人

民共和国教师法》，1995 年 9 月开始施行《中华人民共和国教育法》，还有一系列配套法规或者教育行政法规，比如：《中华人民共和国义务教育法实施细则》《中小学教师职业道德规范》等。

教师要做到依法执教，做到遵纪守法，遵守社会秩序，恪守社会公德；必须认真学习和领会有关教育、教师和未成年人的法律法规，把依法执教这一教师职业道德规范与其他相关法律法规联系起来，完整地理解依法执教的全部内涵。自觉遵守《中华人民共和国教育法》等法律法规，在教育教学中同党和国家的方针政策保持一致，学习和宣传建设中国特色社会主义理论，全面贯彻党的教育方针，不得出现违背党和国家方针、政策的言行。凡有下列行为之一的，给予记过处分；情节较重的，给予降低岗位等级或撤职处分；情节严重的，给予开除处分：

1. 在教育教学活动中及其他场合有损害党中央权威、违背党的路线方针政策的言行的；

2. 组织或参加非法集会、游行、示威等活动的；

3. 组织或参加非法组织的；

4. 泄露国家秘密的；

5. 丑化党和国家形象，诋毁、诬蔑党和国家领导人、英雄人物，歪曲党的历史、中华人民共和国历史、人民军队历史的；

6. 违反国家民族宗教法规和政策，造成不良后果的；

7. 接受境外资助从事损害国家利益或危害国家安全活动的；

8. 接受损害国家荣誉和利益的境外邀请、奖励的；

9. 通过课堂、论坛、讲座、信息网络及其他渠道发表、转发错误观点，编造、散布虚假信息、不良信息，或宣扬封建迷信思想、歪理邪说和低级庸俗文化的；

10. 诋毁、侮辱、谩骂、殴打家长或学校教职员工的；

11. 侵吞、剽窃、抄袭他人学术成果，或有篡改数据文献、捏造事实等学术不端行为的；

12. 酒后驾驶、吸食毒品、组织或参与聚众赌博、网络赌博、涉黄、涉黑、涉恶活动的；

13. 损害社会公共利益，或违背社会公序良俗的；

14.不按规定程序上访，或到党委、政府机关周边等重点地区和敏感部门非正常上访的；

15.其他违反政治纪律的行为。

虽然各项规定比较明确，但是近年来仍不断有教师突破底线，无视教师职业规范及法律约束。有的教师违规办班补课或违规有偿补课，有的在编教师组织自己学生进行收费辅导，他们因为违反了《新时代中小学教师职业行为十项准则》，而被予以记过处分，并调离工作岗位。

二、爱岗敬业是教师职业道德的本质要求

没有责任就办不好教育，没有感情就做不好教育工作。教师应始终牢记自己的神圣职责，志存高远，把个人的成长进步同社会主义伟大事业、同祖国的繁荣富强紧密联系在一起，并在深刻的社会变革和丰富的教育实践中履行自己的光荣职责。教师爱岗敬业就是要把教书育人作为终身职业，把理想、信念、青春、才智毫不保留地献给学生和教育事业，做好本职工作，把一点一滴的小事做好，把一分一秒的时间抓牢。好教师要有"捧着一颗心来，不带半根草去"的奉献精神，自觉坚守精神家园、坚守人格底线，带头弘扬社会主义道德和中华传统美德，以自己的模范行为影响和带动学生。

教师爱岗敬业，坚于职守，是教师良好社会口碑的源泉，具体表现在职业理想坚定，认真细致履职，热爱本职工作，勤奋努力，服从工作安排，勇挑重担，开拓进取，具有敬业精神和奉献精神，特别是以下三个方面要不断修炼。

(一)理念方面：重科学，正方向

教师对职业的爱心要在懂教育规律、思想方法科学和头脑清醒的前提下，否则这种爱就会盲目和没有方向。

教师爱岗敬业体现在既要培养学生具有符合社会要求、适应时代发展的综合素质，又要开发学生潜能，使每个学生的个性得到发展。

教师爱岗敬业不仅仅表现在关注学生的学习，千方百计地提高学生的学习成绩上，更要体现在注重培养学生具有良好的思想品德上，体现在教学活动的教育性上，体现在关心学生的内心世界上。

教师爱岗敬业不仅要教会学生做事，还要教会学生做人，要培养学生形成

做事、做人应具备的良好品德。

(二)情感方面：爱教育、爱学校

对自己从事的教育事业，有一种情感上的接纳与依恋；对从事职业活动的环境氛围，有一种剪不断的"情结"。能把自己的情感世界与教育的成败、学校的兴衰联系在一起，为教育之忧而忧，为教育之乐而乐。具有高尚的道德情操和精神追求，静下心来教书，潜下心来育人。

以校为家，把学生当成自己的儿女或兄弟姐妹。只要这种情感成为内在的并持久的，就不会因教师职业待遇的高低或条件的优劣而轻易波动。教师只有热爱自己所从事的职业，才能敬重自己的事业，甘为人梯，乐于奉献；热爱自己的本职工作，才可能以恭敬之心履行自己的职责，才能对学生、对事业严肃认真、专心致志、兢兢业业、恪尽职守。

(三)态度方面：讲付出，守廉洁

教师的敷衍塞责将对整个教育事业和学生的终身发展造成巨大的损失，有的损失甚至是无法弥补的。一个教师敷衍塞责的态度常常表现在两个方面：一是教学上的敷衍塞责，比如有的教师出工不出力，备课的时候只备教材，不备学生，没有尊重学生的主体性，不能体现新课改的精神，忽视学生作业中出现的创新观念；二是在育人上的敷衍塞责，具体表现就是"事不关己，高高挂起""多一事不如少一事"，认为管理学生就是班主任、政教学生处的事情，与自己无关。

教师对工作、对学生的态度是教师爱岗敬业的直接体现。南宋理学家朱熹强调"敬业者，专心致志，以事其业也"。教师工作的对象是人不是物，容不得半点疏忽。教育的影响触及心灵，容不得丝毫大意。教育过程中的任何轻率、差错和随意都会对学生造成不良影响，因此教师的职业态度除"认真"二字，别无其他。具体到工作中，教师要认真落实教学常规，决不能敷衍了事；在行动上，科学规范、遵规守纪、严以律己、为人师表。在学生面前，教师应随时注意完善自己的职业形象。

廉洁从教，就是要坚持高尚情操、发挥奉献精神、自觉抵制社会不良风气、不利用职权之便谋取私利。教师不能贪学生及家长的钱物，不能贪占公共和他人的钱物，不能沾染社会上出现的一些贪、贿、欲等恶习，始终以清廉纯洁的道德品行为学生和世人作出表率。目前，有极少数教师在拜金主义、享乐主义、个人主义等不良风气的影响下"以教谋私"，热衷于"有偿家教""学钱交易"，推销教辅资料，将课后服务变为集体教学或集体补课，参与学校违规组织的成建制、非自愿的个性化课后服务，强迫或无正当理由拒绝学生参加学校组织的课后服务；巧立名目，违规收取组考费、试卷费、作业批改费、辅导费等，强制或变相强制学生搭餐或指定消费。这些行为都严重损害了人民教师的形象，影响教育事业的发展。

三、关爱学生是教师职业道德的灵魂

亲其师，信其道。没有爱，就没有教育。教师必须关心爱护全体学生，尊重学生人格，平等公正地对待学生。对学生严慈相济，做学生的良师益友。保护学生安全，关心学生健康，维护学生权益。关爱学生，是师德的灵魂，是教师职业道德规范的基本要求之一，也是身为人师的基本素质之一。

关爱学生强调的是对待学生的热情态度和关爱行为。"师爱在性质上是一种只讲付出不计回报的、无私的、广泛且没有血缘关系的爱。""爱自己的孩子是本能，爱别人的孩子是神圣。"因此，作为一名教师，贵在有超越本能情感，努力形成对所有孩子的关爱真情。这依靠教师心灵的自我超越，即基于对自己工作意义的价值体认而产生、升华出的一种博大的仁爱之心。这种仁爱之心，背后隐含着对真善美的执着追求、对文明进步的虔诚信念。博大的仁爱之心，乃是师德之魂。拥有了仁爱之心，就能"俯首甘为孺子牛"，就有了做好教育工作的不竭动力。

爱每一个学生就要了解每一个学生。了解他们的爱好、才能，了解他们的个性特点，了解他们的精神世界。只有了解每个学生的特点，因材施教，才能引导他们成为有个性、有志向、有智慧的完整的人。苏霍姆林斯基说得好，不了解学生、不了解他的智力发展，他的思想、兴趣、爱好、才能、禀赋、倾向就谈不上教育。了解学生是爱学生的具体表现。

(一)平等公正，严慈相济

在新时代，师生之间已不再是过去那种"一日为师，终身为父"的关系，建

立一种新型的平等的师生关系已经成为时代的要求。

"教师必须蹲下来看学生",必须以平等的心态看待学生,公正对待不同学习成绩的学生,同等对待不同家庭出身的学生。每一个学生都是独立的人,都是平等的教育主体,享有同样的权利,也理应受到教师同等的关爱。因此,以公正之心关爱全体学生,是教师必须具备的职业道德。

当然,教师对学生的关爱不是一味纵容,宠爱、溺爱,而是爱中有严,严中有爱,严慈相济。教师要善于把多关爱和严要求结合起来,这样的关爱才是完整的爱,适度的爱,有利于学生健康成长的爱。俗话说得好:"严是爱,松是害。"可见"严"与"爱"是不矛盾的。没有严格的要求就没有理想的教育效果。学生高尚品德的形成,优异成绩的获得,强健体魄的拥有,无一不是严格要求的成果,所以古人才说"严师出高徒"。对学生的严格要求,乃是一种特殊的关爱,甚至可以说是一种更高层次的关爱。当然教师对学生的严格要求也要把握分寸,不但要严得合理,还要学会宽容对待学生的不足,多看学生的进步、长处、优点。作家韩寒在高中时就文学天赋过人,却学不好数理化,以致最终被退学,但他退学后发表的小说《三重门》等却受到了广大中学生的喜爱。多找找学生的优点,多看看学生的进步,自然就能更加发自内心地去关爱那些有着种种不足的学生。

公平是师爱的基础,严格是师爱的保证。"没有爱就没有教育,没有公平就没有真正能的教育。"总之,公平公正、严慈相济的爱有利于培养学生的自信心,培养学生的仁爱心。

(二)为生着想,维护权益

关爱学生就要处处替学生着想,想学生之所想,急学生之所急,这样的关爱才算是落到了实处。

为学生着想首先要保护学生的安全。作为教师,如果看到学生有危险都不肯施以援手,那也就谈不上关爱学生了。保护学生安全是全体教师义不容辞的责任,也是对教师关爱之心是否真诚的一次考验。汶川灾区的教师们经受住了考验,他们用鲜血和生命做出了光辉的榜样,赢得了全国人民的尊敬。教师们要本着关爱之心,时时处处提醒学生、教育学生,做到预防为主,防患于未然。如果遇到火灾、洪水、地震等紧急情况,首先要疏散学生,自觉做到学生利益优先。为学生着想还要关心学生的身心健康，提高教育教学水平，切实减轻学生的课业负担。

关爱学生还要维护学生的权益。在学校，教师就是学生的知心人，是学生的依靠，主动自觉地维护学生的权益也是关爱学生的具体体现。中小学生拥有的最重要也是最基本的权利就是受教育权，每个教师都有责任确保学生完成义务教育阶段的学习；当中小学生受到家庭暴力、校园欺凌时，作为教师要积极利用法律手段维护学生的权益。

（三）睿智包容，春风化雨

包容是一种高贵的品质、崇高的境界，是精神的成熟、心灵的丰盈。作为教师，常常能包容成绩优秀、平时表现尚可的学生，但要做到对"后进生"不良行为的包容却不是一件容易的事。有时候"包容"在后进生面前容易变成"放弃"，变成"容忍"，变成"视而不见"，对他们的包容需要更多的责任心、耐心、爱心、韧劲和智慧。能真正做到对成长中的学生充满智慧的包容，循循善诱、诲人不倦，往往能够春风化雨，教师美好的心灵就会不断成长，获得职业幸福的能力也会不断增强。

在苏霍姆林斯基领导的巴甫雷什中学里，形成了这样一个观念：就是教师要去包容每个孩子，相信一切孩子都能被教育好。这里没有"差生"的概念，只存在"困难学生"或"难教育学生"的说法。在教育实践中，对这类学生一般不单纯由某个教师去进行教育，对他们进行教育往往是整个集体的义务。苏霍姆林斯基一生中就教育过178名"难教育学生"，这178名学生都有一个艰难的教育过程。每周苏霍姆林斯基都要走访困难学生的家庭，跟家长们、家长的邻居们、教过这些孩子的教师们进行交谈，以便深入了解形成他们道德的最初环境。

这一天，他来到了小学生高里亚的"家庭"。这个"家"给他留下了这样一个印象：高里亚是个非常不幸的孩子，他从小失去了父亲，母亲在他刚满周岁时，又犯了严重的罪行，被判处十年徒刑。高里亚从小住在姨母家，姨母把他看成是额外的负担。高里亚成了一个典型的"难教育学生"，这就是他的家庭背景。高里亚上学一个月后，大家就对他产生了很差的形象：这是一个懒惰成性、常会骗人的学生。在短短的时间里，他就表现出了"难教育"的特点。秋天，当高年级学生植树时，他有意破坏了几株树苗的根部，并向全班同学夸耀自己的"英雄行为"。有一次课间，他把手伸进别人的书包，拿出课本，用墨水把它弄脏，再放回原处，并以天真无辜、泰然自若的态度来欺骗教师审视的眼光。还有一天，他们班去森林远足考察，他一路上撞这儿打那儿。当班主任故意不理睬他，向其他学生讲解山谷、丘陵、山和冲沟的有关知识时，他走到全体学生面前，做出滑稽的动作，还登上峭壁往下看。教师旁敲侧击地提醒："同学们，不能走近冲沟边缘，跌下去十分危险!"他突然高声喊道："我不怕! 这个冲沟我滚下去过!"说着就蜷起身子滚了下去……

苏霍姆林斯基根据家访的情况，找来班主任等相关教师共同分析高里亚产生上述行为的原因。他提出了自己的看法：高里亚对自己的行为所抱的态度，是故意装出来的、不自然的。家庭环境的影响使高里亚对人们失去了信心。对他来说，生活中没有任何神圣的、亲切的东西。苏霍姆林斯基的看法对教师们触动很大。大家一致认为，高里亚之所以被认为不好，是因为大家过去只看到他恶劣、放荡的一面，而没有主动关心、挖掘他身上闪光的地方。这个学生表现出来的缺点，是在向周围的人对他漠不关心、冷淡无情的态度表示抗议。这样的分析增强了教师们的同情心、关注之情、教育的敏锐性和观察力。

一次，苏霍姆林斯基发现高里亚正在单独玩耍，好像很随便的样子，他把高里亚请进了生物实验室，要他帮忙挑选苹果树和梨树的优良种子。虽然高里亚装出不屑栽培树苗的样子，可是孩子的好奇心还是占了上风，他们两人一起"工作"了两个多钟头，直到累得动不了为止。这件事引起了高里亚的极大兴趣，当班主任再次去高里亚家时，发现他正在施肥栽树。此后班主任教师因势利导，在班级的栽树活动中，让高里亚指导别的孩子。及时的发现和鼓励温暖着这个孩子的心灵。虽然后来高里亚曾多次反复出现不良倾向，教师们却能着眼于长善救失，循循善诱。"功夫不负有心人"，在这个教师集体的共同教育下，高里亚在三年级时，光荣地加入了少先队，之后还经常帮助其他有困难的同学，为集体默默地做好事。高里亚好像变成了另一个人。

从这里可以看到苏霍姆林斯基的一个教育信念：热爱孩子、包容孩子，相信一切孩子在教育中都能够向好的方面转变。

四、教书育人是教师职业道德的天职

教师必须遵循教育规律，实施素质教育。循循善诱，诲人不倦，因材施教。

不以分数作为评价学生的唯一标准。教书育人的核心是育人。教书是手段，育人才是目的。教书育人指的是学校教师在组织教学活动的过程中，以教育内容为载体，强健学生的体质，传授给学生系统的科学文化知识，培养学生正确的审美观和健康向上的人格。

《中小学教师职业道德规范》要求：遵循教育规律，实施素质教育。培养学生良好品行，激发学生创新精神，促进学生全面发展。坚守高尚情操，明礼诚信，严于律己，以身作则。关心集体，团结协作，尊重同事，尊重家长。衣着得体，语言规范，举止文明，作风正派。

(一) 教书中育人：基于内心，自觉地投入工作与付出爱心

林崇德先生指出："教师的工作绝非一种平常的谋生职业，教师的职业，就是教师的专业，也是教师的'教书育人'的事业。"这是我们对待教育工作应该坚持的一种正确态度。把工作视为事业，就是把工作视为人生奋斗的目标，视为自我价值的体现，全心全意、全力以赴做好工作，这是一种问心的道德。在现实生活中，为什么有那么多的教师牺牲公假时间、休息时间去备课、辅导学生，以至于大家对此都习以为常了？这是因为，广大教师是抱着问心的道德在做教育的。作为问心的道德，认真工作意味着尽善尽美、精益求精，只问事情是否该做，而不问事情是否发生在工作时间内，于是，牺牲节假日备课、放学后无偿辅导学生的事情，也就大量发生了。由此可见，把教育视为事业，就会形成不同于外在规约的自我要求，产生一种基于内心自觉地工作投入与爱心付出。这才是师德的真谛，是做好教育工作的根本保障，如此教书育人，堪为师表。

(二) 良好的人格品行：时刻浸润着学生的身心

教师良好的人格品行对学生来说，就如土壤对禾苗的滋养一样，时刻浸润着学生的身心。在学校每次举行的各项班级比赛活动中，凡是班主任或科任教师责任心强、自信乐观、勇于竞争、富有团队精神的，该班总会在学校开展的各项活动中获得奖励，即使学生没有拿到比赛的名次，这个班学生整体表现出的精神风貌也是令师生赞许的。

正如北京师范大学朱小蔓教授提出的："当一个人的积极情感体验不断积

累之后，就容易在行动上产生某种偏爱的立场、习惯、意向和定势。"由于教师在平日的教育教学活动中，自始至终向学生传递的是自信、务实、进取、合作以及胜不骄、败不馁的精神，这种积极情感就会潜移默化地影响着学生，慢慢成了学生习惯性的思维态势，学生在不经意间已有了勇于向上、向好的情感意志以及做事时习惯性的思维定势，积极、尽力做到最好。教师往往不太在意自己在课内课外处理问题的方式态度，可很多学生十分在意，甚至有些情境会在学生心里留下深刻的印记。

（三）处处为人师表：育人先育己，正人先正身

为人师表常被作为对教师的道德要求，指的是教师的言谈举止、仪表风度应该成为学生学习的榜样，所谓"师者，人之模范也"。正如《史记·太史公自序》中说："国有贤相良将，民之师表也。"意思是国家的贤明相臣和优秀将领，是黎民百姓学习的榜样，所谓"师表"就是学习的榜样。

为人师表，首先体现在教师的仪表仪容上。教师仪表，是指教师的穿着打扮、举止风范和外部行为特征。对于学生来说，教师的仪表具有榜样和示范的作用，它有利于教师自身形象的提高，也有利于教师与学生的人际交往。它有利于教师对学生的思想品质与道德情操的教育与培养，也有利于配合教学提高课堂教学的质量。在具体的穿着方面，身材较矮的教师，选择衣着时应简洁明快，利于将个头衬得高一些。体胖的教师，应选择着深色衣服，以便给人以紧束感；体瘦的教师，应选择暖色、亮色的衣服，增强厚实感。青年教师精力充沛，思想前卫，衣服的选择应活泼明快，与新潮的款式适当地靠近。这就是学生喜欢穿着新潮服饰、谈吐幽默的青年教师的原因，他们的穿着更受学生的欢迎。年龄大的教师德高望重，沉稳通达，应选择严肃端庄、稳重大方，色泽款式又比较清新的衣服，既显得充满成熟的魅力，又能焕发出不一样的活力。

教师不但要注重自身的仪表，更要注重自己的仪容，因此教师要根据教学内容的需要和学生的年龄特点及课堂表现适当变换不同的眼神、手势、面部表情、声调、体态等。在讲课时，教师的面部表情要庄重而亲切，目光要温和，随时观察学生的反应，认真倾听学生的讲话，耐心与学生进行交流。在学生不认真听讲、搞小动作时，可以轻轻走到他的身边，拍拍他的身体，或提问他的同桌引起他的注意；当学生的表现较好时，要轻轻点头表示表扬、鼓励。当学生

提出或解决了质量较高的问题时，教师可以带头拍手叫好，给他鼓励。教师在课堂上不要目中无人，只顾自己讲，也不要呆若木鸡，一副若无其事的样子，更不要因为个别学生的捣乱而瞪眼睛、发脾气，要用深厚的文化底蕴、广博的胸怀、丰富的教学经验感染学生。

教师是中小学生最自然的模仿对象，教师给人的形象应该是衣着得体、举止文明、作风正派、健康向上的，这样才能起到潜移默化的育人作用。

（四）用好教育惩戒权：为了学生更好地成长，要严格要求

2019 年 6 月 23 日，中共中央、国务院印发的《关于深化教育教学改革全面提高义务教育质量的意见》明确提出：制定实施细则，明确教师享有教育惩戒权。至此，教育惩戒权入法已在各界达成共识。但教育惩戒权作为一种公权力，当边界不清晰、缺乏有效的规制时，其行使就存在潜在的越界风险。行使教育惩戒权的初心是为了学生更好地成长、成才，而不是以教师的身份为令牌，以三尺教鞭为大棒，以"为学生好"为掩饰，对学生进行体罚和侮辱，甚至谋求不当利益。因此，我们还需要进一步明确惩戒权的实施范围、程度、形式，细化惩戒权实施规则，这样才有利于构建良性教育环境，更好地为国家培养人才。

1. 明确教师惩戒权不等于可以体罚学生

中央文件首次提出要"明确教师教育惩戒权"，很多人便认为是"允许适度体罚"的信号，这其实是一种误读。《中华人民共和国未成年人保护法》等法规中都有"禁止体罚"的明文规定，有关文件不可能与法律相悖；教育部基础教育司司长吕玉刚也表示，虽然惩戒权是针对教师对学生不敢管、不愿管的现象提出的，但现实中也"存在一些过度惩戒的行为，甚至体罚学生，这也是不合适、不应该的"。他的意思不难理解：为了对学生负起责任，教师必须行使自己的教育惩戒权，但体罚仍然是不被允许的。何谓适当的惩戒，关键在"度"的掌握。

既然是惩戒，一定要让对象感到"不适"，否则就不会有效，所以，教育惩戒的方式方法就十分重要了。譬如，日本就有类似的规定：让学生饿肚子不回家是"体罚"，学生犯错罚扫地是"惩戒"。在美国、英国等国家的规定中，即使允许体罚，也要遵守以下规定：家长同意；不在公开场合进行；有第三人在场做证；考虑学生的性别、年龄及身体状况等。凡此种种，都是在保证惩戒效果的同时，尽可能规避负面后果。如此看来，除了口头批评之外，通报批评、写检查、给处分以及取消部分权利、到指定教室自习、罚做劳动等方式，都属于教育惩戒可以考虑的范围。

2. 明确教育惩戒权是为了保障教师敢管、善管

"教师教育惩戒权"的制定主要解决两方面问题。一是当前一些学校和教师对学生不敢管、不愿管、放任的管理现象。古人云：教不严，师之惰。按照我国教育法、教师法的有关规定，教师在教书育人的过程中，具有批评和抵制有害于学生健康成长现象的义务。也就是说，教师有责任、有义务对学生进行管理教育。二是要解决不善管、不当管的问题。一些教师对学生的惩戒也有过度的地方，例如体罚、言论不当等，这也需要规范。有了规范以后，教师可以放心地、有效地实施，家长也有个评判，避免家校之间出现矛盾。"总体原则，还是出于对学生的关心、爱护，促进学生健康成长，特别是行为习惯，让学生从小打好基础。"

行使教育惩戒权，要强调教师的职业道德和职业规范，提高教师群体的综合素质，避免教育惩戒权被滥用。同时要明确教育惩戒权的范围和尺度，各地政府、教育部门应制定具体的实施细则。只有从法律制度层面明确了教育惩戒权，教师才敢于实施，才能让师生关系回到正常轨道。

3. 教师要善用、会用教育惩戒权

权与限是一个硬币的两面。赋予教师教育惩戒权，同样有这个问题。惩戒权的限与度在哪里，得考虑多方面的因素。第一，即便是未成年、处于义务教育阶段的孩子，也有很大的年龄跨度，他们的心理与生理状况大不一样，对小学低年级的孩子和上中学的孩子，恐怕不能使用同样的方式。第二，惩处涉及身心，禁止体罚，是否要在心理上"做文章"？这同样有个度。这里必须指出，心理创伤可能比身体伤害的负面影响更深。所以，同样要警惕羞辱式处罚和"软暴力"。第三，惩的目的是戒，如果惩罚起不到戒的效果，怎么办？这也是某些教师拿捏不好的关键。例如，有的孩子起初是欺负同学，后来发展到校园霸凌，警察尚且不好处理，教师能解决吗？对"问题少年"的惩处或许也要分级，甚至需要特教。第四，在赋予教师惩戒权的同时，也要注意对教师的监督。当下，涉及教师的负面新闻不时曝出，虽然我们常听说"这是少数个案"，但摊

到涉及的学生头上则是百分之百。社会对教师教育惩戒权给予了很高的关注，教育管理部门也要意识到惩戒权必须被用于教书育人的正当目的上，并建立相关的监督、救济机制，以应对越界的教育惩戒权。

第二节　中小学教师职业道德水平的提升

坚持教育创新，深化教育改革，必须加强教师队伍建设，提高教师的职业道德水平。近年来，有的教师职业道德水平出现了一定程度的"滑坡"，主要原因在于：一是应试教育还在很多地方大行其道，应试教育思想导致部分学校只注重提高教师的业务素质，教师只注重提高学生的分数。二是一些教师受市场经济和教师收入偏低的影响，把主要精力用于校外创收或第二职业上。这种教师职业道德水平的"滑坡"现象，严重制约着我国全面推进素质教育的步伐，因此，加强教师职业道德建设是教育工作的当务之急，刻不容缓。加强教师职业道德建设，强化教师的事业心和责任感，以适应全面推进素质教育的需要，是每个教师面临的重大而紧迫的任务。

一、加强教师职业道德理论学习

加强教师职业道德理论学习，是提高教师职业道德素养的基础。要提高教师职业道德素养，就要先抓好思想建设，先从思想上建设好一支优秀的教师队伍，教师的职业道德水平提升才会水到渠成。新时代的教师仍要认真学习马克思列宁主义理论，树立科学的世界观和人生观；认真学习中华民族传统的道德理论，吸取其精华，并在实践中发扬光大；认真学习共产主义道德理论，用先进的道德理论武装自己，教育自己，树立正确的道德理想；认真学习一般的道德理论和教师的职业道德理论，从多方面获取道德知识，为良好道德品质的形成奠定一个坚实的基础。

强化教师的职业道德规范，是提高教师职业道德素养的保证。教师职业道德规范，是衡量教师道德是非、指导教师道德行为、处理各种利益关系的标准，是社会道德在教师职业活动中的具体体现。它具体地向教师表明了什么是善、什么是恶，应该做什么、不应该做什么，正确回答了教师个人与他人、与集体、与国家利益之间的关系。教师职业道德规范是发展教育事业的有力保障，将教师的师德规范转化为教师个人的内心信念，需要教师有一个自觉学习、接受教育的过程。加强师德规范的学习，有助于提高教师遵守师德规范的自觉性。首先，教师要全面学习教育理论，掌握教育规律，按教育规律办事，才能更好地完成教书育人的职责，增强教书育人的本领。其次，要不断学习，全面、深刻地认识社会，从而形成正确的人生观和世界观，自觉抵制市场经济的负面影响；再次，深刻认识国家对教师职业道德的基本要求和培养跨世纪人才对社会主义现代化建设的重大意义；最后，认识和掌握教育教学规律，更好地完成教书育人的神圣职责，坚定不移地热爱和献身教育事业。

比如，可以安排教师定时进行政治理论集中学习，用先进的政治和教育理论来武装教师的头脑，切实转变其教育观念。或选择一些与学校实际和社会发展相衔接的论题组织教职工开展讨论、座谈，引导教师树立正确的观念。还可以加强对年轻教师，特别是年轻班主任的指导和培训。通过这样树立典范，实现群体创优。加强教师职业道德建设，要坚持正面教育、榜样激励。在加强理论学习的同时，树立先进典型，宣传优秀教师事迹，在广大教师中形成崇尚先进、学习先进的风气，使抽象的价值观和师德规范条文变得具体化、形象化，产生巨大的感染力和影响力，从而不断提升教师的职业道德素养。

二、建立教师职业道德管理机制

良好的师德构建离不开完善的学校管理，因此要加强学校领导班子的思想作风建设，班子成员讲学习、讲政治、讲正气，身体力行，率先垂范，以集体的合力强化教师的凝聚力，才能赢得广大教师的信赖和支持。譬如，在平时工作中，领导班子要肩挑重担，无论是劳动时间还是劳动强度都要走在教师的前头。青年教师队伍的不稳定性直接影响了学校教学工作的状况，学校要定期为青年教师召开师德建设座谈会、认识会，对比自身找差距，切实为青年教师排忧解难，消除他们在生活上的后顾之忧，提高青年教师爱岗敬业的积极性。

学校管理还要坚持民主集中制，充分走群众路线，做到重大决策都通过教代会。教代会民主管理职能的发挥，可以激发教师的主人翁责任感和参政议政意识，营造团结向上、和谐融洽的校内环境。注重思想政治工作与解决教师的切身利益相结合，尊重教师的主体地位，教师无论在工作上还是生活上有困难，学校领导都应亲自出面解决，从精神上安慰，物质上加以帮助，使广大教师能全身心地投入到教学一线，并创造出一流的工作业绩。

加强教师职业道德管理也要以习惯养成教育为基础，从大处着眼，小处着手，从一点一滴抓起，养成教师良好的习惯，倡导教师"教有教法、行有行规、言有言范"。

加强教师职业道德管理还要不断完善教师职业道德考评制度，建立渠道，收集反馈信息。根据教师的工作态度、工作效率、工作业绩，对全体教师进行职业道德水平考评，做到有理有据，赏罚分明，把师德建设工作的管理规范化、制度化。

三、完善教师职业道德培训机制

有效的师德培训往往需要依托教育实践的场域，结合教学实践进行。因为引导教师在育德实践活动中，包括在学科课堂教学中，通过实践、反思，逐步加深对教育"立德树人"本质的理解和感悟，加强在其任教的学科教学中践行教育规律、体现育人导向的自觉，都是比较接地气的师德培训，也是落实《关于加强和改进新时代师德师风建设的意见》提出的"把握学生身心发展规律，实现全员全过程全方位育人，增强育人的主动性、针对性、实效性，避免重教书轻育人倾向"的路径。因此，师德提升途径应当更多地依赖师德践行的场域，而不是脱离实践场域的说教，从而实现师德素养和育德能力的同步发展。

在师德培训方案及其实施中，要把"教师职业道德"和"学科育德"紧密结合起来，帮助各学科教师明确各学科课程标准和教材中的育德内涵，掌握中小学纵贯横通、分层递进、整体衔接的学科育德目标序列。同时，以对学科本体认识为突破口，帮助各学科教师明晰学科的育人功能和育德价值，自觉发掘育德内容，理清向学生传递、落实的路径和方法，实现学科教学中的德智融合。在学科育德的过程中，教师师德践行也融于教学中，从而使学科教学的课堂真正成为学生知识增长与德行升华相统一的场域。

师德培训还要深度关注教师的专业生活，帮助其树立起良好的职业道德和职业认同感，在此基础上帮助其建立职业生涯和职业发展的清晰目标。让"师德与素养课程"建设的目标定位在强化师德教育，实施敬业爱岗、热爱学生、严谨治学、为人师表等为主要内容的教师职业理想和职业道德培训上，从而着眼于教师职业道德能力的提高。

四、加强教师职业道德建设实践

学习理论是重要的，但更重要的是将理论付诸教育实践，因为教育实践不仅是教师进行师德修养的现实基础，同时也是检验教师师德修养的唯一标准，是教师师德修养的目的和归宿。教师的职业道德修养不是一蹴而就的，而是要在教育实践中不断认识、不断提高，不断完善的。只有经过实践的反复磨炼，道德认识才能日益明确和深刻，道德信念和道德意志才能日益坚定，道德情感才能日益丰富，道德理论才能日益完善，才能形成良好的师德品质，成为品德高尚的人。

在工作实践中，应充分利用优秀教师的先进思想和感人事迹。优秀教师的身上都集中体现了教师职业道德所倡导的优秀品质，他们的教育实践和先进事迹，生动体现了新时代师德的特点和要求，他们从不同的侧面把教师道德原则和道德规范具体化、形象化了，学习他们，能帮助我们提高师德认识，诱导和激发我们的师德情感。

所以，我们要围绕教师职业道德规范这一主要内容，经常开展行之有效的道德教育活动。在落实学科教学中实现师德的自我提升。让学科教学成为师德实践的重要阵地，成为对学生产生"润物细无声"影响的重要场域。所以，应当引导教师以学科本体认识为突破口，合理挖掘教学内容和载体所蕴含的德育元素，同时以自己言传身教的正确价值观、人生态度和人格，去追求学科教学中的德智融合。任何学科的任教教师既要向学生解释知识是什么，也要让学生了解所有的学科对学生成长的意义，让所学的知识和学习过程成为学生个人和社会联系的纽带。教师在所任教的学科教学中，应该把学科知识内化为学生精神发展和品德提升的智力基础，教学的组织形式应该对学生形成合作、包容的心理品质起到潜移默化的作用，教学过程所营造的自由、民主、平等的氛围，能够有利于学生形成创新精神和追求真理与正义的品德，教师在教学中严谨的治学态度和敬业精神，在学校生活中体现的人生准则和处世规范，应该成为学生的榜样。教师要主动到学生中去，利用课余时间同他们一起活动，一起娱乐，一起学习，做到多听、多看、多观察，从各种渠道了解教育对象，以便及时总结经验，调整交流方式，与学生做朋友，在与学生的交往中不断锻炼并提高自己。

教师作为人类灵魂的工程师，不仅要教好书，还要育好人，各方面都要为人师表。高素质的教师是青少年学生健康成长的根本保证。师德对于教师来说尤其重要，在工作、生活中，教师必须加强品德修养，加强对人生观、世界观、价值观的改造，教书育人，为人师表，成为学生的引路人。

另外，在落实师德建设的实践中，教师还要加强内省和慎独。孔子曾说："见贤思齐焉，见不贤而内自省也。"教师要以师德规范为准则，以品德高尚的人为榜样，在实践中时时反省自己。古人尚知内省和慎独，作为新时代的人民教师，更应该努力加强自我修养，通过加强自我修养，强化自己的道德意识，磨炼自己的道德意志，并在实践中把道德意志转化为道德行为，做一个品德高尚的人民教师。

第三节　中小学教师职业道德评价

在对中小学教师的评价中，教师的思想政治素养、职业理想、职业信念、法纪意识、敬业精神等方面是中小学教师必备的素质标准。各省市在制定教师职称评审标准时，也都会在政治素质、师德修养、职业道德等师德要求方面做出明确的规定。

在国家《中小学教师水平评价基本标准条件》中，第一条就对教师的师德提出了明确要求，为了使评价的标准更加具体，各省市会将总标准进一步细化，比如2016年开始实施的《湖南省中小学教师水平评价基本标准条件》中明确了如下评价内容：

（一）政治素养

1. 具有正确的世界观和方法论。
2. 实践科学发展观。
3. 树立社会主义核心价值观。

（二）法纪意识

1. 依法执教。遵守国家法律法规；严格遵守《中华人民共和国教育法》《中华人民共和国教师法》《中华人民共和国义务教育法》《中华人民共和国职业教育法》《中华人民共和国未成年人保护法》；遵守《中小学教师职业道德规范》等规章制度。

2.廉洁从教。自觉抵制各种歪风邪气，维护人民教师的崇高职业形象。不私自在校外教育机构兼课兼职；不乱收费，不推销或变相推销商品和课外书刊、教辅资料；不组织学生成建制补课。无"学钱交易""以教谋私""有偿家教""向家长索要或变相索要财物""托家长办私事"等行为；无任何抄袭、剽窃和侵占他人劳动成果等弄虚作假的违规行为。

(三)敬业精神

1.忠诚于人民教育事业，具有崇高的职业理想和坚定的职业信念。

2.努力探索教育规律，根据不同时期的人才培养规格要求，选择符合学生身心发展特点和规律的教育教学内容、方法和手段。

3.认真履行工作职责，忠于职守，服从工作安排。认真抓好教育教学的每个环节，保质保量地按时完成工作任务，注重教育教学的感悟和反思。

(四)育人行为

1.以学生发展为本，充分了解学生发展需求，注重个体差异，尊重、爱护学生，平等、公正地对待并严格要求每一个学生。

2.保护学生安全，关心学生身心健康，维护学生合法权益。

3.多元化评价激励学生，耐心细致教育学习上有困难的学生，无单纯以学习成绩评价学生、公布学生考试名次等现象。

4.没有体罚或变相体罚学生的行为，不泄露学生的个人隐私。

为了使这些标准要求在职称评审时可以进行操作，需要具体进行指标体系量化，为此，提出如下教师职业道德评价的指标，供学校和职称评审标准制定部门参考。

表2－1 中小学教师职业道德评价建议

指标	考评点	考评方式
爱国守法	1.热爱祖国。有正确的政治方向，坚持并拥护社会主义核心价值观 2.遵纪守法。恪守社会公德，遵守相关法律 3.依法从教。自觉学习并遵守国家法律法规和规章制度 4.言传身教。将爱国守法统一于整个教育活动中，自觉培养学生的法制观念，引导学生成为遵纪守法的好公民	1.单位考核与证明。查看学校师德考核意见以及无刑事违法行为、无婚姻纠纷和重大经济纠纷等民事案件、无酒驾等行政管理处罚等的证明 2.培训学习记录。查看学习笔记、心得体会等，了解参加法律法规学习的情况与效果 3.个人材料查阅。述职报告、工作计划、总结、教学反思、论文著作、课题等所反映的爱国守法意识 4.听课、座谈或问卷。了解在常规教学和教育活动中向学生进行法制教育的情况与效果 5.访谈、答辩。了解其对依法从教相关规定的认识和看法
爱岗敬业	1.忠诚于人民的教育事业，志存高远 2.热爱本职工作，具有敬业精神和奉献精神 3.对待工作要勤勤恳恳，高度负责，服从安排，勇挑重担 4.作风正派，严于律己，廉洁从教，自觉抵制各种歪风邪气，不得敷衍塞责	1.查看教育自传和工作经历 2.核实履职岗位与工作量 3.查看师徒合同、工作方案及相关报道，查看听课笔记，访谈，了解校本研训参与情况 4.查阅教案、反思、听评课记录、年度考核、个人述职中所体现的工作态度 5.座谈、访谈、问卷调查、查看群众评议记录

续表 2 - 1

指标	考评点	考评方式
关爱学生	1. 平等公正，严慈相济。注重个体差异，尊重、爱护学生，平等、公正地对待并严格要求每一个学生 2. 为学生着想，维护其权益。尊重学生，为学生安全保驾护航，维护学生受教育权等合法权益 3. 关心学生身心健康。锻炼学生体质，做学生的知心人，开展各种形式的思想疏导与心理辅导 4. 包容学生，多元化评价激励学生，耐心细致地教育学习上有困难的学生	1. 查阅班级工作计划、教学计划、教案、作业。了解其对学生学情的掌握情况，优生培养与学困生辅导情况 2. 查看工作计划、总结、教学反思、年度考核、个人述职、论文著作、课题等所反映的其关注学生发展、关心学生身心健康的思想与行动 3. 听课、座谈。了解其常规教学中以学生发展为本、多元化评价激励学生、耐心教育学困生的做法 4. 访谈。综合学生、家长评价，单位考核意见，群众评议意见
教书育人	1. 自觉地投入工作与付出爱心 2. 传授给学生系统的科学文化知识 3. 培养学生正确的审美观和健康向上的人格 4. 遵循教育规律，用好教育惩戒权	1. 查看工作计划、总结，教案、教学反思，作业批阅等。对教书育人能力的考评 2. 听课、座谈。了解教师组织教学活动过程中育人的落实情况 3. 访谈、答辩。遵循教育规律，实施素质教育
为人师表	1. 注意行为示范、仪表仪容，穿着打扮得体，举止文明儒雅 2. 用良好的人格品行浸润着学生的身心	1. 问卷、座谈。向学生、家长、同事了解其日常的行为表现是否符合言传身教、以身立教的要求 2. 访谈。了解其个人的生活方式与生活习惯，应率先垂范，做学生榜样 3. 学校过程性评价。规范学校教师评价体系中的师德评价，注重其过程性

《中小学教师职业道德规范》中还有一个"终身学习"的指标，本书将该指标列入"中小学教师学习能力"评价。

师德评价的内容许多在实际操作中难以量化，只能采取定性评价与定量评价相结合的办法。但在评审过程中，如果要进行比较，还是可以对指标进行赋分的。

鉴于师德评价的特殊性，对有明显违法违纪行为的，可以实施一票否决的方式。

附录　新时代中小学教师职业行为十项准则

教师是人类灵魂的工程师，是人类文明的传承者。长期以来，广大教师贯彻党的教育方针，教书育人，呕心沥血，默默奉献，为国家发展和民族振兴做出了重大贡献。新时代对广大教师落实立德树人的根本任务提出新的更高要求，为进一步增强教师的责任感、使命感、荣誉感，规范职业行为，明确师德底线，引导广大教师努力成为有理想信念、有道德情操、有扎实学识、有仁爱之心的好教师，着力培养德智体美劳全面发展的社会主义建设者和接班人，特制定以下准则。

一、坚定政治方向。坚持以习近平新时代中国特色社会主义思想为指导，拥护中国共产党的领导，贯彻党的教育方针；不得在教育教学活动中及其他场合有损害党中央权威、违背党的路线方针政策的言行。

二、自觉爱国守法。忠于祖国，忠于人民，恪守宪法原则，遵守法律法规，依法履行教师职责；不得损害国家利益、社会公共利益，或违背社会公序良俗。

三、传播优秀文化。带头践行社会主义核心价值观，弘扬真善美，传递正能量；不得通过课堂、论坛、讲座、信息网络及其他渠道发表、转发错误观点，或编造散布虚假信息、不良信息。

四、潜心教书育人。落实立德树人根本任务，遵循教育规律和学生成长规律，因材施教，教学相长；不得违反教学纪律，敷衍教学，或擅自从事影响教育教学本职工作的兼职兼薪行为。

五、关心爱护学生。严慈相济，诲人不倦，真心关爱学生，严格要求学生，做学生良师益友；不得歧视、侮辱学生，严禁虐待、伤害学生。

六、加强安全防范。增强安全意识，加强安全教育，保护学生安全，防范事故风险；不得在教育教学活动中遇突发事件、面临危险时，不顾学生安危，擅离职守，自行逃离。

　　七、坚持言行雅正。为人师表，以身作则，举止文明，作风正派，自重自爱；不得与学生发生任何不正当关系，严禁任何形式的猥亵、性骚扰行为。

　　八、秉持公平诚信。坚持原则，处事公道，光明磊落，为人正直；不得在招生、考试、推优、保送及绩效考核、岗位聘用、职称评聘、评优评奖等工作中徇私舞弊、弄虚作假。

　　九、坚守廉洁自律。严于律己，清廉从教；不得索要、收受学生及家长财物或参加由学生及家长付费的宴请、旅游、娱乐休闲等活动，不得向学生推销图书报刊、教辅材料、社会保险或利用家长资源谋取私利。

　　十、规范从教行为。勤勉敬业，乐于奉献，自觉抵制不良风气；不得组织、参与有偿补课，或为校外培训机构和他人介绍生源、提供相关信息。

参考文献

[1] 王永红，王本陆.用心做教师[J].教育科学研究，2016(03).

[2] 黄雪梅.重视隐性德育 关注心灵成长——浅析教师人格品行对学生品德形成的作用[J].甘肃教育，2016(23).

第三章
中小学教师知识素养

　　知识素养是区分中小学教师专业化程度的重要标志，是中小学教师胜任力评价的基础条件和先决要素。教师的知识素养不仅是教师从事教学活动所必须具备的智力资源，而且其丰富程度和运用情况也直接决定着教师专业水准的高低。每个中小学教师都要系统地掌握所教学科课程的专业知识，学习教育学、心理学、学科教学论等知识，还要尽量拓宽自己的知识面，并在实践中不断丰富自己的知识，提升自己的知识素养。

第一节　中小学教师知识素养的内容

　　由于教育的复杂性以及知识素养本身的复杂性，教师知识素养的概念尚无定论。不同学者从不同角度对教师应该具备的知识素养进行了分类。比如，有学者按照知识类别，将中小学教师知识分为基础知识、拓展知识、实践知识；有的按照教师职业知识素养类别，将中小学教师知识划分为理论性知识（学科知识、学科教学知识、通识知识）、实践性知识。理论性知识中的学科知识和通识知识是"本体性知识"，主要解决教师教什么的问题；学科教学知识是"条件性知识"，如心理学、教育学、幼儿教育中的卫生学等，主要解决教师如何将知识传授给学生，即有关怎么教的知识；实践性知识是有关理论知识的解释与运用方面的知识，是一种内隐的默会知识，既包括教育策略、技能、技术、经验要素，又包括关于教育对象的投入、教师人格特质等的知识。理论性知识与实践性知识是教师知识不可分离的两个方面。有的学者还将教师知识分为以下七个方面，包括：学科知识，学科教学法知识，课程知识，一般教学法知识，有关教育目的、目标和意图的知识，关于学习者的知识，关于其他课程内容的知识。有的学者将教师知识分为四种，即一般教学法知识、学科内容知识、学科教学法知识和情境知识；还有的按照教师的专业性将教师知识素养划分为五项超学科素养和第六项素养，五项超学科素养是指专业意识、反思和结语、协作和共事、鉴别能力、自我超越，第六项素养是指五项超学科素养赖以生存的教学情境素养，具体包括学科知识以及学科教学知识及能力。

根据我国中小学教师实际以及比较通行的评价体系，本节仅就学科专业知识、教育科学知识、教师通识知识三个维度来分析教师的知识素养。

一、学科专业知识

作为中小学教师，具备所教学科的专业知识是有效教学的基础。只有全面地、系统地掌握学科知识，才能融会贯通地把握课程标准与教材，创造性地使用教材，进而培养学生的学习兴趣，有效指导学生的学习方法，让学生的自主学习能力不断增强，学习思维品质不断提升，学业水平达到国家课程标准的要求。学科专业知识一般在从事教育职业前应该做好充分的准备，比如：

中学语文教师要在文字、语言、文学各个方面有专业的素养，要熟练掌握汉语言文字应用的专业知识，了解国内外文学发展概况，熟悉重要作家作品及其风格特征，具备较强的书面表达能力。

中学数学教师要掌握数学分析、高等代数、解析几何、概率论与数理统计等大学课程中与中学数学密切相关的内容，包括数列极限、函数极限、连续函数、一元函数微积分、向量及其运算、矩阵与变换及概率与数理统计的基础知识，科学理解中学数学中的重要概念，掌握中学数学中的重要公式、定理、法则等知识，掌握中学数学中常见的思想方法，具有空间想象、抽象概括、推理论证、运算求解、数据处理等基本能力以及综合运用能力，并能够利用这些知识去解决中学数学的问题。

物理教师要掌握大学物理中的力学、电磁学、热学、光学、原子与原子核物理方面的专业知识，掌握中学物理知识和技能，能运用物理的基本原理和基本方法分析和解决有关问题。

化学教师要掌握化学中的无机化学、有机化学的专业知识等。

生物教师要掌握生物学中的植物学、动物学、生理学、生态学、遗传学、进化论的专业知识等。

地理教师要掌握自然地理和天文学相关的基础知识等。

学科专业素养要求教师掌握学科课程知识结构、学科结构体系，不光要知道课程标准规定的内容，还要掌握更多更高深的内容，了解学科发展的历史和现状，关注学科的最新发展动态，理解科学、技术、社会以及环境的相互关系。

二、教育科学知识

教育工作是一项复杂而又细致的培养人的工作，要切实有效地实现教育目的，需要教师不仅仅具有所教学科的专业知识，还需要具有教育科学方面的专业知识。在符合时代要求的教育哲学思想的引导下，结合教育实践中的具体情况，不断优化自己的人才观、教育观、课程观、教学观等。并在心理学等理论的指导下，掌握学生的生理、心理的变化和发展的规律，并根据学生的特点，选取和运用恰当的教育内容和教学方法，激发学生的生命主体意识，调动他们的主观能动性，引导他们成长为更高水平的全面发展的社会主义建设者和接班人。中小学教师应具备教育科学方面的知识包括如下几个方面。

(一)教育理论方面的专业知识

教育理论方面的知识是无论教哪一门课程的教师都应该掌握的。这些知识能为教育者指引方向、提供相应方法论等，是教育者建构自己的教育大厦的基石，其重要性不言而喻。中小学教师应该具备的教育理论方面的知识包括：教育哲学、教育学原理、学科教育学、家庭教育学、普通心理学、教育心理学、学生心理辅导、教学论、德育论、教育社会学、教育评价学、教育研究方法、课程论、中外教育史及新课程理论知识等。

(二)教育改革和教育实践方面的知识

除了以上的教育专业知识之外，中小学教师还需要具备教育改革和教育实践方面的知识。比如，我国中小学教育的历史与现状；我国基础教育课程改革的现状和发展趋势；中小学学生学习兴趣的培养、良好学习习惯的养成、学习方法的指导以及五育过程中常采用的策略和方法等；学生医疗、保健、传染病预防和意外伤害事故的应对；中小学组织与运行、管理，特别是班级管理的一般原理，班主任的基本职责，班队活动的基本类型，课外活动的基本知识，班级管理的基本方法，组织班级活动的基本途径和方法等。另外，还需要具备教育信息技术方面的知识等。

以上知识素养，或者与某课程对应，或者不与某具体课程对应而分散在某些课程之中。相关的课程有：学习论、教学论、班级管理、课堂管理、学生心理卫生安全、现代教育技术、教师书写技能、普通话与教师口语等。

（三）学科教学的相关知识

中小学教师要具备教育专业知识、教育改革和教育实践方面的知识、学科专业知识，这些知识可以让我们明白学科教学中的许多"为什么"。但是，如果没有掌握与具体学科教学相关的知识，那么，学科教学的效果会大打折扣。因此，中小学教师除了具备以上的知识之外，还需要切实掌握相关学科教学的知识。

1."是什么"之类的教学知识

这一类知识主要是帮助教师们了解学科教学过程本身有何特点和规律，在教学过程中应该秉持什么样的原则、原理，可以使用哪些方式方法以及在使用这些方式方法的过程中需要注意些什么等。与此类知识相关的常见知识通常有课程与教学论，如小学英语课程与教学论，中学英语课程与教学论，数学、语文等在各学段的课程与教学论。

2."教什么"之类的教学知识

很明显，不同学科的教师当然主要是教各自学科中的内容。只是人类在不同学科中积累的知识无数，不可能在短时间内全部教给学生。所以，究竟应该教给学生哪些知识，也是教师们应该具备的素养。学习和研究教育部发布的相关的课程标准是教师提升此类知识素养的有效途径。比如，学习和研究英语课程标准、数学课程标准、语文课程标准等。尽管不同学段有不同的课程标准，比如小学英语课程标准、初中英语课程标准、高中英语课程标准等，但是，教师们需要对所教学科的课程标准有整体的了解，所以，即使自己只是教小学、只是教初中，或者只是教高中，也需要在整体上掌握所教课程的各学段课程标准。比如，小学英语教师不仅仅要掌握小学英语课程标准中的所有知识，而且有必要了解初中英语课程标准和高中英语课程标准。

此外,在学习和研究自己所教课程的课程标准的基础上,还需要掌握如何依据课程标准选择和运用有关课程资源的知识,比如小学英语课程资源的研发等。

3."怎么教"之类的教学知识

在教书过程中育人,是教师的职责所在。所以,教师们必须掌握"怎样教"的知识。与此直接相关的是教学设计方面的知识,如小学语文教学设计、初中语文教学设计;实验和制作等方面的知识,如小学综合实践活动设计、小学科学实验与制作、初中化学实验;教学实施方面的知识,如针对所教内容有效使用语言,根据所教内容以及学生的特点实现与学生有效互动,监控课堂状况,机智地处理课堂突发事件,因材施教,借助所教内容唤醒学生的生命自觉意识,以调动他们的主观能动性等这些方面的知识都是教师要积的。

4."怎么评"之类的教学知识

培养全面发展的社会主义建设者和接班人,在学校教育中,必然要落实在每门课程的实施中。这个目的是否达到了,需要评价。另外,教师自身也需要不断成长,教学活动是教师的职业活动,职业活动的状况同样需要被评价。所以,教师需要掌握"怎么评"之类的教学知识:知道怎样评自己的教,知道怎样评学生的学。这意味着,教师需要有自我评价方面的知识素养,还需要有与评价学生相关的知识素养。比如,在评价学生是否掌握了相关知识时,常用的是考试。教师为了拟出有效的试卷,需要掌握相关课程的命题学方面的知识。

当然,如果从教师自己或者学生的成长角度进行评价,那么,教师还需要掌握人才观、教育观等方面的知识。这些知识远远超越了学科教学知识的范畴,不仅仅包括学科专业方面的知识、教育科学方面的知识,还包括通识知识。

三、通识知识

通识知识是相对所教学科课程而言非专业性的、不直接为课程教学做准备的知识。一个知识面广的教师,既能拓宽学生的知识视野,还能在课堂上引经据典,善于联系,使学生思维得到发散,扩大迁移范围,促进举一反三,让学生学习到更多的知识;也能树立教师高大形象,融洽师生关系。如果一个教师在学生眼中是一个学识渊博的教师,学生会对该教师产生崇敬、佩服的心理,在课堂上会更认真听讲，课堂气氛会更活跃。

教师的通识知识可以根据所教学科和个人爱好来加以丰富，譬如数学教师有广博的美学、经济学、文学知识，那么在数学课堂中可以大有用武之地。一个地理教师具备丰富的旅游知识会让课堂更具有吸引力。不管哪个学科的教师都适宜广泛涉猎人文历史、科学技术、艺术体育等多方面的知识，形成广博的知识面。要经常了解一些科普常识、中国传统文化知识、艺术鉴赏知识、社交技巧，并积极与所教学科建立联系。

这些通识知识能帮助教师获得各学科的基本思维方式，了解各学科的基本原则和原理，最终有助于教师在教书育人过程中，以一个完整的人而不是被学科肢解的片面的人或者说单向度的人的样子出现在学生面前，也有助于教师在教书育人的过程中从完整的人的角度去看待每一个学生，进而能更公平、更平和地对待学生。这种通识知识与所教的学科或许无关，但是与课堂师生生命活力的彰显息息相关，与教学过程是否和美相关。如果不是教政治的，那么，教师们在入职前后学习的马克思主义基本原理、毛泽东思想和中国特色社会主义理论体系、思想道德修养与法律基础、形势与政策等方面的知识属于通识知识。对于不是教历史的教师来说，学习中国近代史纲要等，属于获取通识知识。对于不是教汉语文的教师来说，学习现代汉语等属于获取通识知识。对于不是教逻辑的教师来说，学习形式逻辑等属于获取通识知识。对于不教生理学的教师来说，学习卫生学等课程同样属于获取通识知识。总之，那些自己所从事学科范围之外的学科的基本思维方式、基本原则和原理方面的知识，都属于通识知识。

第二节　中小学教师知识素养的提升

教师在就职前要有充分的准备，在职业活动中要不断学习提高。一个中小学教师如果专业知识不够扎实，缺乏教育学、心理学的基本素养，在课堂上就可能把知识教错，教学也可能不得法，这将直接影响学生的全面发展，甚至误人子弟。即使自己受过系统的师范训练，但如果不及时补充相关专业知识，不关注本专业的最新动态、最新研究成果，靠吃老本教书，也难以成为一个优秀的教师。每个教师都必须终身学习，不断丰富自己的知识，努力提升自己的知识素养。

一、树立终身学习者的理念

教师不能只教书不读书，教师一定是一个终身学习者。这是时代发展的要求，也是教师职业特点的要求。提高自身专业素养，需要我们牢固树立终身学习的思想，自觉地把学习作为一种工作责任、一种精神境界、一种人生追求、一种生活乐趣来认识和对待，切实做到善于学习、乐于学习、勤奋学习、终身学习，不断增强学习的自觉性。

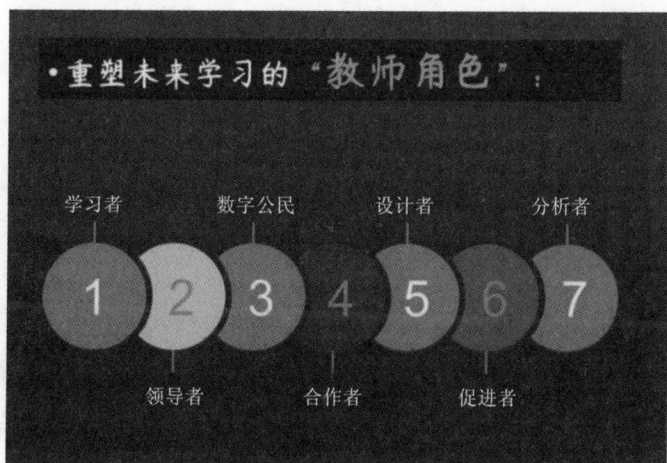

图3-1 未来学习的"教师角色"

每个教师都要重视政治学习，要积极参加集体政治学习活动，平时多看书读报，关心世界发展动态和国家时政，积极交流讨论，撰写政治学习笔记。通过学习，不断修炼自己，树立敬业爱生、立德树人、为国育才的远大理想，锤炼爱党、爱国、爱人民的忠诚品质，经常自我觉醒，政治上与党中央保持高度一致。

要不断积累和加深学科专业知识，要跟上新课标、新教材的变化，完善自己的专业知识结构，要善于用高观点看待所教的初等内容，读科普读物，了解本学科最新研究成果。

要及时学习学科教育改革的新理论、新方法。要积极参与课程改革，不满足于做题目，看教材教参。要主动吸取学科教学新内容，了解当代主要的教育改革思想与实践，了解新的教育理念，理解学生观、教育观、教学观、教师观、人才观的最新成果。围绕课程教学、标准与评价、核心学科与21世纪主题，寻求适合自己的专业发展道路。

教师应根据教学需要完善自己的知识结构，拓展自己的知识视野，广泛地摄取其他知识，不断充实自己，不断提高通识意识、教学技巧、教学水平，积极拓展数学与推理、人文与社会、交流与写作、自然与工程、中国与全球、艺术与欣赏、研究与领导等领域的知识，建立更为宽厚的知识体系，让自己成为一个博学多才的人，成为"专通并储的教师"。

二、在教学实践中带着问题学习

目前，教师的工作负担普遍比较重，集中时间系统学习比较困难，日常工作中，主要是根据需要补充学习，遇到问题突击学习。比如，要上公开课的时候，为了更好地做好教学设计、课堂呈现、交流展示，突击学习相关的新理论、新模式、新技能。学了以后运用到实践中，会让自己体会更深，记忆更牢。再比如，在管理学生的过程中，遇到棘手的新问题而感到不知所措时，查找著名教育家的著作，看看专家名师遇到类似的事情是怎么解决的。这样在教学中遇到困难找理论，遇到难题查资料，遇到困惑请教他人，研究问题、学习理论、解决问题，提升会更加迅速有效。

三、多种途径灵活提升知识素养

中小学教师知识素养提升的途径有很多，可以参加专业培训，比如国培班、省培训班，集中学习政治理论、教育科学、学科知识、通识知识某个方面的专题，并在交流研讨中更新理念和教学方法；可以在教研活动中学习，在课堂模拟、项目参与、社会实践、角色扮演等多种多样的教研活动中听大家的讨论分享，学习新的知识和方法；可以去听名师讲座获取新信息，在听讲座中如果有机会要积极向专家提问，争取得到具体的启发；可以在同行交流中学习到新的理论、策略、方法，特别是学习到同行的实践性知识，比照别人，主动地完善自己的专业知识结构。下面是几种常见的素养提升途径。

入职培训。在教师正式就职前要进行政治思想素养培训，让他们更深层次地把握党和国家的教育方针。通过教育科学知识培训，让新教师了解教育科学知识在教学过程中的作用。学科专业知识和通识知识指导能让教师的教学水平得到一定程度的提升。新教师要拜老教师为师，寻找入职导师，尽快熟悉学生个体成长的知识，理解学生的阶段性、生成性以及发展的不确定性、丰富性、差异性，把握学生的个性特征；熟悉学生群体发展的知识，把握学生之间的互动和交往；了解关于特殊学生发展的知识，保证在关注普通学生的同时，有针对性地对特殊学生进行教育教学。

专业培训。心理学家列夫·维果茨基说："只有走在发展前面的教学才是良好的教学，否则只能充当发展的尾巴。"教师不能仅仅停留在熟悉所授学科课程的基础知识及其结构上，还要了解基本的学科教学方法及其适用条件，了解学科教育发展史和当前发展动向，系统提升政治思想、教育科学、学科知识、通识知识等各方面素养。开展专业培训，就是为了在交流研讨中更新教师的理念和教学方法，不断提高其业务能力和素质。教师要积极主动地参加有关教育教学的专业培训会、学术研讨会、经验交流会，更深入地了解通识教育的内涵、目的。

教研活动。运用科学的理论（哲学、教育学、心理学和社会学等）与方法，遵循一定的科学研究程序，通过对教育现象与事实的解释、预测和控制，探索教育规律。通过课堂模拟、项目参与、社会实践、角色扮演等多种多样的教研活动，揭示教育现象的本质及其客观规律，促进教师专业成长和发展。

名师讲座。新时代对教师的业务素质提出了更高的要求，教师既要在本专业有较高的造诣，又要有较宽泛的知识面。同时还要具备运用本学科的知识分析和解决其他学科问题以及从不同学科的角度分析和解决本门学科问题的能力。教师要提升这些方面的能力，就需要专家引领、名师引导。

同行交流。教师必须认识到自己不仅要学习到新的理论、策略、方法，而且更应该理解、检验和批判性地反思自己的实践性知识，主动地完善自己的专业知识结构。中小学教师出现的问题既有共性，也有个性，要认真考虑各种因素。这就需要同行交流，共同提升。

学习进修。教师的文化知识、学科知识、教育学知识等并不是孤立存在的，教师在教学实践中，应将三种知识相互沟通与融合，形成具有个性特点的专业知识结构。作为新时代的人民教师，需要的是不断学习和探索，不断拓展自己的知识内涵，丰富学科基础知识，提升教学设计能力、教学实施能力、教学评价能力、组织和管理能力及科研能力。

管理培训。教师不仅仅要完成课堂教学，还要管理学生、管理教学，参与学校管理。要提高自己的领导力和管理能力，可以参加一些管理培训。比如参加培训提高自己的领导力，首先要提高自我领导能力，包括自我设计、自我完善、自我评价、自我学习、自律自制方面的能力；其次要提高团队的领导能力，提高形成愿景及确立目标的能力，提高表达力、说服力、影响力、策划、设计、规划、决策能力，学习坚持、让步或妥协、沟通、协调能力等。

四、让阅读成为自己的生活习惯

教师专业素养的提升，离不开专业阅读。没有阅读，就没有真正的教育，没有专业阅读，就无法造就真正的教师。阅读就是要认真读书，读书学习的过程就是吸收、成长的过程。不读书则会影响到教师教育教学理论的提高，影响到知识水平和精神境界的提升，影响到对学生学习的关注及与学生的沟通。只有不断阅读，才能增强自身的文化底蕴，才能学会抓住教学的有效资源。

如果说，一个人的精神发育史就是他的阅读史，那么，一位教师的阅读史，不仅是他的精神底色，也是他的教育蓝图。一个学科教师，既要阅读与所教学科有关的专业书籍，也要广泛阅读教育学、心理学方面的著作，还要多阅读拓宽知识面的通识书籍。不仅要经常读诸如《给教师的建议》(B. A. 苏霍姆林斯基著)、《思维与语言》(列夫·维果茨基著)、《静悄悄的革命》(佐藤学著)、《多元智能新视野》(霍华德·加德纳著)、《教学教育过程最优化》(巴班斯基著)、《教学机智——教育智慧的意蕴》(马克斯·范梅南著)之类的世界教育名著，也要读读现今教育专家们的有影响的书籍，比如，《情境教育的诗篇》(李吉林著)、《岁月如歌》(于漪著)、《教育新理念》(袁振国著)、《翻转课堂的可汗学院：互联时代的教育革命》(萨尔曼·可汗著)；还要读一些通识读本，比如《教师人文读本》(刘念、黄涌编著)、《文明之光》(吴军著)、《科学的历程》(吴国盛著)等等。

第三节 中小学教师知识素养评价

一个中小学教师是不是具备良好的知识素养，实际上是难以系统评价的，但又常常可以从其备课设计中、课堂上、交流中、总结写作中得到基本的印象。有些没有受过学科系统训练的教师在课堂上常常显得不自信、讲不清楚、抓不住重点，甚至出现知识性错误。所以，无论是在学校管理中，还是职称评审中，用一些方法对中小学教师的知识素养进行评价，有利于在职教师进行专业自我诊断与反思改进，促进其专业发展，促进各类名师脱颖而出。

一、中小学教师知识素养评价方法

中小学教师知识素养的评价方法很多，我们可以从不同的角度进行考察，比如专业发展档案评价法、课堂观察法、问卷调查法、任务访谈法、案例分析法、表现性评价法、经典量表测试法、标准化测量法等。每种方法都有它独特的价值和实效，对不同的知识素养，方法各有侧重。比如，对中小学教师的理论性知识评价方法主要有课堂观察法、表现性评价法、任务访谈法、标准化测量法等；对中小学教师实践性知识的评价方法主要有经典量表测试法、任务访谈法、课堂观察法、案例分析法、教师专业发展档案评价法等。

1. 专业发展档案评价法

发展档案评价法属于质性评价的一种，这种评价方法最大限度地实现了教师将日常写实评价、过程性的学期评价与学年评价、终结性或总结性的教师竞级评价结果的利用整合。因为，教师专业发展档案袋不管是纸质档案，还是电子档案，都可以装载教师专业发展过程的标志性成果：年度考核表、提升政治理论素养学习笔记、专业发展规划、课题研究成果、教学实录与反思、课例研究、专题讲座与研修、各种获奖与发表的成果、学生典型作业批阅与个性化学习指导、学生家访记录、项目化学习设计等。通过记录与阅读这些典型材料，可以充分了解教师专业知识水平、知识面、写作能力等职业素养。

教师日常的写实记录都可以写入教师专业发展档案袋中。学校要求教师注重日常的写实积累，同时在每学期末或学年末进行整理、遴选、形成标志性的成果，再通过智慧校园网络平台或学校教师发展性评价平台，及时写入上传，形成教师的专业发展档案。若是条件受限，教师分学期或学年度的标志性成果可以在直接整理、遴选后，分门别类地装入教师专业发展纸质档案袋中。

2. 课堂观察法

评价教师的知识素养不仅看典型材料、看标志性成果，更重要的是进入课堂，观察教师的教学行为实践。教师的工作主要在课堂，课堂教学是立德树人的关键阵地，教师的价值观、方法论可以通过课程的内容来进行渗透，教师的知识素养可以通过课堂来展示。

课堂观察法是一种专业的听评课制度，是中小学教师最为熟悉的评课方法。但是区别于常态的听评课，它的专业性表现为带着明确的问题诊断，并借助专门的评测工具，通过专业的行家里手，在教学回射的基础上，帮助教师解决在课堂教学实践中的真实问题。

采用课堂观察法对教师理论性知识进行评价，必须以知识评价框架搭建图为基础进行整体设计。重点抓住核心素养，以概念为本的课程与教学（知识结构、探究程序）、真正的教与学（学科教学知识及能力）等为关键要素，来开发量表。

3. 问卷调查法

问卷调查法主要解决教师知识素养评价中内隐的、难以评测的考察重点，调查对象主要是学生、教师和家长。问卷可以设计为当面问卷，也可以是网络问卷，学生或家长可以通过手机登录直接完成。

4. 任务访谈法

访谈法主要运用于教师同事或教师本人，对教师知识素养的日常表现进行评估，这主要是了解中小学教师对知识的建构过程与价值认识。通过提问交流考察教师的政治理论、学科知识以及跨学科通识知识的素养。

5. 案例分析法

案例分析法又称个案研究法。案例分析法是指把实际工作中出现的问题作为案例，进行研究分析，检验评价对象的分析能力、判断能力、解决问题及执行业务的能力，进而看出教师的知识素养。案例有多种渠道来源，最常用的一种渠道是各种媒体，如案例书报、杂志、电视广播等。给教师几个案例，让其对典型案例进行分析，通过分析看出教师对理论的理解和把握水平以及运用理论分析实践活动的水平。

6.表现性评价法

表现性评价法又称表现性任务法，就是以任务为驱动，观察教师在完成任务情境过程中的真实表现，以此来评价教师理论性知识的真实水平状况。如应用概念图评价小学数学教师学科知识结构，可以做如下表现性任务设计。

表3－1　应用概念图评价小学数学教师学科知识结构的表现性任务设计

编号	任务描述	作答区域
任务1（填充概念图）	根据小学数学中"统计"的相关知识，填补右图中缺失的概念或连接词	
任务2（基于核心概念构图）	围绕核心概念，绘制一幅概念图，梳理小学数学中涉及的"平面图形"相关知识（提示：可基于这些核心概念拓展延伸，增加新的概念，尽可能明确地呈现该模块知识面）	平面图形　线　角　三角形 正方形　长方形　平行四边形
任务3（基于焦点问题构图）	在小学阶段，学生学过了哪些数？这些数之间又有什么关系？请绘制一幅概念图来梳理和呈现（提示：为了便于你思考，可先列出相关核心概念，再绘制概念图）	焦点问题：小学阶段学过哪些数？它们之间有哪些关系？

注意：任务1（填充概念图）采用直接计分法，1个正确的概念或连接词均记1分。任务2（基于核心概念构图）和任务3（基于焦点问题构图）采用比照标准概念图记分法。通过参评的学科专家设计出标准

概念图,将教师完成的概念图与标准概念图进行比照,与标准概念图一致的命题记1分,除以专家概念图中的总命题数再乘以100得出最后得分。

7. 标准化测量法

标准化测量法主要是通过结构性的试题的编制,考察教师理论性知识的储备。以客观题为主。

表3-2 中小学教师理论性知识标准化测量试题示例

一、单选题

1. 在正常条件下,心理的发展总是具有一定的方向性和先后性,发展的不可逆性,也不可逾越。这是指心理发展的( )

A. 不平衡性　　　　　　　　B. 定向性和顺序性

C. 差异性　　　　　　　　　D. 连续性

2. 提出"教育及生活"这一观点的教育哲学家是( )

A. 杜威　　　B. 赫尔巴特　　　C. 夸美纽斯　　　D. 卢梭

3. 认为迁移之所以能够发生,是因为学习者能够概括出两种学习之间所存在的共同原理,持这种观点的迁移理论是( )

A. 形式训练说　　B. 共同要素说　　C. 关系转化说　　D. 概括化理论

4. 为贯彻新课程教育理念,教师应做到( )

A. 劳逸结合,以减轻学生负担为首要目标

B. 保证学生完成学习任务为先

C. 尊重学生的学习意愿,不要求其完成作业或参加考试

D. 尊重学生人格,关注个体差异

二、多选题

5. 学与教的相互作用过程是一些活动交织在一起的,它们是( )

A. 学习过程　　　　　　　　B. 教学过程

C. 管理过程　　　　　　　　D. 评价与反思过程

6. 下列属于程序性知识的有( )

A. 知道怎样将长期目标分解成短期目标

B. 知道第二次世界大战的原因

C. 知道毕达哥拉斯定理

D. 知道怎样解剖一个动物

三、简答题

7. 新学期，班主任李老师为了解七年级（一）班学生的学习心理、调动学生的学习积极性、提高学习效率，组织召开了一次班级座谈会，题目是"你的学习动机是什么？"学生的回答多种多样，有的说是为了不辜负父母的期望；有的说是为了考上重点大学；有的说要像周恩来总理一样"为中华之崛起而读书"；有的说老师讲课有意思，愿意学；但也有的同学说，不知道学习的意义在哪里，也不知道为什么要学习，面对学生的多种回答，李老师该怎么办？

通过测试，主要是考察教师的理论性知识，学科教学知识与能力，可以根据需要命题和设置分数。

几种教师知识素养评价方法各有侧重，有它独特的价值和实效。专业发展档案的评价法，从教师的学术水平、教学资源、教研教改等方面考察教师理论性知识在实践运用中产生的效应；任务访谈法侧重于考察教师对知识本身内部结构以及新课程价值意义的正确理解以及具体实践；课堂观察法侧重于对教师在学科知识与通识知识、教学能力与素养方面进行综合考察；表现性评价法侧重于对教师的学科知识进行评价；标准化测量法侧重于对教师学科教学知识与能力进行评价。

二、中小学教师知识素养评价建议

教师知识素养评价的考察要点和关键表现形成对应的关系，是对评价维度、内容以及评价指标的具体分解，然后通过关键写实记录来综合进行评测。《中小学教师水平评价基本标准条件》和各学科教师培养大纲或者标准是评价参照物。近年来，各省市教师职称评审条件中都有涉及评价建议方面的内容，比如《北京市中小学教师系列职称申报条件》中，要求教师具有深厚的理论基础，精深的专业知识，深入系统地掌握所教学科课程体系，对学科课程体系建设有贡献。《安徽省中小学教师专业技术资格标准条件》中，要求参与正高级职称晋升的教师深入系统地掌握所教学科课程体系、专业知识和专业技能。《广东省中小学教师水平评价标准（试行）》中正高级教师水平评价标准要求是具有深厚的教育理论基础，精深的专业知识，深入系统地掌握所教学科课程体系，对学科课程体系建设有贡献。

对中小学教师知识素养评价，既需要确定指标体系，又要可以操作。下面，我们将从职称评审的视角提出评价指标建议。

表3-3　中小学教师知识素养评价建议

指标	考评点	考评方式
学科专业知识	所教课程的学科知识体系及与学科有关的历史与现状方面的知识等	查看学历证、学位证、继续教育证： 1.查看在所教学科方面获得的学历和学位层次 2.查看在所教学科方面获得的继续教育情况
教育科学知识	教育哲学方面的知识 教育学方面的知识 心理学方面的知识 学科课程与教学论方面的知识 教育科学研究方面的知识 教育技术方面的知识 所教课程的课程标准 课程研发方面的知识 课程评价方面的知识等	查看职前教育中所学课程和职后继续教育中所学课程的种类和数量 1.考察知识的完备性。指标中各方面知识越丰富越好 2.考察学习的相关课程。学习越多的，认定为教育学知识素养越高
通识知识	人文、自然、社会方面的基本思维方式和基本规律、基本原则、原理等方面的知识	查看职前教育中所学课程情况和职后继续教育中所学课程的情况

对中小学教师知识素养的评价，不能硬生生割裂为专业知识、教育科学知识、学科教学专业知识和通识知识，特别是小学教师有些是教多学科的，职业前的培训也没有分学科，所以要根据实际情况来衡量。中小学教师知识素养评价总体都可以通过查看其成长档案、课堂观察、问卷调查、访谈、查看其教书育人的实例、观察完成指定任务的情况、标准化测量等途径来加以考评。

参考文献

[1] 何齐宗，龙润.小学教师教学胜任力的调查与思考[J].课程・教材・教法，2018(7).

[2] 赵佳丽.基于教师胜任力的教学评价转向[J].教学与管理，2017(16).

[3] 谢彩春.中小学教师教学胜任力模型构建研究[J].当代教育论坛，2016(5).

[4] 李华忠，王晓红."互联网＋"背景下高校教师信息化教学胜任力提升探究[J].中国教育信息化，2019(08).

[5] 张松德.论教师的教学风格[J].中国成人教育，2006(12).

[6] 黄光扬.教育测量与评价[M].上海：华东师范大学出版社，2002.

第四章
中小学教师学习能力

　　学习与学习能力已经成为信息时代和学习型社会中个体、组织与社会的基本需要。

　　对中小学教师而言，作为培养学生学习能力、引导学生学习与发展的引领者与促进者，应当走在学习的前列，不断学习、接受新的教育教学思想理论、教育教学方法技术，并应具备作为一个现代公民应有的知识、技能。所以，要重视中小学教师学习能力的提升与评价。

第一节　中小学教师学习能力概述

　　中小学教师必须具有学习能力，坚持学习才能在外界环境变化中获得自身的不断发展，提高自身专业发展水平，进而提高教育教学质量与人才培养质量。

一、学习能力的含义与发展

　　学习能力按不同的主体进行划分，可分为学生学习能力、教师学习能力、管理人员学习能力、律师学习能力等；按构成要素划分，可分为自主学习能力、终身学习能力、元学习能力、网络学习能力、理论学习能力、行动学习能力、英语学习能力、语文学习能力等。

　　对学习能力的不同看法直接决定着在培养提高学习能力的具体举措中所持的教育理念、观点和方法，直接影响着学习能力培养与提高的成效，也直接影响着学习能力的评价指标体系与具体方案。多年以来，不同的研究者对学习能力持有不同的观点。下面是一些关于学习能力的代表性观点。

李运桂认为记忆力、思维能力、观察能力和想象能力是构成学习能力的四大要素，这四大要素之间相互联系、相互制约、不可分割，同时又各自起作用。该观点得到了大家的认可，也是大众对学习能力的一种普遍认识，且在实践上产生了长远的影响。然而，把记忆力、思维能力、想象能力和观察能力作为学习能力的主要组成部分则过于简单，根据已有的研究成果看来，学习能力远不止这些。

白学军在《智力心理学的研究进展》中提出，学习能力就是智力。1986年，美国《智力》杂志社邀请当时最负盛名的智力理论专家罗伯特·J. 斯腾伯格（R. J. Sternberg）教授和凯斯西储大学迪特曼（D. K. Detterman）教授主持了第二次关于智力问题的讨论，有的专家将智力与学习能力等同起来。例如，迪尔本（W. F. Dearborn）提出"智力是学习能力或由经验中得益的能力"；盖茨（A. L. Gates）认为"智力是关于学习能力的综合能力"。

李宁认为学习能力直接影响着学习者的学习效率，是顺利完成各项学业任务的个性心理特征，是按照一定的要素和结构层次组合起来的，具有一定层次的结构整体，主要包括学习活动的组织能力、获取知识的能力、运用知识的能力等组成部分。张仲明、李红进一步提出，学习能力不仅包括传统的主要认知过程，还应包括知觉动作综合能力、理解与记忆能力、学习计划和控制能力、学习操作能力等操作和控制因素。

尹鸿藻、毕华林认为：学习能力是在学习活动中形成和发展起来的，是学习者运用科学的学习策略去独立地获取信息，加工和利用信息，分析和解决实际问题的一种个性特征。学习能力的基本要素主要包括基本知识、基本技能和基本策略；且基本知识和基本技能是信息加工的素材，基本策略是信息加工的方式。可见，学习能力不是空洞无物的心理官能，不是自然而然的能力，也不是泛泛存在的一般智力，它是基于知识、技能、策略等基本要素形成的，但不是知识、技能、策略本身，也不是知识、技能、策略之外的特殊之物，而是知识、技能在策略的统整、导向下，内化并结构化、网络化，形成相对稳定的结构，即构成了学习者的认知结构和操作方法系统。

学习能力是学习者运用科学的学习策略去独立地获取信息、加工和利用信息、分析和解决实际问题的一种个性特征，它是学习者在学习活动中形成和发展起来的，是通过知识、技能和策略的获得及其广泛迁移，从而使它们不断综合和概括而实现的。这一形成过程，不仅依赖于学习者自身对知识、技能和策略的掌握质量及其结构化、网络化、程序化水平，也依赖于学习者自身的一般智力水平以及以学习动机、学习兴趣、学习态度为核心的非智力因素的调控。

学习能力的形成和发展是层层递进的。其一，学习者要学习和掌握一定的学科知识、技能和策略，这是构成学习能力的基本要素，但它不等同于学习能力。其二，学习者通过积极思考和不断整合，将这些知识和技能要素与原有的知识技能相互作用，内化为结构化、网络化的知识技能结构，知识与技能的结构化、网络化水平是决定学习能力水平高低和发展程度的关键。其三，在解决特定任务的问题情境中，学习者运用一定的策略、方法，以活动任务和问题类型为线索和中心，将不同知识、技能进行组合，实现知识、技能和方法、策略的融会贯通和高度网络化、系统化，形成有利于解决问题的、程序化的活动经验结构，这标志着学习者的学习能力达到了较高的水平。

学习能力随着网络时代的深入影响而发生变化，特别是信息技术学习能力成为学习能力的重要表征。提升信息技术学习能力的目的是致力于提高自己的信息能力。钟志贤、杨蕾认为信息能力具体包括如下9大能力。

1. 运用信息工具的能力

能熟练使用各种信息工具，特别是网络传播工具，如电子邮件、新闻组、网上中继聊天（Internet Relay Chat，IRC）、慕课（MOOC）、视频会议（CU-SeeMe）、在线图书馆全文电子资源等。

2. 获取信息的能力

能根据自己的学习目标有效地搜集和选择各种学习信息，能熟练地使用阅读、访问、讨论、参观、实验、检索等获取信息的方法。其中，关键能力是信息的搜集能力和选择能力。

3. 处理信息的能力

能对搜集的信息进行理解、归纳、分类、存储记忆、批判、鉴别、遴选、分析综合、抽象概括和表达等。

4. 生成信息的能力

在信息搜集、选择、理解和批判的基础上，能准确地概述、综合、改造和表述所需要的信息，使之简洁明了，通俗流畅且富有个性特色。

5. 创造信息的能力

围绕同一目的，在多种多样的信息交合作用的基础上，迸发创造思维的火花，产生新信息的生长点，从而创造新信息，达到搜集、选择、理解和批判信息的终极目的。

6. 信息协作的能力

使信息和信息工具作为跨越时空的、"零距离"的交往和合作中介，使之成为延伸自己的高效手段，同外界建立多种和谐的协作关系。

7. 发挥信息效益的能力

善于运用接受的信息解决问题，如学习、生活、工作等方面的问题，提升生存和发展的质量，让信息发挥最大的社会和经济效益。

8. 信息伦理

信息伦理指的是在信息化社会中人类应遵循特有的道德行为准则。

9. 信息免疫

浩瀚的信息资源往往良莠不齐，需要我们有正确的人生观、世界观、价值观、甄别能力、自控自律能力和自我调节能力，自觉地抵御、消除垃圾信息和有害信息的干扰、侵蚀，完善合乎时代要求的信息素养。

二、中小学教师学习能力的特点与结构

中小学教师学习能力除了具备学习能力应有的内涵以外，还有与教师职业密切相关的特点与结构。

(一)中小学教师学习能力的特点

1. 非智力性

中小学教师学习能力是教师在学习活动中通过对知识、技能、策略的内化和概括化而形成的比较稳定的心理特征。学习活动是学习能力形成和发展的主要途径，是智力因素与非智力因素相互协调运作的过程，两者共同决定着学习能力水平的高低。而非智力因素通常指那些不直接参与学习和认知过程，但对学习、认知活动、学习能力的形成与发展起着调节作用的心理因素，主要包括学习动机、学习兴趣、学习态度、学习意志及其性格等。中小学教师不同于在

校学生,他们已获得了一定的学历学位以及相应的职业资格证书,没有诸多的学业、考试等外在压力,如果忽视了这些非智力因素,教师将难以主动地开展学习活动、发展学习能力;中小学教师也不同于高校教师,科研压力比较小,教学内容偏重于稳定的基础知识、基本技能,对知识更新没有太多太高的要求。在这样的情况下,重视学习动机、学习兴趣、学习态度、学习意志等非智力因素,对促进中小学教师学习能力的提升尤其可贵。如果忽视这些非智力因素,将对发展与提高中小学教师学习能力产生一定的负面影响。

2. 整合性

中小学教师学习能力是基本认知能力和综合能力的整合,具有整合性。中小学教师学习能力的发展与他们的内部学习活动和外部学习活动密切相关。内部学习活动是教师通过对语言、形象和符号等学习内容(学习对象)进行感知、记忆、思维、想象等的心理活动,以实现学习内容(学习对象)的概括化、同化、内化。教师内部学习活动有利于发展教师的观察、记忆、思维、想象等基本认知能力。外部学习活动是教师的教育教学实践、阅读、讨论、交流、分享、制作、实验、操作等活动。外部学习活动不仅有利于促进教师基本认知能力的发展,而且会使教师逐步掌握获得知识的能力,发展教育教学实践的操作技能,形成分析问题和解决问题的能力,形成创造性思维和想象的能力,形成教师之间的榜样示范、相互分享等方面的能力,形成利用信息技术的能力。

通过内部、外部的学习活动,中小学教师发展自己的学习能力,主要表现为理论学习能力(观察、记忆、思维、想象等基本能力)、行动学习能力(如实际操作能力、问题解决能力)、创新学习能力(创造性思维和想象的能力等)、团体学习能力(榜样示范、分享推广等)、信息技术学习能力等,并且融入个人素质之中,形成综合能力。

3. 动态发展性

中小学教师学习能力的动态发展性主要表现在两个方面。其一,中小学教师学习能力是在中小学教师与学习内容(学习对象)的相互作用中形成的,是以学习内容(学习对象)为中介,通过主动、生动、活泼的学习活动而形成并发展的,并且随着学习活动的不断丰富、学习内容的不断深入,中小学教师学习能力也在不断完善和持续提高。其二,中小学教师学习能力在学习活动中具有很强的操作性,学习能力有助于中小学教师对相关内容进行学习、掌握与应用，并为其顺利地进行学习活动提供符合知识特点的学习程序、步骤、策略和方法等，有效地提高知识掌握与应用的速度和质量，从而进一步促进其学习能力向更高层次发展。中小学教师学习能力的动态发展是一个螺旋形上升的过程。

（二）中小学教师学习能力的结构

中小学教师学习能力是一个多因素、多形态、多层次的结构，主要分为外围结构、内部结构两大基本结构，如下图所示。

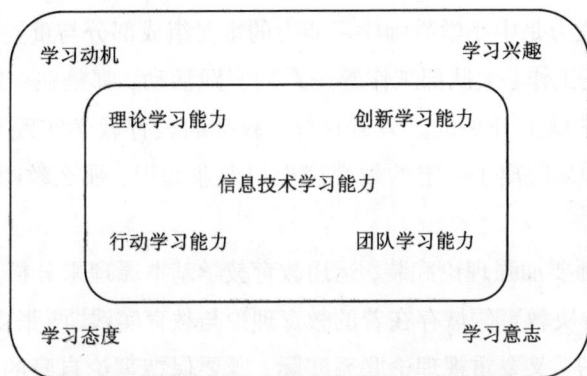

图4-1　中小学教师学习能力结构

1. 学习能力的外围结构

中小学教师学习能力的外围结构，主要由学习动机、学习兴趣、学习态度、学习意志等因素组成，对中小学教师学习能力产生潜移默化的影响。

我们必须充分认识中小学教师学习能力外围结构中的学习动机、学习兴趣、学习态度、学习意志及其性格的重要性。当前，在传统观念甚至在错误思想的影响下，部分教师学习目的不明、学习态度不端正、学习兴趣不浓，一看书就打瞌睡，没有认识到学习的重要性，没有提高学习能力的意识；部分教师把学习当作是外界强加给自己的活动——"要我学"，而不是"我要学"，导致缺乏应有的主动性，为了获得积分或者为了应付检查而学习；部分教师处于盲目乐观的状态中，认为自己学历高，教中学或小学已绰绰有余，无须再学习；甚至有少数中小学教师认为自己工作稳定，端了"铁饭碗"，没有学习的必要，就贪图安逸、不思进取了。因此，要激发中小学教师的学习动机，使他们提高学习兴趣、端正学习态度、养成学习意志，有目的地、积极主动地参与学习，提高学习能力，并通过提高学习能力来提升自身的专业发展水平以及教育教学、立德树人的质量。

2. 学习能力的内部结构

中小学教师学习能力内部结构的核心因素主要包括理论学习能力、行动学习能力、创新学习能力、团队学习能力、信息技术学习能力，这些能力直接影响着学习能力水平的高低。

(1) 理论学习能力

理论学习能力是中小学教师学习能力的重要组成部分与重要特征。教师教育教学、班主任工作、大队部工作等一系列实践活动，都是在一定的教育理论与专业知识的基础上开展的。只有这样，教师的教育教学实践活动才是科学的、合理的。如果脱离了一定的教育理论与专业知识，那么教师就成了"教书匠"。

中小学教师要加强理论武装，运用教育教学基本原理来分析和解决教育教学现实问题，解决教育领域存在着的教育理论与教育实践"两张皮"的现象，既要重视理论学习，又要重视理论联系实际，既要保持理论自身的品质，又要注重向实践转化。

(2) 行动学习能力

行动学习能力是中小学教师学习能力有效发挥作用的关键能力。现有研究成果显示，只有在学习中采取行动并对行动进行反思，学习效果才会最佳，特别是当行动是为了解决现实工作或生活中与我们休戚相关的问题时，学习才会真正发生。也就是说，学习的目的就是为了应用，且应用的效果如何反映着学习的好坏、学与用相互结合的程度。同样，中小学教师学习的终极目的也是增强"做事"的能力，提高运用所学理论、知识解决现实中的课堂教学问题、班主任工作问题、教学改革问题、教书育人问题等的能力。中小学教师在这种行动学习中获得的能力，就是行动学习能力。

(3) 团体学习能力

团体学习能力不仅反映了中小学教师以团体或集体形式对学生发展、立德树人起作用的本质特点，而且反映了中小学教师之间相互示范、指导，分享推广教育教学经验、成果以及共同成长的特征。毋庸置疑，教育教学、立德树人等工作仅靠某位教师是难以完成的，需要相关教师共同参与、协同合作和不懈努力。教师学习涉及教师个体学习、教师小组或团体学习、整个学校教师学习等多个层面。提高教师团体学习能力，就是"使得多个层面的学习最大化和最优化"。教师通过团体学习，汇聚教师集体智慧，减少教师之间的内耗与对抗，优化教师内部的知识、资源共享，通过教师之间的思维碰撞产生新的知识与智慧，形成富有创造性的决策和协调一致的行动，更好地实现广大教师的共同愿景——持续提高教育教学质量，培养德智体美劳全面发展、富有个性的社会主义新人，也更好地促进教师自身专业发展以及教师团体共同发展。

（4）创新学习能力

创新学习能力，是中小学教师学习能力的时代体现。当前，正处于"万众创新""人人创新"的新时期，"创新是引领发展的第一动力"。我国教育领域从"知识单维目标"到"知识—技能—态度三维目标"，再到"核心素养"，从"应试教育"到"素质教育"，从"教师的教"到"学生的学"，从"教材＋黑板＋粉笔"到"互联网＋"，从"单一的分数评价"到"综合素质评价"等方面开展了一系列教育教学改革与创新，创新已经渗透到我国教育教学的方方面面，对中小学教师创新学习能力提出了新的要求。

教师尤其需要改变思维定势，不能安于现状、墨守成规，要积极采用新的观念、思想、知识、技能、方法去解决新问题，勇于参与各种教育教学改革，尝试新事物，并把每一次新尝试、新探索看作不断学习与改进的机会，提高创新学习能力，推进教育理论创新、教育实践创新、教育制度创新、教育方法与技术创新以及其他方面的创新。

（5）信息技术学习能力

在"互联网＋"时代，人类利用互联网收集、加工、存储、处理、控制信息，不再受时间和空间的限制。在此新背景下，信息技术学习能力也融入到学习能力中，成为学习能力中的重要组成部分。

信息技术学习能力是数字化时代、"互联网＋"时代中小学教师学习能力的基础。要通过与现有网络相连接来提高学习效率，利用多种多样的学习方式来提高学习能力，诸如网络课堂、电子邮件、共同体、对话、网络搜寻、电子邮件列表、阅读博客、QQ空间、微信圈、培训网站等。为了推进教师信息技术能力的发展，2019 年，《教育部关于实施全国中小学教师信息技术应用能力提升工程 2.0 的意见》（教师〔2019〕1 号）的发布，推动了教师应用网络学习空间、教师工作坊、名师工作室、研修社区等的发展，教师可利用线上资源，结合线下研讨，打造"技术创新课堂"，提高其应用信息技术进行学情分析、教学设计、学法指导和学业评价等的能力，破解教育教学重难点问题，满足学生个性化发展需求，助力学校教学创新。

综上所述，中小学教师学习能力结构是一个由学习动机、学习兴趣、学习态度、学习意志等因素组成的外围结构，加上由理论学习能力、行动学习能力、创新学习能力、团队学习能力、信息技术学习能力等组成的内部结构而形成的复杂系统，且彼此之间有机融合，形成中小学教师学习能力的整体范畴。这种能力结构是我们提升中小学教师学习能力、建构中小学教师学习能力评价模型、开展中小学教师学习能力评价的基础。

第二节　中小学教师学习能力的提升

随着教育内容的不断更新，教育手段向网络化、智能化、信息化发展，教师传统意义上的传道、授业、解惑已经难以满足学生发展的需要，全方位的教育改革对中小学教师的学习能力提出了新的挑战。于是，教育行政部门和学校要优化教师培训体系、健全学习制度、打造学习共同体；教师自身要制订适合自己的学习目标，树立科学的学习理念，采用多样化的学习策略与方式，在工作中学习，在学习中工作，不断提升学习能力。

一、优化中小学教师培训体系

中小学教师参加相关培训或继续教育，是提高其学习能力的重要举措。为了提高中小学教师学习能力，教育部颁布了《中小学教师继续教育规定》，湖南省颁行了《湖南省实施〈中小学教师继续教育规定〉的办法》《中共湖南省委湖南省人民政府关于全面深化新时代教师队伍建设改革的实施意见》等一系列文件，这些文件中都提到了优化中小学教师培训体系。中小学教师培训应坚持因地制宜、分类指导、按需施教、学用结合的原则，建立全员、全过程、全方位培训体系，切实提高培训质量和实效，提高教师学习能力。

（一）扩大中小学教师培训对象受益面

参加培训是每一位中小学教师的权利和义务。各级教育行政部门应积极采取有效措施，依法保障中小学教师继续教育的权利，扩大中小学教师培训对象，开展全员、分类分层、重点培训。应对所有在职中小学教师开展全员培训，原则上每五年为一个培训周期，修满学分360分，以促进教师终身学习和专业发展。要突出国培、省培计划的示范引领作用，深入推进中小学教师信息技术应用能力提升工程，加大开展特级教师工作站、省级中小学卓越教师工作室、名班主任工作室建设以及省级学科带头人和骨干教师等培训。实施乡村学校音体美教师专项培训计划，加强乡村小学和教学点音体美等紧缺学科专兼职教师培训。加大校长培训力度，完善名校长、骨干校长培养制度，重点开展乡村中小学骨干校长培训和名校长研修，加强校长后备人才库建设，推进校长专业化发展。当前，最关键的是有效落实现有政策，让培训惠及更多的一线教师。

（二）健全中小学教师培训机构

健全以省、市、县中小学教师发展中心或教师进修学校为主体的教师培训机构，充分发挥省级中小学教师发展中心的引领、带动、辐射作用。加强各级教师发展机构的建设与改革，建立健全地方教师发展机构和专业培训者队伍，依托现有资源，结合各地实际，逐步推进市、县中小学教师发展机构的建设与改革。推进市、县级中小学教师发展机构与教研、装备、电教等机构的职能和资源有机整合，使其成为集教学研究与实践、德育研究与实践、教师研修、教育科研、信息技术培训等功能的枢纽，实现培训、教研、电教、科研部门有机整合。地方中小学教师发展机构全面实现办学标准化，并建成若干所示范校，每个市重点建成1个市级教师专业发展基地。支持在基础条件好、教学质量高、社会声誉好的中小学建设教师发展学校，承担教师跟岗培训、师范生实习等任务。推进师范院校与中小学教师教研、培训等资源融合，促进教师培养培训与专业发展一体化。除线下中小学教师培训机构外，还要进一步完善湖南省中小学教师继续教育网平台、教师发展空间、教师网络研修平台、中小学教师备课、听评课平台等网上智慧学习平台。

（三）完善中小学教师培训方式

按照"省市统筹、县市区负责、学校自主、全员参与"的实施路径，完善培训方式，推动信息技术与教师培训的有机融合，实行线上线下相结合的混合式研修，确保"以教师培训机构为依托，校本培训为基础，远程培训为主要手段"的培训模式，通过"资源学习、作业完成、交流研讨"等培训环节，提高培训质量和培训成效。

除了部分教师采取国培、省培方式以外，在上级教育行政部门的指导下，以各学校为单位申报研修主题和培训需求，推行培训自主选学，采取区域培训、校本研修、教师选学、网上学习等多种方式，将培训、研修与实践应用相结合，整体推进中小学教师培训。充分利用教师培训学分登记管理系统、湖南省中小学教师培训信息化管理平台，实行培训学分管理，建立培训学分银行，搭建教师培训与学历教育衔接的"立交桥"。

（四）更新中小学教师培训内容

中小学教师培训以提高教师教育教学、立德树人能力和水平为重点，培训内容主要包括：思想政治教育和师德修养、专业知识及更新与扩展、现代教育理论与实践、教育科学研究、教育教学技能训练、现代教育技术（信息技术）、现代科技与人文社会科学知识等。培训内容与时俱进，紧密结合教育教学一线实际，针对不同层次、类型的中小学教师组织高质量培训，引导教师静心钻研教育教学，切实提升教育教学水平。不同层次、不同类型的教师，其培训内容模块有不同的侧重。

对于新入职教师，培训内容重点关注师德修养、现代教育理论与实践、教育教学技能训练等方面。例如，课堂管理与教育机智、有效教学设计、行动研究与教学反思、教师权利与义务、教师职业道德、如何上好一节课、如何做好班主任工作等。

对于骨干教师，培训内容除专业知识更新与扩展、现代科技与人文社会科学知识等方面以外，重点关注教育教学改革、教育教学研究。例如，教学关系变革与高质量学习、有效教学设计、名师的专业成长之路、基于核心素养的课程建设与实施、信息化的课堂教学设计、精品课程建设经验、从教学意识到课程意识、走进课堂做研究等。

对于中小学校长，其培训内容侧重于新时代背景下的教育教学改革、教育管理、学校文化等方面。例如，基础教育核心理念与中小学变革、国际视野下的基础教育改革与发展、学校发展与文化引领、开启智慧教育时代、学校核心竞争力与学校品牌建设、校长课程领导力、基于学生核心素养发展的课程教育评价改革、基于核心素养的课程建设与实施、现代学校管理策略、学校文化建设与组织形象设计、校长之道——基于课程改革的哲学思考等。

(五)落实中小学教师培训经费

当前，我国中小学教师继续教育经费以政府财政拨款为主，多渠道筹措。省级教育行政部门制定中小学教师继续教育人均基本费用标准，并安排专项资金，主要用于骨干教师省级培训、培训者培训和教材建设。各市(州)、县(市、区)必须安排专项资金，主要用于本地区的教师培训。中小学生公用经费中明确的师资培训费，应全部用于中小学教师继续教育。中小学教师继续教育经费由县级以上教育行政部门统一管理，不得截留或挪用。各中小学校也要安排一定的经费用于本校教师的继续教育。根据相关规定，湖南省加大了教师培训的经费投入，市州、县市区按照中小学教师年度工资总额(含绩效工资)的1.5%安排教师培训经费，并列入财政预算，且逐年提高；学校应按不低于国家规定的标准安排年度教师培训经费，并积极筹措相关资金，用于中小学教师培训。省本级、市州、县市区教师培训经费向落后地区、薄弱学校倾斜。

二、健全教师学习制度

健全学习制度是推动中小学教师提升学习能力的重要途径，也是建立中小学教师提升学习能力长效机制的重要手段。提升学习能力，不仅要靠中小学教师自主自觉，而且要靠外部学习制度的保障、规范与引导。因此，教育行政部门、学校要建立健全、贯彻实施一套科学完备、符合实际、行之有效的中小学教师学习制度。同时，强化学习制度的约束力和执行力，明确责任落实，加大督促检查力度，维护学习制度的严肃性和权威性，引导中小学教师增强制度意识，切实把学习制度及其相关规定转化为自身的学习行为准则和自觉行动，确保学习制度有效执行，不断提高中小学教师的学习能力、学习质量、学习自觉性与积极性，使其更好地做好教育教学、立德树人的本职工作。根据中小学教师学习制度的实际情况，除了完善年级组、学科组等集体学习与备课、校本研修、调查研究、行动研究、培训轮训、学习通报、学习考勤、学习档案等学习制度以外，现阶段尤其要建立健全学习分类指导、学习考核、学习成果考核等制度。

（一）健全学习分类指导制度

要改变在学习上对所有中小学教师刚性的"一刀切""大一统"的现状，应在基本要求一致的基础上，针对不同区域、类型、层次的学校，针对不同学科、专业发展阶段和需求的中小学教师采用"差异化"举措，区别对待与区别要求。学习分类指导制度应充分考虑每所学校不同的实际情况：有些学校学习资源丰富，有些学校学习资源匮乏，有的学校正开展任务型教学改革，有的学校正开展理解教育改革，而有的学校正探索小组合作教学改革等。学习分类指导制度还应充分考虑每位中小学教师不同的实际情况：有的教师处于新手型教师阶段，有的处于胜任型教师阶段，有的处于骨干型教师阶段，有的处于专家型教师阶段；有的教师正面临着学生评价的困惑，有的教师正面临着课堂教学改革的问题，有的教师正面临着家校合作的难题，有的教师正面临着新高考改革的困惑，有的教师正面临着班主任工作的难题等。学习内容、学习方式、学习考核、学习要求等方面要做到因校、因人、因事、因时制宜。

（二）建立健全学习考核制度

用制度明确规定中小学教师学习考核的主要内容与主要方式，尤其要规定考核结果的运用。按照分类指导、简便易行、学用结合的原则，进一步加强中小学教师学习考核工作，明确学习考核主体，细化考核指标。要杜绝中小学教师学习考核或检查采用简单的痕迹化管理方式，如查阅笔记本上抄了多少页资料、网上有多长学习时间记录等形式化的东西。学习考核应重在考察中小学教师的学习反思、所感所悟所得、在思想观念和教育教学行为上的改进与提升、学生教育教学质量的提升、学生的反馈等方面。还要抓好学习考核结果运用，及时把学习考核结果反馈给中小学教师，肯定成绩，指出不足，提出要求。还应根据考核结果，建立相应的激励机制，让每位中小学教师深刻认识到学与不学、学得好与学得不好有明显的不同。尤其要重视学习考核结果的应用，把那些真学、真用、真干的教师作为榜样示范，把那些优秀教师的典型经验以及相关学习成果与成效，通过多种方式宣传推广，并向评职称、年度绩效等方面倾斜，引领广大中小学教师重视学习、热爱学习、崇尚学习能力的培养与提升。

（三）制定学校教师学习规章

每个学校要有符合自身特点的学习规章，对一些基本事项进行规定。

下面是一个学校的教师学习规章摘要。

×××学校教师学习规章

1. 指导思想

为了进一步推动教师学习，加强教师队伍政治思想及职业道德建设，加强教师教学基础理论和教学业务培训，提高全体教师的政治素质和教育教学水平及学科能力，提高教师的学习能力与专业发展水平，切实保证基础教育的质量，提高教学育人质量，特制定本学习规章。

2. 学习内容

（1）党的教育路线方针政策，学习《中华人民共和国教师法》《中华人民共和国未成年人保护法》《中小学教师职业道德规范》《中国教育改革与发展纲要》等国家有关法令、法规。

（2）教育新思想、新理论、新动态、新技术与新方法。

……

3. 开展学习活动，激发学习兴趣，提高学习成效

（1）鼓励并督促教师注重学习，注重反思，倡导勤思，做好学习笔记。

（2）抓好促进教师学习与专业成长的"八个一"工程：每年订一份教学业务杂志，有一个研究课题，每学期办好一期教研专刊，写一份优质教案或说课讲稿，上一堂优质课，写一篇优质论文，每学期承担一个单元的集体备课的中心发言，命一份高质量的试题。

（3）各科组活动及例会为教师集中理论学习时间。

（4）每学年组织一次"走出去"学习交流活动。

……

4. 建立学习考核制度，保证学习活动正常进行

（1）建立自学时间保证和学习笔记检查制度，检查结果列入学期考核内容。

（2）教研组规定其成员需每学年学习一本教育理论著作，每月安排一次例会交流其中一章的学习体会，每学期进行书面小结学习收获，并将其作为教师学习考核内容。

（3）教师参与备课组的集体备课活动情况以及提高情况，参与教研组的教研活动以及相关听课、说课、评课活动情况与提高情况将作为学习成效的考核内容。

（4）学校将教师学习的整体情况与成效纳入动态评价，并与教师的"考绩考勤"、评职称、晋级等方面挂钩。

......

三、制订适合自己的学习目标

要提升学习能力，教师可以基于外界相关学习制度或自身专业发展的需要，制订适合自己的学习目标。

有的中小学教师没有学习目标或处于目标"真空"的状态，有的只注重制订长期学习目标，有的只注重短期学习目标。长期目标和短期目标，主要针对所涉及的时间跨度不同，具有相对性。短期目标在长期目标的引导下，学习活动更加自觉，更加坚持不懈。短期目标为采取实际的行动提供及时的导向，通过一系列的短期目标，更好地实现长期目标。相关的理论研究和实践证明，最好的途径是将短期目标与长期目标结合起来。因此，中小学教师制订学习目标时，应把长期目标与短期目标结合起来考虑。当然，不同的中小学教师，其学习目的是不同的：有的是为了提高自身的教育教学水平，有的是为了在职称上更上一层楼，有的是为了解决正在开展的教育教学改革所碰到的问题或难题（如学生评价方式改革、教学方式改革等），有的是为了提高自身的专业能力与素质，有的是为了更新自身的知识结构。

为了制订长期学习目标，不妨重点思考以下问题：未来一定时间内（如一年之内，三年之内），急需完成的一个重要的学习目标是什么？为什么要制订该目标？完成该目标需要完成哪些学习任务？预期需要解决哪些自身的和外在的困难或障碍？可以利用哪些学习资源？如何进行时间管理？等等。

制订短期学习目标，可先思考如下问题：近期具体的学习目标是什么？如何进行自我激励（包括激发内在学习动机、树立学习信心等）？利用哪些参考学习资料、工具书、网络学习资源？有哪些可能影响自己完成目标的障碍？克服这些障碍需要采取哪些措施？哪些人能提供帮助？判断目标完成的标准是什么？等等。

在制订学习目标时，不管是长期目标还是短期目标，都要考虑学习目标自身的合理性，即所制订的学习目标难度是否适宜，是否适合于自身的实际情况。洛克和拉瑟姆（Locke & Latham）等学者论证了目标困难程度的大小在 0.52 到 0.82 之间时最能促进学习目标的实现。显然，对中小学教师而言，"太容易"或"太困难"的学习目标其激励效果都不如那些难度适度的学习目标。只有难度适度、符合自己的发展水平和现实要求的学习目标，才有利于激发中小学教师提高学习动机和学习效率，实现提高学习能力的目标。

四、树立科学的学习理念

理念是行动的思想先导，不仅对行动具有导向与激励作用，还可以体现出对未来发展状态的期待。学习理念同样如此。教师应树立科学的学习理念来促进自己形成"愿学、勤学、真学、深学、善学"的行为，提升学习能力。当前，教师尤其要树立终身学习理念与学用结合的问题导学理念。

1. 树立终身学习理念

终身学习是指社会每个成员为适应社会发展和实现个体发展的需要，贯穿于人的一生的、持续的学习过程，即我们所常说的"活到老学到老"或者"学无止境"。"终身学习"应该成为中小学教师的基本理念，意味着学习是教师工作、生活中不可缺少的组成部分，让在生活、工作中学习，在学习中生活、工作成为常态；意味着人人都是学习之人，处处都是学习之地，时时都是学习之时。树立终身学习的理念，有利于教师激励自己提高学习的自觉性、主动性，有助于提升学习能力。

教师应形成"不学习、不善于学习、学习能力低就要落伍，就要被淘汰"的危机意识，引领自己奋勇前行、持续提高学习能力。终身学习理念有助于教师克服教育教学中的困难，解决其中的新问题；有助于满足教师发展的需要，使教师得到更大的发展空间，更好地实现自身价值；还有助于充实教师的精神生活，不断提高自己的工作、生活品质。

2.坚持学用结合的问题导学理念

学用相结合的学习就是理论与实践结合的学习，就是把知识转变为实践成果的学习。教师的学习主要是结合工作岗位展开，即岗位学习。教师岗位学习，关键是如何加强自身的学习，推进教育教学、立德树人等与岗位工作相结合。要改变中小学教师在学习上存在的"空对空"、学用脱节、学做不一的现象。在学习内容上，不仅应具有一定的理论高度，而且应与所在学校的教育教学工作实际及其相关教师自身工作形成互动与联系，学习内容应运用到实践中去解决教育教学问题，学习成果才能在工作中得到明显的体现。中小学教师学习能力的提升应与做好自身岗位工作紧密相结合，准确把握教育教学、学生发展的脉搏，与备课、课堂教学、中小学各项任务相结合，把学到的新思想、新知识、新经验、新技能转化为改进教育教学、立德树人的新理念、新思路、新办法，并不断地在学以致用中创新教育教学、立德树人的方式方法。

教师还要重视在遇到问题时开展有针对性的追溯学习。教师在教育教学、立德树人的实际工作中，碰到的问题比比皆是，随时随地都会有。例如，为什么这次班会活动举办得不是很成功？今天某学生在班上出现突发状况还有什么更好的处理方法？这部分教学内容的呈现先举例再总结是否更合适？在问题困扰自己的时候，找理论、找名师的经验总结、找同行的心得体会，通过学习借鉴促进实际问题的解决，并在解决问题的过程中实现知与行相统一、学与用相结合，从而增强中小学教师的学习能力和工作能力。教师应树立问题导向的学习理念，善于通过问题来唤醒埋藏在自身心灵深处的愿景，形成学习的强大动力，善于围绕问题来开展有效学习，善于用解决问题的方式来检验自身学习的成效。

五、采用多样化的学习策略与方式

如同其他学习者的学习一样，教师的学习也要讲究学习策略与学习方式，才能更好地提高学习能力。学习策略包括促进学习、理解、知识与技能的获得以及重组知识库的任何想法、情感或行为。学习过程中，要掌握一些必要的学习策略，如元认知策略（计划策略、监视策略、调节策略）、认知策略（复述策略、精加工策略、组织策略等）、资源管理策略（学习时间管理、学习环境管理、学习努力管理、自我激励、学习工具的利用、社会资源的利用)、自学策略等。中小学教师还要根据学习内容选择,并灵活运用合适的学习策略,根据实际情况调节学习策略和学习行为,提高学习效率与学习能力。

要改革中小学教师学习方式形式化、大一统的弊端,应根据学习内容、教师的实际情况采用多样化的学习方式,如改革专题讲座、报告会、专题电视片、主题教育等集体学习方式,加强互动交流、案例分析、现场观摩、拓展体验、自主选学、网络培训、自我反思等现代学习方式,提高教师的学习自主性、积极性、参与性。尤其需要加强中小学教师个体自主学习方式、改革集中学习方式、优化网络学习方式,并将它们有机结合起来,不断地探索和创新中小学教师的学习方式,不断地拓展获取知识的渠道,有效提升广大教师们的学习能力。

中小学教师自主学习是主要的学习方式。专门针对中小学教师的在职脱产性教育资源、国培计划、省培计划对广大教师来说属于稀缺资源,他们通过脱产学习的方式获得的深造机会不多。所以,教师必须重视自主学习,明确自身的学习目标、选择相应的学习内容与方法、自我监控学习过程、自我评价学习结果,与时俱进紧跟社会与时代发展的步伐与需求,不断更新自身的知识、能力与素质结构,不断提高自身的学习能力。要认识到自主学习的重要意义,主动克服种种困难开展自主学习,在自主学习中成长,在成长中自主学习。此外,还需要政府以及教育培训机构为教师的自主学习提供必要的支持条件和学习平台,在内因的决定作用与外因的推动作用下共同推进中学教师的自主学习。只有把教师内心对自主学习的需求、教师实际的学习行动和外在的学习环境整合起来,教师的自主学习才具有有效性。

要积极参与教师集体学习。要改革中小学教师集体学习方式,大刀阔斧地改革当前空谈大道理、教条式、填鸭式,以会议替代学习的中小学教师集体学习方式。应组建教师学习共同体,遵循多元化、多层次的原则,鼓励来自不同学科、不同年级、不同学校的教师们进行交流沟通、协同合作,形成一个具有包容性、组织性的教师学习共同体。基于同质(同年级组教师、同学科组教师、同探讨某教育教学改革团队)或基于异质(随意组合的教师团队)的教师学习共同体,定期组织中小学教师的集体学习,重视集体学习中教师校本研修、轮流重点发言、交流学习体会、研讨教育教学改革经验等,重视深入参与,杜绝走过场，增强学习效果；重视教师之间研讨式和互动式学习，充分发挥每位教师的自主性和积极性，彼此之间碰撞出智慧火花、取长补短、协同学习，每位教师从不同视角对同样的问题或现象进行思考和探索，从而提供多种多样的参考意见以及有效的解决方式或路径，充分发挥 1＋1 大于 2 的集体学习效应，这将有助于发挥教师团体智慧的优势，并实现教师个体与团体两者的共赢，极大提高教师的学习能力与学习成效。

要充分利用网络资源学习。随着我国信息化建设的快速推进与发展，信息网络的全面覆盖为中小学教师通过网络学习方式提升学习能力、发展综合素质提供了重要的平台，如教师站、中国教师教育网、学科网、国家教育资源公共服务平台等网站提供了大量的学习资源。网络学习方式这种在"互联网＋"时代出现的新学习方式，包含了学习者对海量链接式资源、教学界限突破、推送式知识配置以及动手创新的新学习诉求，是学习者对"我需要学什么、怎么学"的时代呼声。中小学教师应充分利用网络学习方式不受时空限制、自主地选择学习地点和时间等优点，通过手机、电脑、平板（iPad）等数据端灵活机动地边工作边学习，积极参与学习与互动。除了平时网上的零星、不成系统的学习以外，还有系统的有组织的网络学习。将相关课程学习内容制作成视频流 Web 课件，教师就可以在家中、办公室中或其他地方，使用电脑或手机访问相关网站开展学习。系统的、有组织的网络学习具体包括课程学习、教师讲解、例题分析、背景资料、思考练习、网上答疑等环节与组织部分。认真学习网络课件或资源、完成网络作业、参与网络交互答疑与论坛研讨、记录研修日志、撰写学习反思等学习流程，认真完成每个网络学习环节的任务，才能切实保障网络学习质量和效果。

第三节　中小学教师学习能力评价

当前中小学教师学习能力评价还没有得到足够的关注。基于中小学教师水平评价基本条件与中小学教师学习能力内部组成结构——理论学习能力、行动学习能力、创新学习能力、团队学习能力等建构评价模型，我们来探讨优化中小学教师学习能力评价的建议。

一、中小学教师水平评价对学习能力的基本要求

从人社部、教育部颁发的《中小学教师水平评价基本标准条件》以及各省市中小学教师水平评价标准文本看，当前中小学教师职称评审过程中，有关学习能力评价一般涉及理论学习能力（如具备相应的教师专业知识，深入系统地掌握所教学科课程体系和专业知识）、行动学习能力（如灵活运用教育理论与方法，开展有效的教育教学、学生管理、立德树人等实践活动）、团体学习能力（如在指导、培养一级、二级、三级教师方面做出突出贡献，在本教学领域享有较高的知名度，是同行公认的教育教学专家；在实施素质教育中，发挥了示范和引领作用）、创新学习能力（如在教育思想课程改革教学方法等方面取得创造性成果）、信息技术能力（如计算机应用能力考试证书）等方面。

各省都对中小学教师继续教育提出了相应的要求，继续教育应达到各省《专业技术人员继续教育规定》和《中小学教师继续教育规定》的要求，并提交完成继续教育的有效证明。不同之处主要体现在各省规定的年学时数不同。例如，四川省规定，每年应完成继续教育 90 学时以上；安徽省要求按照规定参加继续教育培训，并达到规定要求；福建省要求结合所从事的教育教学工作需要，完成规定的继续教育任务，近 5 年年均继续教育学时或学分符合要求；广东省要求任职以后参加继续教育，达到《广东省专业技术人员继续教育条例》和《中小学教师继续教育规定》的要求，并提交完成继续教育的有效证明。

绝大多数省份都对中小学教师信息技术能力提出了明确的要求。除了湖南省等少数省份没有明确提出计算机应用能力考试证书的要求外，不少省市都明确规定中小学教师职称申报人（符合免试条件者除外）必须参加全国专业技术人员计算机应用能力考试，并取得相应模块的合格证书。例如，广东省规定申报人（符合免试条件者除外）必须参加全国专业技术人员计算机应用能力考试，并取得 5 个模块合格证书。四川省明确提出教师应具备信息技术应用能力，尽管对计算机应用能力考试不做要求，但从 2019 年 1 月 1 日起，应取得中小学教师信息技术应用能力提升培训结业证。安徽省要求教师应按照规定参加全国统一组织的计算机应用能力考试，取得合格证，熟练应用信息技术等先进教学手段进行教学。

2016 年印发的《湖南省中小学教师水平评价基本标准条件》中对教师的学

习态度和学习能力提出了明确要求，包括树立终身学习理念，不断拓宽知识视野，更新知识结构；不断学习，准确把握国家政治、经济、文化以及社会发展的新形势与新要求；不断学习和掌握教育研究的新成果、新进展；不断学习新技术、新方法；潜心钻研业务，具有不断自我超越、自主创新的精神和能力。教师应注重将理论学习践活与本职工作相结合，不断提高专业素养；应注重将所学的先进经验和成果与本校本班的实际相结合，不断提高教育教学水平；应继续教育达到规定要求，按照有关规定完成相应的学时(学分)培训任务。在湖南省具体的《正高级教师专业技术职务评分细则》中，强调中小学教师学习能力评价要树立终身学习理念、学以致用。该评分细则强调采用查看业务学习笔记、心得体会，查看继续教育的课程、学时及学分等方式考评教师参加业务学习、继续教育及自学的情况与效果；从工作计划、总结、教学反思、年度考核、个人述职、论文著作、课题中考评教师的业务学习情况与效果；从教案、教学中看教师学习应用新理论、新成果、新方法的情况；采用座谈、访谈、问卷调查等方式考评教师业余时间的学习习惯。

二、中小学教师职称评审中学习能力评价建议

为了建设中小学教师学习能力评价体系，专业技术职务评审中还需要增加学习能力评价分值，不仅要对教师自学、参与培训等方面的行为表现与成效进行评价，还要注重行动学习能力的评价以及考评教师在教学育人方面学用结合、理论联系实际，解决实际教学问题的情况；并加强团体学习能力的评价，鼓励教师组织学习、榜样示范、宣传推介自己的教育教学、立德树人经验。具体评价指标、考评点、考评方式建议如下表。

表4－1 中小学教师职称评审学习能力评价建议表

指标	考评点	考评方式
理论学习能力	1. 继续教育学分情况 2. 参加中小学教师信息技术应用能力提升学习的情况 3. 参加国培、省培情况 4. 自学情况	1. 审核近5年内获得有效继续教育学分达标情况 2. 审核中小学教师信息技术应用能力等级证书或可替代的证书 3. 查看参加过国培、省培的通知与学习记录 4. 查阅自学笔记及其心得体会 5. 访谈
行动学习能力	1. 理论联系实践，解决教学育人中的问题 2. 在课堂内外应用信息技术的情况(如课件制作、家校联系、个人空间、教师工作坊等)	1. 查阅相关典型案例、工作总结或相关论文 2. 参见教师教学能力评价中教学实施能力部分的相关资料 3. 登录网站或相关社交软件，审查相关内容 4. 访谈
创新学习能力	1. 用新理论、新成果、新方法创造性地应用到教学育人实践中，或创造性地解决教学育人问题 2. 用新理论、新成果、新方法研究教学育人问题	1. 查阅相关典型案例、工作总结或相关论文 2. 参见教师教学能力评价中教学创新能力的相关资料 3. 参见教师教学能力评价中教研能力部分的相关资料 4. 访谈
团体学习能力	1. 开展团队学习 2. 榜样示范 3. 宣传推广	1. 查阅相关集体教研记录 2. 查阅相关讲座邀请函或报道等 3. 访谈

中小学教师是"专业人员"，应该是潜力无穷、持续发展的自主个体，专业发展应贯穿于教师的整个职业生涯中，因而要求教师成为终身学习者，不断提高自身的学习能力。评价教师的学习能力是引领、促进中小学教师学习能力提升的一个手段和方式，目的是更好地持续提升中小学教师的学习能力，更好地提高教育教学质量，做好立德树人工作。

参考文献

[1] 尹鸿藻，毕华林.学习能力学[M].青岛：海洋大学出版社，2000.

[2] 罗振宇.终身学习——怎样与世界同步进化[M].北京：北京联合出版社，2017.

[3] [美]柯比(W. C. Kirby).学习力——哈佛大学对学习能力问题的最终解决方案[M].金粒.海口：南方出版社,2005.

[4] [美]迈克尔·J.马奎特.学习型组织的顶层设计(第3版)[M].周增旺,周蓓华.北京：机械工业出版社,2015.

[5] 李运桂.浅谈学生学习能力的培养[J].基础教育研究,1996(4).

[6] 白学军.智力心理学的研究进展[M].杭州：浙江人民出版社,1996.

[7] 李宁.浅论学生学习能力的培养[J].安康师专学报,1999(3).

[8] 张仲明,李红.学习能力理论研究述评[J].西华师范大学学报(哲学社会科学版),2004(4).

[9] 毕华林.学习能力的实质及其结构建构[J].教育研究,2000(7).

[10] 钟志贤,杨蕾.论网络时代的学习能力[J].电化教育研究,2001(11).

[11] 张韵."互联网＋"时代的新型学习方式[J].中国电化教育,2017(1).

第五章
中小学教师教学能力

　　一个优秀的教师，必须能够自如驾驭课堂教学，能促进学生的自主、合作、探究学习，并通过长期的积累与磨炼形成自己独特的教学风格，致力于追求、实现"教学业务精湛，教学艺术高超，教学效果优异，育人业绩卓著"的目标。这就要求教师不断提高教学设计能力、教学实施能力、课后因材施教能力和教学艺术风格，整体提高教学能力。教师只有具备较强的教学能力，才能使得自己的教学活动受到学生的欢迎，保障教学效果，引导学生全面、和谐发展。

第一节　中小学教师教学能力的结构

　　教学能力是教师胜任力的重要组成部分。教学能力直接指向教师的本职工作与首要工作——教学，它是教师在专业实践中最核心的行为表现，与高效教学互动、达成教学目标、提高教学质量、人才培养质量密不可分。它体现在促进学生发展的各种教学行为、教学态度与观念中，直接影响教师的绩效水平。可见，教学能力的高低，是将绩效优秀的教师与一般教师区分开来的关键因素。本节主要讨论教学能力的核心结构，包括教学设计能力、教学实施能力、课后因材施教能力以及教学艺术风格等方面。

一、教学设计能力

　　教学设计是教学实施的前奏，是一堂优质课生成的起始环节，是上好课的先决条件。教学设计能力不仅影响到教师的教学准备水平和教学方案的质量，而且制约着教学实施的质量，是教学能力的重要组成部分。张景焕等教师认为，教学设计能力包括分析教学对象、分析教学任务、设置教学目标、选择和应用教学媒体、选择教学策略和评估教学设计结果的能力。傅敏等学者认为，教学设计能力主要指对教学目标、教学任务、学习者特点、教学方法与策略以及教学情境的分析判断能力。一般来说，教学设计能力是教师在教学实施前根据相关课程标准、教学内容和学生实际情况与特点，设计教学目标、组织教学内容、预设教学环节等，并设计出整体教学方案，帮助教师在教学实施中取得最佳教学效果的能力，主要包括分析学情的能力、课程教材处理的能力、发掘课程德育功能的能力、设计教学方案的能力、制作教学课件的能力等。

(一)分析学生情况的能力

教学设计，从充分了解和研究学生情况开始。只有全面了解学生，在教学设计、教学实施等中才能提高针对性、实效性。新课程改革强调，教学过程设计理念必须从"以教师的教为本位"转变为"以学生的学为本位"，真正确立学生的主体地位。学生是一个完整的人，不是接受知识的容器，在学习过程中，除了受认知能力的影响外，还受情感、态度和价值观的影响。教师要把握好学生是一个"完整"的人的特性，尊重学生的人格与尊严，关注学生情感、态度和价值观，才能更加有效地促进学生身心各个方面协调发展。学生是学习的主体，仔细分析学生的个性发展特征、知识准备、能力发展、思维特征以及学习态度和方式等情况，是决定教学内容呈现方式与教学过程、教学方法选择、教学重点解决、教学难点突破必不可少的基础。教师还要关注学生的个体差异，并把学生差异作为一种资源来开发，在教学设计上要有一定的"弹性区间"，引导每个学生都学有所得，得有所长。

了解和研究学生包括学生个人和学生集体。了解学生个人主要包括了解学生的学业情况、兴趣爱好、个性特征、行为习惯和家庭状况等；了解学生集体主要包括了解班级的基本情况、班级结构、班风和学风等。

搜集和掌握学生情况可以从以下几个方面展开：1.书面材料。分析学生有关的材料记录，如学籍簿、成绩操行评定、学生作文和日记等资料，从中了解情况。2.教育观察。在自然状态下，通过课堂教学、课外活动等途径观察学生。3.调查访谈。采用直接形式和间接形式相结合的方式开展。直接形式的调查访谈就是直接面对所调查的学生，通过谈心，正面掌握学生情况；间接形式的调查访谈是找与所要调查学生相密切的人员，如家长、其他教师及同学，从侧面了解学生情况。

（二）课程教材处理的能力

随着新课程改革的不断深入，课程观、教材观发生了改变，从"教材"到"学材"、从"知识"到"资源"、从"范例"到"案例"、从"规定"到"建议"、从"呈现"到"互动"等方面发生了转变。教师要把这些新的课程观、教材观落实到教学准备与设计中去，处理好教材，用好教材。

教学内容是完成教学任务、实现教学目标的主要载体。教学的载体不仅仅局限于教材，教师对教材的再加工，也是一种再创造或"二次创作"。教学设计中要考虑的教学内容，既要完全使用好教材上的内容，也要考虑课堂中师生间思维相互碰撞可能生成的内容，包括隐性与显性的内容；需要考虑学生学习能力因素及非智力因素，从学习结果类型（概念、命题、原理、问题解决等）、学习形式（上位学习、下位学习等）以及知识结构图等方面去分析教学内容的重点、难点，由此而进一步设计如何解决教学难点，如何突破重点。

（三）发掘课程德育功能的能力

德育不能单纯地靠说教来完成，也不能只靠专门的思想品德课程来实施。为了全面落实立德树人的根本任务，教师要把德育贯穿教育教学的全过程，实现全员育人、全程育人、全方位育人。教师在教学设计时充分发掘课程德育功能尤其不能忽略。发掘课程德育功能的能力是教师教学设计能力不可或缺的组成部分。

学科教学的教师在教学设计中要树立"大德育"观，形成"德育无处不在"的理念，积极地挖掘课程中的德育显性与隐性素材，充分发挥课程的德育功能。根据所教课程特色，以培养社会主义核心价值观为主线，发挥课程的育人功能，将课程资源转化为育人资源与德育资源，实现"知识传授""能力养成"和"价值引领"有机统一，实现立体化育人。

例如，在数学教学中，要结合数学内容，引导学生看到数学的广泛应用价值，激发学生学习数学的兴趣和培养其对数学科学的热爱；可以穿插介绍数学史、数学家研究某一数学问题的经历，培养学生刻苦钻研、一丝不苟的科学态度；还可以介绍中国数学家奋发图强、赶超世界先进水平的动人故事，激发学生的爱国热情。

(四)设计教学方案的能力

教学设计方案，简称教案，是教师在了解分析学生情况、处理课程教材资源、发掘课程德育功能等的基础上，所设计的实施课程的最基本方案，是为教学实施做准备的具体的、可操作的教学计划。

教学设计方案是教师教学设计的核心与结果，包括教学目标、学生情况分析、教学内容及其重点难点、教与学方法的选择、教学各环节、作业设计、板书设计等。在每一个教学环节同时考虑教学的意图、教学组织中学生与教师的活动、行为(探索、思考、讨论、操作等)方式、多媒体的使用、教学方法、学习方法、时间的分配以及对教学效果的预期等。在一定的单位时间内，教学诸因素不是沿着"教"这条单行线前行的，而是在学与教中交错朝着教学目标进行，呈立体或网状思考状态的。

教学目的是课堂教学设计首先要考虑的，必须符合课程标准要求、适合学生认知实际。教学目标设计应立足于学生学习目标，学习目标不仅对学生学习(教师教学)具有指向性，而且还是学习效果(教学效果)的检测标准。教学目的设计的维度要注重知识与技能，过程与方法，情感、态度与价值观三维度的有机整合，缺一不可。教学目标设计的描述可以采用教学目标的心理描述和行为目标相结合，体现教学目标的完备性与操作性。陈述行为目标采用 ABCD 技术(行为主体、行为动词、行为条件和表现程度)，应分领域、分维度、分层次陈述；行为主体是学生，不是教师；行为动词是可理解、可操作、可测量、可评价、具体而明确的，最好参考各学科课程标准；行为条件应附上目标指向的范围、限制与条件；表现程度要指向行为结果所达到的相关程度。

教学设计方案，教师可采用文字表达方式或列表方式；可按教学行为为主呈现、按教学内容为主呈现，或按教学程序为主呈现，到底采用哪种呈现逻辑，与教师教学风格、教学内容需要、学生实际情况有关。教学设计方案可详写也可简写，教师根据自身情况来决定。经验丰富的教师可编写简案，教学设计方案言简意赅、重点突出就可以了；年轻教师则以详案为宜，有助于教师在教学实施中连续畅通，但不要把教案写成讲课稿。

(五)制作教学课件的能力

随着现代教育技术的日益发展与教育现代化日益推进，制作教学课件的能力成为教师教学设计能力中的一种新能力。教学课件就是多媒体教学课件，是一种调动多种媒体为其服务的手段，包括文本、声音、图片、视频、动画等多种文件的组合体。从理论上说，媒体应用越多，表现内容就越丰富，教学效果就越好。然而，任何形式的教学课件都是为其内容呈现服务的，教师在设计教学课件时，应充分考虑到教学的实际需要，不是所有的教学内容都有制作教学课件的必要。

制作教学课件，教师首先要设计好课件的内容与结构。课件开篇时要有画面和音乐美感，能吸引学生的注意力，激发学生的学习兴趣。课件的中间结构有丰富的教学内容，重点指向解决教学中的重点难点，或者是弥补单纯语言或文字不足的翔实图片文件、视频文件、声音文件或者三维动画等资料。课件尾声主要是概括、升华教学内容，或提出问题供学生课余补充学习或开展讨论。教师还要考虑到课件的艺术审美性，具有审美情趣的课件有助于调动学生的多种感官，引导他们在轻松愉快的情境中接受知识，提高学生的学习效果。

制作教学课件的方式多种多样，有较简单快捷的幻灯模式(PowerPoint)、书页模式(Tool Books)，也有相对复杂的时基模式(Director、Flash、Action)和流程图模式(Authorware)等。它们有各自的特点和局限性。恰当的课件表现方式，与课件的繁简、所用技术的高低无关。当前，教师们还要注意课件操作的简便性和资源共享性。

二、教学实施能力

教学能否按计划实现，达到教学设计的理想效果，关键要看教学设计的执行与临场发挥状况，即看教学实施状况与能力如何。教学实施能力是教师将设计好的教学目标、教学内容、教学方法和手段、教学环节、教学方案、教学课件等付诸实施所需要的能力，是教学能力的核心组成部分，直接影响教学的有效性以及学生知识技能的掌握、能力的发展、价值情感的养成。申继亮等学者认为教学实施能力由呈现知识能力、课堂管理能力和教学评价能力组成。我们认为，教学实施能力与教师教学行为特征密切相关，主要包括教学呈现能力、教学组织能力、教学创新能力、教学监控评价能力等方面。

（一）教学呈现能力

教学呈现是教师在教学中向学生传达教学内容、信息和情感的渠道或手段。教学呈现能力是教师在教学中向学生呈现教学内容的能力，主要有语言呈现能力、板书呈现能力、课件呈现能力等。

1.语言呈现能力

语言呈现能力是教师在教学中借助准确精练、通俗易懂、活泼生动、诱导启发、表达方式多样化的教学语言，通过导入、朗读、复述、讲授、诱导、小结、提问、点拨、评价等多样化方式，向学生传递、呈现教学内容、信息的一种教学实施能力。教学语言是一种特定的语言，必须经过教师认真选择、精心组织、用心呈现，才能在规定时间里传递大量有效信息。教学语言应具有一定的科学性、学科性和可接受性，才能提高教学内容、信息的呈现效率与质量。教师的语言呈现能力，主要体现在如下三个方面：一是教学语言能全面体现教学内容、重点、难点；二是用语准确、语句合乎逻辑、观点正确、简明扼要，尤其是正确把握学科名词术语的内涵和外延，通俗生动地表达出来。三是音量、音调、速度适宜，节奏快慢合理，伴随着适当的目光语、手势语、姿态语。

2.板书呈现能力

板书呈现能力是教师在黑板或白板上采用独具匠心、恰到好处、凝练的文字、符号和图表、图画等，向学生呈现、传递教学内容、信息的一种教学实施能力。板书应形象地呈现教学内容的主要结构与脉络、重点、难点，对整个教学内容起着概括与提示的作用，有助于帮助教师控制教学速度，提高学生的注意力，促进学生对知识的掌握与理解，激发学生进行深入思考。教师的板书呈现能力，主要体现在如下三个方面：一是板书字迹规范、清楚大方、美观整齐，图表设计简明扼要；二是板书体现教学内容的系统性，条理清晰、层次分明、重点突出；三是板书量适当，少而精，起"画龙点睛""提纲挈领"的作用。

3.课件呈现能力

课件呈现能力是教师利用现代教育技术与设备，向学生呈现文本、声音、图片、视频、动画等多种文件组合的多媒体课件的能力。课件呈现，是教师需要具备的一种重要的教学行为与课堂教学的重要手段。教师充分利用计算机和多媒体教学课件探索新的教学模式，能直观地展示出教师的教学实施能力和教学艺术，对于丰富教学内容、突出教学重点、突破教学难点、强化形象直观、激发学生兴趣、启发学生思考、提高教学效果等有重要的促进作用。课件呈现能力，主要体现在如下三个方面：一是教师根据教学内容，充分利用课件的交互功能，综合运用课件与其他教学手段，合理使用、呈现课件；二是教师在教学中既能发挥课件的优势，又能充分发挥教师的主导作用、学生的主体作用；三是使用、呈现课件有明确的目的，且能实现目的，避免过分使用导致华而不实、喧宾夺主。

（二）教学组织能力

课堂教学是一个多层次、多因素、结构复杂的系统工程，也是一个动态的、变化的、发展的过程，需要复杂而细致的教学组织。教师严谨合理的组织，是教学过程得以有效实施、教学各因素得以充分协调、教学目标得以有效实现的重要保证。教学组织能力是指教师在课堂教学中根据教学目标、学生、教学内容、课件、教与学的方法与手段、教学各环节等进行合理安排、引导教学富有成效地实施所需的综合能力。教学组织能力是教师取得理想教学效果的重要保证，是提高教学质量的必要条件。

1. 组织教学过程的能力

组织教学过程的能力是教师整体把握教学实施过程，确保课堂教学环节顺利实施的能力。课堂组织要把教学的各因素、各环节等有机地连接起来，实现教学任务与教学目标的协同、教学内容与教学组织的协同、课堂实施与课堂开发的协同、教学方式与学习方法的协同，使教学最优化实施，实现教学目的。为了实现教学目的，教师必须根据学生、环境、教学内容等因素的变化调节控制课堂教学行为、维持教学秩序、集中学生注意力、激发学生学习兴趣、调动学生学习积极性、控制教学环节与节奏、调整教学方向，使课堂教学保持在实现教学目标的正确方向上。教师在课堂教学实施的组织教学包括四个方面：

一是教学内容的组织。根据教学目的、学生情况、预设教学内容在课堂教学中组织、调整教学内容，引起学生的兴趣、对疑难问题的积极思考，使学生带着问题进入学习、思考、练习，突破重点难点。当然，考虑到学生的差异和兴趣，教师设置的问题、练习应是围绕教学目标的基础性问题，范围以本节课的主要内容为主，难度不宜过大，让绝大部分的学生在自己的努力下都能解决。

二是教学信息的反馈。课堂上密切关注学生发出的信息，充分利用自己的感官来捕捉学生反馈的信息，随时调整自己的教学内容、速度及方法与方式。学生听讲时的反应、做练习时的错误、同学交流时的发言、教师提问的回答，都是教师及时调整教学的依据。教师根据收集的信息，基于学生实际与教学内容，及时采用讲述、设疑、探索、讨论、操作等教学手段，调整教学进程。

三是教师的自我控制。教师在课堂上可能得到学生的配合，教学过程顺畅，也可能学生不配合，预期的设计与实际情况相差较远，这就需要教师通过自我控制，动态调整自身的教学行为。当然，教师切忌在教学中随心所欲地改变教学设计或计划，应注意把握课堂教学中预设与生成的科学性。

四是课堂纪律的维持。课堂纪律直接影响着教师和学生对教学信息的输出、接收和反馈。课堂纪律由师生共同努力来管理，无论是从个人还是集体的意义上说，师生间的热情和融洽的关系都建立在良好纪律的基础上。师生间信息交流频繁融洽，就能使其系统维持稳定，意味着整个控制系统运行稳定。教师切忌大面积训斥，大面积惩罚，切忌面对学生不良行为因无奈而弃管课堂，切忌随意找班主任汇报，交班主任处理，时间长了会降低任课教师的威信，影响任课教师调控课堂的能力。

2. 组织学生学习的能力

组织学生学习需要教师恰当地、灵活地运用各种教学方法与技巧，如目光注视法、声音控制法、行为控制法、情感暗示法、表现形式变换法、设疑吸引法、竞赛刺激法等。教师要善于组织学生学习，在课堂教学上能根据教育规律和学生心理特点，巧妙运用各种教学手段，对教学内容做出合理安排，形成适宜的教学情景。相反，如果教师不善于组织学生学习，学生在课堂上注意力分散，兴趣不高，课堂秩序混乱，学生被动听课，必将影响教学效果。教师具有一定的组织学生学习的能力，能有效提升课堂教学的"生成性"。

为了有效组织学生学习，教师要采用积极的举措。一要激发学生的主体意识。学生是一个能动的有感情的生命体，在教学中，需要在教师的引导下去讨论、去争辩、去发现，获得知识、体验情绪，一切教学内容和教学活动都为学生的全面发展和个性张扬、激情和活力而组织。二要有效引导学生积极参与，激发学生自己动脑、动手、动口，去发现、整理、内化、建构知识，发展能力，形成正确的情感、态度、价值观，可以精心创设一些对智慧和意志有挑战性的教学情境，激发学生积极探索和大胆实践的勇气与热情。三要关心每一个学生的健康成长，注重每一个学生的个性特长，使每个学生都学有所成，学以致用。

（三）教学创新能力

课堂教学改革致力于改变以"教师为中心""以教材为中心""以课堂为中心"的传统模式，需要我们教师具备一定的教学创新能力。教学创新能力是教师创造性地完成教学活动时体现的个性心理特征，强调通过新的理念、方法、技术或内容使教学更加高效和有趣，主要体现在教学内容的创新、教学流程的创新、教学方法的创新等方面。

1.教学内容的创新

教学内容的创新是教师在充分领会课程标准、教材等课程资源的基础上，既不偏离教材，又不拘泥于教材，对教材内容进行创造性的选择、组织、开发和加工，形成科学合理的教学内容。教学内容的创新就是对教材进行"二次创作"，主要体现在如下方面。

教学内容的创新，体现在教师要善于从多个角度引导学生认识教材中有关的知识框架和内部结构，教师不仅要关注课程资源的显在内容，而且要深入剖析其隐含的价值，重组和加工教学内容。同时教师应关注渗透德育教学，结合课堂教学培养学生正确的世界观、价值观和方法论，全面实现教学目标。

教学内容的创新，体现在教师要综合考虑社会的发展、学生自身的发展、文化科学技术的发展、教育科学的发展等多种因素，适当地开发和利用具有时代特征又符合新课程标准的课程资源作为教学内容。

教学内容的创新，体现在教师把课程资源转化成教学内容时，揭示知识产生的背景与知识的发生发展过程，引导学生深入了解知识的来龙去脉，深刻认识知识的本质、顺序与联系，注重将知识发生发展的过程与人们的认识方法和思维方式的发展变化相结合，帮助学生构建知识。

教学内容的创新，体现在教师要注意学科范围内的综合性，组合相关知识，构建形成各有特色的知识链，形成知识系统框架。不光局限于本学科的知识范围，还要研究邻近学科的大纲教材，与其他学科知识间形成广泛的联系，将相关知识集结成网络，融入教学内容中去，实现教学内容在更高层次上的综合化，打破学科间的界限，帮助学生将各学科知识融会贯通。

教学内容的创新，体现在教师要充分挖掘教材中联系实际的因素，广泛收集有关的资料信息，将贴近学生生活的实例、社会热点问题、与工农业生产密切相关的内容充实到教学内容中，创设问题情境，让学生运用所学知识来解决问题，提高学生认识世界以及综合、灵活运用知识解决实际问题的能力。

2. 教学流程的创新

信息技术的应用与普及不断地推进着教育教学的改革和创新，微课、慕课、翻转课堂等新兴的教学形式应运而生，对传统课堂教学流程产生了强大的冲击，突破了传统教学在课堂上传授知识、在课后吸收内化的教学过程，从而翻转或创新了教学流程，即在课前学习知识、在课堂中吸收内化。这种对传统教学流程的创新，不是与传统课堂教学的对立，而是基于传统课堂教学的合理性，在信息技术的辅助下对传统教学流程进行逆序创新。

教学流程的创新或翻转，是传统教学过程在时间顺序上的逆序重构和空间上的拓展延伸，将传统教学课堂上的知识传授借助技术载体置于课前，并在课堂教学时实现知识的吸收内化。教师首先设计、研发包含知识传递环节的视频教学内容或电子文稿；课前，借助信息技术手段以微视频或电子文件稿的形式（微课、慕课等）向学生传递新知，学生在课前学完新知，完成相关作业；课堂教学，则通过学生的探究与研讨、教师的点拨与补充等方式对学生课前学习的知识进行深化、拓展、内化。虽然传统课堂教学前也有预习环节，但与翻转课堂中问题导学、微课助学的模式有着本质区别：教学的中心由教师转向学生，教学的切入点也相应地由教师传授转向学生主动学，教师角色转换为学习的引导者，学生成为学习的主体。

3. 教学方法的创新

创新教学方法就是尽量减少填鸭式教学方法，采取与教学目标相适应、与课程性质及教学内容相适应、与学生身心发展水平相适应的教学方法，注重启发式、互动式、探究式教学，探索基于学科的课程综合化教学，开展研究型、项目化、合作式学习。教有法，但无定法。当前，创新教学方法要重点关注如下两方面。

第一，加强小组学习。小组合作学习，是以学生学习小组为基本学习单位，通过指导小组成员展开合作学习的一种教学方法。该教学方法旨在发挥学生学习小组的积极功能，加强小组内部学生之间、小组学生与小组学生之间、师生之间的网络化互动，提高学生个体、小组的学习动力和学习效果。该教学方法改变了教师垄断课堂教学的信息源，改变了单纯由教师到学生的单向传递，改变了学生的被动地位，激发了学生的主动性、创造性，有效提高了教学成效。使用该教学方法，教师要善于按"组内异质、组间同质"的原则，根据性别比例、兴趣倾向、学习水准、交往技能、守纪情况等进行合理搭配，构建一个分工合作的学习小组，每个学生成为小组中的一员，按照共同确定目标—小组合作学习—全班交流—复习巩固等环节，从不同的角度探讨学习内容，分析、解决问题，并在小组中学会求同存异、相互理解、相互包容，达成共识。学生在小组合作学习中不仅能够学会认知，而且还能学会组织、学会表达、学会宽容、学会与自己不同观点或意见的人和谐相处。

第二，加强探究式教学。探究式教学方法，是引导学生思考问题、提出问题、分析问题和解决问题，引发学生思考、启迪学生智慧、激发学生灵感的重要方法。有问题不一定有创新，但提不出问题就一定不会有创新。学生最重要的是学会思考、学会提出问题，并通过学习、思考、研究与讨论来解决这些问题。探索式教学方法要求教师所提的问题明确，具有一定的挑战性、思维含量要高，能激起学生的学习动机，探究时通过循序渐进地提问来引领学生层层深入地思考。

(四)教学监控评价能力

教学监控评价能力是指教师在教学中与教学后通过监控、评价、反馈、行动等方式，准确、及时获取学生对教学的反应、学习效果，并采取适当的反馈、对策的能力。教学监控评价是实现教学目标、提高教学效率与质量，保证教学活动形成一个螺旋式良性循环的必不可少的举措。

1.教学中的监控评价能力

教学中的监控评价伴随着整个教学实施的过程，以保证教学实施有序、有效开展。这一能力主要体现在如下方面。一是课堂观察。教师从学生的表情、形态、动作中察言观色，了解学生的相关反应，获取学生参与教学的基本情况，如学生是否与教学进程同步，学生的注意力是否集中等。二是课堂提问与讨论。教师通过提问，引导学生定向思维，通过学生的答题情况及时了解学生对教学内容的接受与掌握情况。教师通过学生参与小组讨论的情况，了解学生课堂学习情况及学生思维的深度。当然，教师提的问题与讨论主题要兼顾不同水平的学生，有典型性和代表性，能反映学生掌握知识的真实情况。三是课堂作业或随堂小测验。教师通过学生课堂作业或随堂小测验的结果反馈，审查教学情况与教学效果如何，分析课堂教学的重点、难点是否突破，了解学生学习和掌握知识情况和运用已学过的知识解决问题的能力，并据此来改进教学，提高教学效果。

为了实现教学中的监控评价，教师需要具备过程性和动态性监控评价的意识和能力。在教学中，从学生那里获取反馈信息后，不仅要即时分析反馈信息，还要及时强化对符合教学要求的学生的良好行为，并采取有效的举措及时矫正那些不符合教学要求的学生行为。例如，如果教师在课堂作业或随堂小测验中，发现学生相当多的错误，就要及时思考出现这种情况的原因可能是什么，要采取哪些有针对性的举措。如果是该内容太难，则在教学中增加案例或例题，或请优秀学生口述；如果是没注意细节，则在教学中强化细节，帮助学生掌握。

2.教学外的监控评价能力

教学外的监控评价，是教师通过教学后的自我反思、课后作业、期中与期末考试等方式检查教学效果，以了解学生学习、掌握知识情况和运用已学的知识解决问题等方面的情况。课堂教学外的监控评价能力，主要表现在三个方面。

一是教师教学后对自己的教学进行自我评价、自我反思，并提出后续改进的举措。教师自我评价主要集中在：比较课前教学设计情况与教学实施的效果、学生学习情况，分析哪些地方有出入及其相关原因，探索如何改进教学设计；自我评价课堂教学中哪些地方没做好，哪些地方有亮点，并分析原因；总结课堂教学经验，改进教学方法和方式，以达到持续提高教学质量的目的。

二是教师布置课后作业，诊断课堂教学效果，并进行评价、反馈与改进。课后布置课本或练习册相匹配的习题要关注不同学生的需要与水平。批改作业后要尽量及时反馈，针对学生的一些共同问题要统一在课堂教学的复习巩固环节进行查漏补缺，对个别问题，单独向学生反馈，并提出相应的复习要求。

三是期中、期末考试。考试命题内容要科学，目的明确，根据课程标准规定的教学目标、知识内容、能力培养进行命题；考试题目覆盖规定的基本内容，有适当的难度和区分度；客观题数量适当，提高应用题、论述题、综合题或辨析题等考查能力层次的应用题型的分值与所占的比例，以考查学生运用所学知识解决问题的能力。考试方式根据不同的课程和对象，选择不同的评价方式，将量化评价与质性评价结合起来，提高评价的有效性和可操作性。例如，针对音体美、科学、综合实践等实践性较强的课程考核，积极探索笔试、口试、调查报告、等级鉴定、表演、实验操作及多种方式相结合的方式。阅卷后，教师要分析考试情况，总结学生失分原因，分析教学过程中存在的不足，改进教学实施。

三、课后因材施教能力

因材施教是教育者追求的理想。无论在课堂教学内外都要尊重和爱护每一个学生，基于学生的个体差异，最大可能地满足学生个性化的学习需要，促进每个学生各得其所地发展。教师用辩证的眼光看待每一位学生，不放弃任何一位学生，既要照顾到学习困难学生、身心障碍学生的特殊学习需求，开展课后帮扶活动，也要探索在普及化、均衡化背景下，对资质优异的学生开展学科拓展、竞赛指导活动，也要针对所有学生开展有针对性的课外活动。在开展课后因材施教活动时，教师需要充分运用云平台、大数据、人工智能等信息技术，让新技术为因材施教插上有力的翅膀。课后因材施教能力主要包括学困生课后帮扶、课外活动指导、学科竞赛指导等能力。

（一）学困生课后帮扶能力

学困生课后帮扶能力是教师在课后针对性地给学困生进行查漏补缺或矫治指导的能力。学困生是智力正常，但其学习成绩却未达到教学目标要求的学生。它是一个相对概念，与同龄人、同集体（班级）其他成员相比较而言，是集体（班级）中学业成绩暂时落后的少数学生。学困生是一个普遍存在的现象，特别是广大的农村学校、城市薄弱学校都存在一些学业没有达到基本要求的学生，这对教师都是客观存在的挑战。帮助学困生查漏补缺是每所学校、每位教师都应关注的问题。学困生转化不可能在三五天内就出现奇迹，教师应有恒心、耐心、爱心、细心。教师进行课后帮扶，应重在挖掘学困生的潜能，"让每个学生都抬起头来走路"，帮助他们成长进步。

1. 学困生帮扶重在基础知识和基本技能补缺

学生落后的直接原因大多是对基础知识与基本技能没有及时掌握，日积月累，导致学习跟不上。因而有效的举措是帮助他们在课程知识方面的查漏补缺，尽快弥补他们的知识空白点，确保基础知识和基本技能的掌握。教师在帮扶过程中要分析他们的学困原因，因材施教、因差施教。教师有针对性地进行"补缺"才能有的放矢、立竿见影，切忌"全补"（如眉毛胡子一把抓地啥都补）、"错补"（诊断错误，瞎处理）、"偏补"（关键点没找准，该补的少补漏补，不需补的却大补特补）、"乱补"（无准备地补、随意地补）、"不补"（随意放任，索性放弃不管）。教师在每节课后、每单元后，根据学困生的实际情况，对该课、该单元的基础知识、重点、难点、作业进行有针对性的指导，重点关心学困生的薄弱环节，保证他们能掌握课程的基础知识，对于极个别的学困生，力争每课"验收"。还要重视教给学困生学习方法，引导他们学会学习。

2. 学困生帮扶要形成合力

学困生补缺要重视家校协作、同学之间互助。教师主动与家长联系，达成共识，齐心协力做好"学困生"的课后帮扶工作。教师还可以通过家访、微信、QQ 等方式，多表扬鼓励，多正面疏导，多指明方向，学校和家庭教育相结合，针对不同的学困生提出不同的目标和期望，切合实际特点，制订进步计划，引导他们通过努力逐步达到目标，共同做好"学困生"的转化工作。另外，教师还要引导外向、乐于助人、表达能力较强的优秀学生与学困生结对子，在课堂中提醒学困生遵守纪律、专心听课，课后当"小教师"辅导学困生、讲解做题思路与方法等。

3. 学困生帮扶要"扬长"

教师在做学困生帮扶工作的同时要努力帮助他们"扬长"。学困生并不是所有方面都"差"，在一些方面也有"闪光点"或"优点长处"。例如，有的同学数学很差，但语文、英语不错；有的同学文化课差，但体育、美术很好。教师在课后帮扶活动中，应从整体劣势中找出学困生的局部优势和"闪光点"，基于他们的学习需要和兴趣，赏识这些"闪光点"，引导他们"扬长"，提高他们的自控能力,重建他们的自信心,由点带面,星星之火,可以燎原,有计划、有目标地向全面优势推进。

(二)课外活动指导能力

课外活动指导能力是教师指导学生参加课外活动的能力。课外活动也称为"第二课堂",是教师在课堂教学之外指导学生有目的、有计划地参加相关活动,以开阔学生视野,丰富学生的生活世界、知识世界、心灵世界。课外活动包括体育活动、文艺活动、知识讲座、科技活动、各类兴趣小组活动、校班会、时事教育、公益活动及社会实践活动等。开展课外活动是中小学实施全面发展教育的主要途径之一。课外活动指导能力主要体现在如下方面。

开发课外活动,教师可以从四个方面来开发指导项目,一是国内外社会政治和经济信息、科学技术和文化艺术的新发展;二是学生的兴趣、知识基础、技能水平;三是学校的传统、师资和设备条件;四是课内学习的拓展与衍生。课外活动小组内容,应富有思想性、趣味性、知识性、实践性,形式生动活泼,要把教育与训练、理论与实践结合起来,使学生乐于参加活动,既动脑又动手,充分发挥潜能。

教师在学校制订课外活动工作规划及学年(学期)工作计划的基础上,还应制定自己指导的课外活动工作计划。课外活动工作计划,具体范畴包括某课外活动的目的、内容、要求、时间、地点、参加的年级或班级、活动的方式、经费预算、组织准备工作、检查措施以及评价与奖励,如果课后活动涉及学生的安全和健康,在工作计划中还应列出安全保健措施,确保课外活动井然有序地开展。

确定课外活动项目后,教师根据学生实际情况组建不同的课外活动小组。知识型课外活动小组(如数学思维训练小组、阅读与写作小组、英语口语与写作小组等),一般按同年级学生组建。兴趣型课外活动小组、实践型课外活动小组的成员人数不宜过多,一般按学生兴趣组建,可打破学生年级进行组建。个性特长型课外活动小组(如乐器团、武术队)对学生有一定的要求,一般要经过选拔与测试才能成为小组成员。教师组建课外活动小组时,应坚持学生自愿原则,将对小组活动内容有浓厚兴趣、水平较高的学生培养成为小组骨干力量,以增强小组的内聚力,提高课外活动效率。

课外活动成果要及时评价、展示。每学期课外活动结束后，教师把学生课外活动的优异成果、获奖项目，记入课外活动工作档案。在课外活动工作总结、评价的基础上，教师可以举办课外活动成果展览或汇报演出，向家长和社会展示课外活动成果；还可把优异的课外活动成果，如社会实践考察报告、调研小论文、科技小发明和小创造、文学艺术作品等，向有关社会机构或部门推荐。

（三）学科竞赛指导能力

学科竞赛指导能力是教师在普及化、均衡化的背景下，对资质优异的开展学科拓展、竞赛指导活动所体现的课后因材施教的能力。学科竞赛是学校特色发展的需要，是培养学生的创新精神、综合素质与能力以及彰显特长生个性的需要，是提高教育教学质量的有效措施。骨干教师常常会组织学生进行学科竞赛训练。

指导学生学科竞赛，首先要了解各级各类经过批准的学科竞赛要求，包括学科竞赛的级别，涉及的范围、比赛的时间、赛制等。比如 2019 年中小学生全国性竞赛项目中科技创新类有 12 项，包括全国青少年科技创新大赛、中国青少年机器人竞赛、全国青少年创意编程与智能设计大赛、"童创未来"全国青少年人工智能创新挑战赛、全国青少年电子信息智能创新大赛、全国中小学信息技术创新与实践大赛、全国中小学生创·造大赛、青少年科学调查体验竞赛、"明天小小科学家"竞赛、全国青年科普创新实验暨作品大赛、全国中学生天文知识竞赛、全国防震减灾知识大赛；学科类竞赛有 13 项，包括全国中学生数学奥林匹克竞赛、全国中学生物理奥林匹克竞赛、全国中学生化学奥林匹克竞赛、全国中学生生物学奥林匹克竞赛、全国中学生信息学奥林匹克竞赛、世界华人学生作文大赛、全国中学生科普科幻作文大赛、叶圣陶杯全国中学生新作文大赛、高中生创新能力大赛、"外研社杯"全国中学生外语素养大赛、中国日报社"21 世纪杯"全国英语演讲比赛、"希望杯"全国数学邀请赛、"地球小博士"和"环保之星"全国地理科普知识大赛；艺术体育类有 4 项，包括全国中小学生绘画书法作品比赛、中日青少年书画友好交流大赛、全国青少年科学影像大赛、丝路国家青少年国际摄影竞赛。另外，教师还要了解所在省、市、学校的学科竞赛项目。教师只有了解各级各类学科竞赛情况，才能对学生进行有针对性的指导。

教师要制订学科竞赛方案，指导学生竞赛培训。学科竞赛方案具体内容包括科学竞赛的目的、内容、参与人员（指导教师与参赛学生）、培训内容、经费预算、竞赛过程、组织准备工作、检查措施以及评价与奖励。在具体培训中，不能功利化应付竞赛，而是要提高学生发现问题、分析问题、解决问题的能力，培养学生的探求意识，提高他们的创造力，发展学生特长，引导他们的个性得到全面和谐的发展。

学科竞赛后，教师要及时总结经验，宣传获奖情况，发挥榜样作用，激励全校学生努力学习。同时，积极选送、推荐学科竞赛的优秀成果、有特殊才能的学生给有关部门或进一步学习的学校，使他们得到更高层次水平的培养和训练。学生的收获与发展、家长的赞许和支持、社会的褒奖和好评，有利于学科竞赛进入良性循环。

四、教学艺术风格

教学艺术风格是指教师在教学实践中凝练而成的既具有稳定性又彰显个性特征的教学风貌，是教师个人教育教学思想的集中体现和教学臻于成熟的重要标志，是教学能力的重要组成部分。教师形成一定的教学艺术风格后，不仅有助于提高自身的教学质量，还可通过承担示范课或公开课教学、承担学科带头人或获得省市级教学竞赛奖，来发挥辐射作用，给其他教师提供榜样与引领。

（一）教学艺术风格的主要特征

1.教学艺术风格的个性化特征

教学艺术如果没有独特鲜明的个性，风格也就无从谈起了。教学艺术风格是内外统一、形神兼备的整体。教学思想观点体现了教师教学的精神追求，是教学艺术风格形成和发展的内源性动力；教学技巧显示着教师达到的教学艺术水平，是教学艺术风格产生理想效应的技术性保障；教学作风构成了教师教学直观可感的外在风貌，是教学艺术风格审美魅力的直接载体。三者的独特结合和表现，组成了教学艺术风格内涵丰富的立体雕像。教学艺术风格具有相对稳定的状态。不够成熟的教学艺术之树上，是很难绽放教学风格之花的。长期的实践，一贯的追求，才能将教学艺术的独特性格磨炼成熟。

2.教学艺术风格的差异化表达

在具体教学中，两位教师上同一节课的内容，即使他们共同备课，一起确定教学目标、重点、难点、教学方法方式，两位教师的教学效果也可能差异较大。同样一句话，A 教师嘴一撇、眼一看、手一摆、肩膀一耸，学生心领神会，幡然醒悟，一下就明白了。B 教师一字不差地背几遍，味同嚼蜡，学生呆若木鸡，仍旧不懂。可见，两位教师的区别并不是教学内容、概念和言语、方法本身，关键在于教学内容、概念、言语、方法之外的赋予教学以心灵相通的体验，即教师教学风格艺术的差异。所以说，教学艺术风格有助于为学生创设良好的学习环境，影响学生学习风格，影响学生思维及个性发展，具有导向、凝聚、亲师等诸多功能。一个具有教学艺术风格的教师，往往更能吸引学生，受到学生的欣赏和崇拜，有效缩短师生之间的心理距离，使学生产生一种信赖感和安全感，感受到教师传递的精神力量，使教学取得事半功倍的效果。

(二)教学艺术风格的主要表现

教师的教学艺术风格体现在多个方面。一是语言艺术，声音洪亮、抑扬顿挫、语速适中、生动准确、优美、流畅、动听的语言能够牢牢地吸引学生的注意力，使整个课堂教学处于一种张弛有致、轻重适度、缓急合理的良性状态，灵活多变地设置各种不同的教学情境有利于诱导学生"入境"，获得良好的教学效果。二是情境营造艺术，就是要把教学内容、师生情绪和情感与课堂具体环境融合在一起，把"情"和"境""物理"和"心理"元素融合到课堂场景，创造一种气氛热烈、趣味盎然的学习情境，使学生全身心投入到学习中去。三是激发学习兴趣的艺术，通过问题设计、故事渲染、引导辩论等方式吸引学生对所学内容感兴趣。四是随机应变的艺术，在课堂教学中能够及时处理各种突发事件，迅速稳定学生的学习情绪，控制好课堂秩序。

(三)教学艺术风格的分类

教学艺术风格并不能严格进行分类，但还是具有一些共性，所以常有人按不同的分类标准和方法将其分成不同的类型，如分为理智性、情感型、幽默型、学术型。张松德根据教师教学的特色，将教学艺术风格分为如下 6 种类型。

1.情感型的教学艺术风格

这种风格的教学活动表现出"以情激学"的主旋律，或热情明快、或细腻委婉、或激情奔放、或活泼轻松，以真挚丰富的感情来感染学生，吸引他们的注意，使整个课堂教学气氛和谐热烈、生动活泼、富有动感；讲解知识旁征博引，材料丰富翔实，重点渲染，声情并茂；教学活动侧重形象思维和美感熏陶，注重演绎分析与直观演示，善于鼓励学生的直觉联想，启迪思维与想象；教学语言形象具体，妙趣横生，抑扬有致，真挚感人。

2. 主导型的教学艺术风格

此风格表现为课堂上发扬教学民主，融洽师生关系，活跃教学气氛，鼓励学生参与；注重课堂设计，诱发学生求知欲望，唤起学生积极思维；以教学的重点、难点和关键为突破口，以学生的"最近发展区"为教学的起点，激发学生兴趣与动机，砥砺他们的思维；敏锐察觉教学"气候"，及时获取反馈信息，迅速捕捉教学契机，善于随机应变，灵活地进行引导，创造性地解决学生的种种问题。

3. 主言型的教学艺术风格

此风格的教师以"言语感染"为基本特征，突出教学语言的表达技巧和对学生的情绪感染。表达富有强烈的逻辑力量和启发作用，表现出有条不紊、言之有据、重点突出、观点鲜明、生动直观、言简意赅等特点；讲课充满自信，精神饱满，情绪激越，对学生满腔热情，善于运用眼神、表情、体态、姿势来增强语言气势，烘托教学气氛；谈话风趣诙谐、含蓄隽永，善于形象比拟，绘声绘色，化抽象为具体，化深奥为浅显，以学生喜闻乐见的形式去阐发教材的深刻含义，深入浅出地传授科学真理。

4. 主谋型的教学艺术风格

此风格的教师在教学语言、教学调控、教学设计、教学场景和自身形象诸方面，表现出鲜明的教学个性。具体表现出教学构思的别出心裁和教学内容的匠心独具，教学步骤层次分明、循序渐进、疏密有致、适时而动、相机而止，教学过程的各要素之间有一种恰到好处之感，教学内容选择和剪裁合理，教学范例旁征博引、恰如其分，教学方法"不愤不启，不悱不发"、深入浅出、举一反三，教程设计灵活、富有动感。根据教学场景、学生实际及课程特点采用丰富多彩的"变式"，使讲、读、议、练的组合形式新颖，具有激发学生联想、创造的功能。

5. 生态型的教学艺术风格

在这种教学风格之下，教师一旦走进课堂，进入角色，就会产生一种独特的心理场。"场"中有许多默会知识是只可意会而不可言传的。学生一旦入"场",师生产生心理共鸣,学生拥有教师的感受和体验,就容易产生同化、顺应、建构的认知过程。不同的教师与其特定的教育对象和内容组合,形成不同的心理场。如数学以理性、严谨和逻辑为主要特征;艺术以激情、奔放、感染为主要特征,形成一种审美思维气氛的心理场。心理场与教师教学风格浑然一体,显示了一个表现美的舞台,当教师形成自己的教学风格时,心理场就成为其独特的标记或标志。

6.逻辑型的教学艺术风格

整个课堂充满追求理智和科学的气氛,课堂讲练结合、藏息相辅、张弛有序;教学活动侧重抽象思维和学习方法指导,注重概括、推理与逻辑论证,善于鼓励学生细致观察与敏锐地判断;教学语言准确通俗、简洁扼要、刚柔相济、以理服人、以情动人。

第二节　中小学教师教学能力的提升

中小学教师教学能力发展需要在不断学习、实践、反思中提升。教师个人的自我反思、教师集体的同事互助、专业人员的专业引领是三种基本路径,三者既有一定的独立性,又相辅相成、相互渗透、相互促进,三位一体,共同作用于中小学教师教学能力的提升与发展。

一、坚持长期自我反思

教师个人的自我反思,不同的研究者有不同的见解。例如,华东师范大学教授熊川武认为,自我反思是教师对各种教育观念、言论、教育方法、教育活动、教育事实和教育现象进行的自主判别和认真审视,特别是对自己的教学实践进行检视和反省。如果教师仅仅满足于自己在教学中获得的经验而不对经验进行深入的思考和剖析,那么他可能只在原地踏步,难以获得长足发展。正如美国教育心理学家波斯纳所言,"没有反思的经验是狭隘的经验,至多只能是肤浅的知识"。在此基础上,他进一步提出了一个影响深远的教师成长的公式,"成长 = 经验 + 反思"。可见,教师只有在实践中不断地反思自己的教育教学,不断重组自己的知识和经验,才能适应新的变革,从容面对新的挑战,实现从经验型教师向专家型教师的转变。可见,自我反思是教师提高教学能力、专业化发展水平的重要途径。

(一)自我反思的途径

教师主要在典型案例学习、理论学习、教学实践中进行自我反思,其中,更常见的、更重要的是对教学实践进行自我反思。

1.在比照典型案例中自我反思

教师深入剖析自己了解到的国内外教学改革与发展中涌现出的典型人物、案例、事件或现象的教学思想、心理、个性特征、行为、策略、过程、结果等方面,从中挖掘蕴藏其中的教学理论与教学实践的智慧和规律,并联系自己的同类教学经验,展开反思、同化、顺应、内省、嫁接与迁移,引导自己的思想观念与教学行为。

2.在理论学习中自我反思

教师学习先进的教育教学理论、新课程改革思想与理念,自觉地运用所学的理论知识反思自己的教学实践,指导自己的教学活动;并把已有的教学经验系统化、操作化,促进自身教学的规范化与科学化,提高教学实践的理性认识,总结教学经验,及时发现教学中的新情况和新问题,运用新的理论提出设想,做到善于实践、敏于体验、敢于创新。

3.在教学实践中自我反思

教师可在课堂教学后用 10 至 20 分钟反思、记录在教学中印象深刻的事件、问题或对专业成长影响较大的事件及其质疑、思考、灵感、顿悟等,及时总结在教育实践中成功的经验和失败的教训,从而有针对性地改进教学实践。由于课堂教学有"遗憾的艺术"之称,无论多么优秀的教师,无论多么成功的教学,都会存在着小瑕疵与遗憾。

(二)自我反思的内容

自我反思的内容主要包括对教学目标、教学内容、教学过程与组织、教学方法、教学素质、教学机智、教学评价与效果等方面进行自我反思。教学目标反思要看教学目的是否明确、恰当,是否符合学生的身心发展特点;教学内容反思一般针对内容的正确性、科学性，内容的呈现方式是否恰当、实用、有效；教学过程反思主要针对各教学步骤或环节是否过渡自然、思路是否清晰、时间安排是否恰当等；教学方法反思一般涉及是否适合学生的学习方式、是否有利于引导学生思考、是否激发学生参与等；教学机智反思主要涉及对教学过程中的突发事件是否处理得当等；教学素养反思从自己的教态、教学语言、教学板书、多媒体的运用以及是否灵活驾驭、组织课堂等方面思考；教学效果反思一般涉及课堂气氛与学生思维的活跃程度、学生课堂学习的反馈、学生参与教学的程度、学生作业正确率、考试情况等方面。可见，教师自我反思，不仅涉及教师自身方面的内容、所教学生方面的内容，还涉及教学方法、过程、效果等多方面的内容。通过反思，教师可以不断完善知识结构，转变教育教学理念，提升教学能力。

教师可以用录音机、摄像机把课堂教学过程录制下来，以更好地、更全面地反思教学实践。在课后，教师可通过收听录音、观看录像，就像别人看自己一样，更好地、360°无死角地反思教学实践，发现在课堂上发现不了或感觉不到的问题。教学录音、录像可以为教师在自我反思时提供更加详细的教学活动记录，为全面深刻地自我反思提供充分的条件。借助教学录音、录像，教师可以了解在教学实践活动中的许多事件，对教学实践过程尽可能地全面回顾和描述，以捕捉到课堂教学的每一个细节，促进教学能力提升。

实践反思还可借助学生反馈来分析。教师应善于通过学生的课堂表现、课堂与课后作业、考试情况等方面来捕捉学生对自身教学实践的反馈信息，从而有针对性地改进教学。值得关注的是，听取学生反馈时要尊重学生，才能获得其对教师的教学目的、教学方法、教学内容、教学活动、教学进程、课堂组织与管理及其效果等方面的看法，才能有效拓宽反思层面和渠道，全面地认识、分析自身教学实践活动、教学理念等。

(三)写好教学反思日志

教师在反思过程中，还要及时真实地记录教学实践中具有价值的事件，写出教学反思日志或教学反思记录。

1. 自我反思记录的方式

教学反思日志或教学反思记录，可以记录在笔记本上，也可以 QQ 日志、微信朋友圈或博客等形式记录在网络。这没有固定的格式和要求，教师可以按照自己喜欢的方式记录感兴趣的和有意义的内容。

点评式。教师在教案各栏目相对应的地方，针对教学实际情况言简意赅地加以批注、评述等，适用于在课前或上课期间的突发奇想或捕捉稍纵即逝的教育灵感。

提纲式。通过对教学实践的分析，提纲挈领地一一列出在教学内容、教学方法、教学过程等的展开及运用情况，学生表现及自我表现等方面的成功与不足。它一般在课后进行，可较全面、系统地反馈教学上的成败得失。

随笔式。这是一种具体的对自身产生的问题进行反思后的记录形式，一般注重对某一问题、事件的感受，揭示教师的思维方式，洞悉教师的内心世界及感受。

专题式。抓住教学中最突出的问题(如语言表达、教学方法改革、教学效果提升、课堂组织、教学评价改革等)进行深入的剖析，反思教学行为背后所蕴含的教学理念，从而确立正确的教学行为。它一般在课后进行，对同一个主题进行持续的反思，其周期较长。

2. 自我反思记录的内容

自我反思记录的内容，可以从多个角度、多个方面入手，比如可从以下五个方面进行整理与记录：

一是记录教学成功之举。例如，教学过程中达到预设教学目的、引起教学共振效应的做法；教学中临时应变得当的措施；层次清楚、条理分明的板书；某些教学思想方法的渗透与应用过程；教育学、心理学中一些基本原理使用的感触；教学方法上的改革与创新等，将这些详细得当地记录下来，供以后教学时参考使用，并在此基础上不断地改进、完善、推陈出新。

二是记录教学失败之处。即使是成功的教学也难免有疏漏失误之处。例如，教学方法选择、教学重难点预设、教学时间安排、教学节奏把握等方面存在失妥之处，教师可以对它们进行系统回顾、梳理与深刻反思、探究和剖析，指出缺点，并探讨改进举措。

三是记录教学机智。课堂教学中，师生的思维发展及情感交流、融合，往往会因为一些偶发事件而产生瞬间灵感，这些"智慧的火花"常常不由自主地突然而至，若不及时利用课后反思去捕捉与记录，便会因时过境迁而烟消云散，令人遗憾不已。

四是记录学生见解。学生的智慧是多元的，他们总会有"创新的火花"，会提出一些独到的见解、思路和行之有效的方法。教师应当充分肯定、记录学生的一些独特见解，推广学生的好方法、好思路。同时，学生这些难能可贵的见解也是对课堂教学的补充与完善，可拓宽教师的教学思路，提高教学水平。因此，教师记录学生见解，可补充或丰富后续教学材料。

五是记录"再教设计"。通过以上梳理及反思，教师对整堂课教与学的是非得失一定有了清晰的脉络和认识，便可以进行必要的归类与取舍，矫正不良的教育教学行为，写出"再教设计"，在今后的教育教学实践中加以改革与运用。

3.教学实践后的反思量表举例

教师每节课或每个单元的教学结束后，可借助反思量表，全面反思教学目标、教学设计、教学过程、教学质量、教学效果等方面，从反思中找到解决问题的办法，不断改进课堂教学，提高教学质量。

表5-1　课后教学反思量表

反思项目	自画问题
教学目标	预设的教学目标是否合理？是否将课标中的"了解、理解、掌握、运用、灵活运用"具体化，变为可操作的内容？知识目标、能力培养目标、情感态度目标是否达成？有何新的见解？
教学观念	所采用的教学方法是什么？依据是什么？所采用的方法是否符合现代教育的理念？
师生互动	教育教学行为是否对学生有伤害？是否充分留意了自己的课堂教学细节？学生上课回答问题错了，批评的方式是否恰当？学生参与有没有盲区？
因材施教	是否让不同的学生在学习上得到了不同的发展？是否尊重了学生差异？是否根据不同的学生，设置了不同的问题？是否安排了分层作业？
学生参与	学生是否积极地参与到教学中，进行了充分的思考、发言、想象、讨论、做作业以及这些方面质量如何？
学生成长	学生是否建构了知识的过程与意义？学生的哪些学习能力得以提升？学生的学习兴趣是否更加浓厚？学生对学科核心素养的理解是否更加深刻？
精彩之处	哪些环节设计得好，为什么？教学中有哪些亮点，为什么？哪些地方教师引导得好，学生学得好，为什么？

续表 5－1

反思项目	自画问题
不足之处	教学中出现了哪些问题？这些问题是什么性质的问题？是可以避免的吗？教学中存在哪些遗憾？产生这些遗憾的根本原因是什么？教学中的意外状况自己是怎样处理的？有没有更好的解决办法？

总之，教师自我反思贵在及时，贵在坚持，贵在执着追求。一有所得，及时记下；有话则长，无话则短；以记促思，以思促教。如能持之以恒，长期积累，必能"集腋成裘""聚沙成塔"，逐渐发展成为一个自觉而有效的反思者，从而不断促进自己专业能力的提升。

二、主动寻求同事互助

同事互助，是两位或两位以上教师通过多种方式共同进行教学实践探索、专业切磋、协调合作、经验共享，通过互相学习、彼此支持，完成共同成长的一个开放、对话、合作与发展的过程。不同教师在知识结构、思维方式、认知风格等方面存在一定差异，同事间的互动互助交流有利于打破教师个体在认知和思维方面的局限性，推动教育教学观念的转变。同时，同事间的经验共享与专业切磋为教师专业发展、教学能力提升提供支持，以不断改进其教育教学实践。可见，同事互助有助于调动教师专业成长的主体生长性、强化教师的合作意识和水平，增加教师的实践智慧，实现教师共同成长。

（一）同事互助的基本形式

1. 对话

对话是教师同事互助最基本的方式，主要包括信息交换、经验共享、深度会谈、专题讨论等方面。

信息交换。教师彼此间信息的交换，可以最大范围地促进教育信息的流动，从而扩大和丰富教师的信息量和各种认识。信息交换有多种途径，如举办同事信息发布会，把自己拥有的信息告诉其他教师；如举办读书汇报会，交流看过的书、观点以及心得体会。

经验共享。经验只有被激活、被分享，才会不断升值。经验分享主要通过经验交流或经验总结会，教师把自己的成功事例和体会、失败的教训和感想与同事分享、交流。

深度会谈。无论深度会谈是有主题还是无主题的，关键在于教师之间有非常真诚的人际关系，彼此信任，互相视为伙伴，才能无拘无束地发表意见，产生思维互动。深度会谈是一个自由、开放的发散过程，会引导教师把深藏于心的，甚至连自己都意识不到的看法、思想、智慧表达出来。该过程具有生成性和建设性，教师会因此产生和形成很多有价值的新见解。

专题讨论。教师们围绕某个教学问题或主题畅所欲言，提出各自的意见与看法。在该过程中，教师都为自己的见解辩护，同时不断地思考和质疑其他教师的意见。教师之间互相丰富着彼此的思想，不断提高自己和同事对教学问题的认识，所获得知识、理念不断地更新和发展。在有效的讨论中，教师们的思维不断碰撞，产生新的思维火花，形成新的观点，每个教师都将获得单独学习所得不到的东西。

2. 协作

协作指教师之间共同承担责任、完成任务，如教师共同承担某个教改任务。协作强调团队精神、群策群力，发挥每个教师的兴趣爱好和个性特长，在互补共生中成长；每个教师都要贡献力量，彼此在互动、合作中成长。

同事互助中的协作情况很多。例如，教师之间注重操作的参与式研讨、同课异构的比较式研讨、师徒上对比课、沙龙式研讨、提高层次的课题式研讨、诸多学科的交叉式研讨、多渠道多反馈的交流式研讨等；教师之间的课堂观摩、说课评课、主题沙龙、课题研究、观点展示(头脑风暴)、热点评说、读书交流等；教师之间开展的合作备课、反思型说课、参与式评课以及案例分析、专题研讨、经验交流等活动。在新的时代背景下，教师之间应多开展协作，尤其应加强教学行为相互观摩与教学问题相互研讨相结合，加强教学行为反思与同事互助相结合。

3. 帮助

学科带头人、骨干教师、优秀教师是德才兼备的优秀人才，是教师队伍的核心和中坚力量，他们教学经验丰富、教学成绩突出，应积极主动地帮助和指导新手教师，引导他们尽快适应角色和达到环境的要求。这种同事互助的方式，有利于新手教师克服孤立无助的困境。通过师父带徒弟的形式或"1＋1""1＋N"结对子等的形式，针对相关的教学主题达成基本共识，得出解决问题的基本途径和方法，可供教师在教学实践中运用、验证和完善。同时，作为师父的教师，在帮助新手教师、青年教师的过程中，要进行更多的思考，获得更多的新知识、解决更多的新问题。

（二）教师同事互助的实施

1. 营造同事互助的良好氛围

同事互助需要学校形成宽松、自由、平等的对话机制，为教师们进行信息交流、经验分享和专题讨论提供平台，倡导科学精神和实事求是的态度，营造求真、务实、严谨的同事互助氛围，激发教师参与同事互助的积极性和创造性。教师应明确同事互助的意义，树立同事互助的典型案例，介绍同事互助经验以及怎样才能取得良好的效果、怎样才能从同事互助中受益、怎样才能使同事共同受益。通过营造同事互助的良好氛围，教师强化主体意识，变"要我互助"为"我要互助"，增强同事互助的自主意识。

2. 明确同事互助目的

任何活动都是有目的的，教师同事互助活动同样如此。虽然同事互助也有随机的时候，但大多数同事互助活动都有明确的目的、计划或重点，否则会影响同事互助的效果。例如，在开展师徒结对子的同事互助活动前，师父和徒弟应制订帮扶计划和学习发展计划，明确帮扶计划和学习发展计划的落脚点，并贯穿于同事互助的整个过程，使之成为教师前进的动力和监督检查的尺度。又如，在同事互助的听课评课活动中，一堂课40分钟，要观摩的内容不胜枚举，要想彼此都有提高与进步，得先确定重点、难点，观课后的讨论就围绕预先确定的重点、难点发表意见，有的放矢，探讨才会更加深入，同事互助活动才能取得预期的效果。

3. 建立同事互助团体

建立同事互助团体，从人数上而言，只要有两位或两位以上的教师就可形成团体了。同事互助团体，可以是同一学科任课教师的组合，也可以是不同学科任课教师的组合；可以是同一年级任课教师的组合，也可以是不同年级任课教师的组合；甚至可以与校外成员（如教育行政机构的教研员，高等院校的教育专家等）组成团队。例如，新手教师与本校骨干教师（学科带头人）组成"教师互助组"，通过互相学习、即时交流、共同研讨，开展"一帮一"或"一帮几"

的教师互助活动。又如，建立"联校协作组"，不同学校的教师按年级或学科建立"校际协作组"，找出共性问题，开展校际间的交流与协作。无论同事互助的协作团体采取什么样的组合，教师之间的地位都是平等的，他们是互惠互利，共同进步的合作关系。当前，同事的确认，既可通过学校指定，也可通过教师之间的自主、自愿选择而成。学校领导应在人事安排时精心考虑、反复比较、合理调配同事互助团体的成员，使组内形成互补性结构：一是知识结构、教育教学经验互补；二是气质、性格互补；三是教学风格互补。不同知识、能力结构，不同水平的教学机智以及不同的性格类型都是形成不同的教学风格的内在因素，组内教师间的差异正是互助的动力。不同性别的搭配，也有助于实现两种思维类型的优势互补。

4.实施同事互助活动

实施同事互助的过程就是解决教学中存在的问题、提高教师教学能力的过程。在该阶段中，教师通过研习、示范教学、互助式练习与反馈等多种形式进行互助合作。学校以制度的形式确保每周1小时以上的同事互助活动时间。在一些专题讲座中，留出一定的时间安排教师交流讨论。此外，还可以尽可能地将相同或相关学科教师的课表做相近的安排，以便教师进行同事互助活动。

同事互助活动可随时随地发生，渗透于教师日常教育教学工作中。例如，经允许后翻翻同事放在办公桌上的学生作业本，了解同事的作业设计和批改方式；与同事一起探讨上课的感受；在办公室批改作业或试卷时与同事就对某一问题进行讨论；休息时间或回家途中与同事聊聊班级管理中遇到的一些新鲜事或教学中的困惑等。这些都属于同事互助活动。在日常工作中多看、多听、多想、多说，与同事互助交流得越多，收获也越大。

还可利用网络资源，拓宽同事互助活动的时空。教师可以充分利用网络资源(教育信息平台、网上论坛、微信群、QQ群、论坛、网上工作室等)，开辟网上同事互助新渠道。互助的时间既可以在工作时间内，也可以在工作之余；互助的地点由有限实体的学校扩展到了网络这个虚拟的无限大的空间。网络资源的利用可使教师的"同事互助"产生质的飞跃和提升。

5.开展同事互助实践

教师将通过同事合作或互助探寻出解决问题的方案或方法并付诸实践，以确定该方案或方法是否符合实际、有效。例如，针对课堂教学效率不高的问题，教师团队通过对理论的消化、经验的总结等，共同探讨出一种新的教学模式，经过新一轮课堂教学的实践检验与教师同事互助团体的再次互相观摩、研讨与反馈，再对新模式的不当之处进行调整和修改，达到提高课堂教学效率的目的。

6.总结反思同事互助

进一步整理、总结、反思同事互助活动，是教师获得进一步发展和成长的有效途径。在此阶段中，教师总结在解决问题和进行同事互助的过程中出现的问题、取得的收获，促进同事互助活动的不断成熟和教师个体与集体的不断发展。同事互助的总结反思可以采取多种形式，既可以采用对话、辩论、研习等口头形式，也可以采用写课后记录、反思日记、教学论文等书面形式。

三、重视获取专业引领

专业引领就其实质而言，是理论对实践的指导，是理论与实践之间的对话，是理论与实践关系的重建。专业引领包括隐性专业引领和显性专业引领。隐性专业引领是教师自觉学习、吸收、运用先进的教学理论，并在自己的教学设计、教学实施、课后因材施教等方面体现出来。显性专业引领是专家直接引领，特级教师、名教师、教研员以及高等院校的学者等专家指导教师开展教学活动或与教学相关的活动，促进教师的专业发展。专业引导的价值不仅仅给教师的教学实践提供理论指导，更重要的是给教师以精神和气质上的熏陶、智慧和思维的启迪、思想和理念的提升。可见，专业引领是教师专业水平向纵深、可持续性发展的关键手段，是教师教学能力向质的飞跃的重要途径。

（一）自主学习教育教学理论知识，强化隐性专业引领

正如朱熹在《观书有感》中所言："问渠那得清如许？为有源头活水来。"读书就是专业引领的"源头活水"。教师自主学习、吸收先进的教育教学理论，并运用于教学实践与研究活动之中，就是向不见面的"大家""名家""名师"学习，这属于隐性的专业引领。从教师角度来讲，加强教育教学理论学习，自觉接受理论的指导，努力提高理论素养，增强理论思维能力，这是从"教书匠"通往"教育家"的必经之路。教师应根据自己处于的专业发展阶段以及兴趣爱好，自觉地、有针对性地选读书目和学科杂志，包括纸质书籍或网络文本，走进专家、

名师的博客及微信公众号，与他们对话。通过这种隐性的专业引领，学习、内化相关的理论知识，并指导自己的教学实践，不断提高教学质量与教学能力。

教师学习教育教学理论知识时，既要讲求近期实用，也要着眼长远，切实全面地提高自己的专业素质。

1. 注意联系教育教学实际开展学习

理论联系实际是学好教育教学理论知识的必由之路。教育教学理论是为教育教学实践服务的。教师在学习理论知识的时候，更重要的是要思考如何用理论解决实际问题。例如，如何培养学生的创造力？如何培养学生的良好品德？如何再创造教材？如何提高教学质量？如何提高自己的教学设计水平？如何提高自己的教学水平？如何开展教学监控与评价？在具体的学习过程中，如果在书中看到一个案例，在没看案例解析前就思考："我如何来解决这个问题？这个案例作者为什么要这样做？我的做法与他的做法有什么不同？原因是什么？"先给自己提问题，想方法，再看书中的解析。如果只看书而不思考，只根据作者的想法走，就难以提升自己的洞察力、思维能力，不能实现举一反三、融会贯通。

2. 注意联系相关学科开展学习

在科技高速发展的今天，各门学科越加相互渗透。教育教学理论知识也在不断吸收和综合其他相关的知识。与教育教学理论知识相关的学科有很多，如卫生学、生物学、中外教育史、哲学、社会学等。相关学科的学习有利于教师多种角度理解和领会教育教学理论，有利于学科知识的相互补充，有利于思维方式相互迁移与互补。因此，学习教育教学理论知识必须与相关学科相结合，才能使思路更开阔、学习更深入，才能更适应未来创造性教育教学实践工作的发展需要。

3. 注意联系社会实际情况开展学习

教育与社会息息相关，社会风气、现象、问题都会对教育产生潜移默化的影响。教师尝试运用所学的教育教学理论知识对社会问题进行理性分析、思考、判断，能让自己对不断出现的新情况、新问题始终保持敏感，以便形成自己的教育教学观点。教师经常带着实际问题学理论，还能大大提高学习效率，发展自己处理教育教学问题的能力。

在学习教育教学理论知识时，还应做好读书笔记。学习完一两部书后，开展一些拓展活动，如读书感悟展评、读书分享会、微论坛等形式多样的活动，在交流分享、思维碰撞中不断地提高自己的专业发展水平与教学能力。

4.选择经典和有影响的著作学习

可以供中小学教师学习的教育教学理论书籍非常多，每个人的学习时间很有限，要选名著，选名家的经典之作，选影响比较大的书。例如，苏霍姆林斯基的《给教师的建议》《怎样培养真正的人》（教育科学出版社），朱永新的《新教育之梦——我的教育理想》（人民教育出版社），郭元祥的《教师的 20 项修炼》（华东师范大学出版社），高慎英、刘良华的《有效教学论》（广东教育出版社），赞科夫的《和教师的谈话》（教育科学出版社），佐藤学的《静悄悄的革命》（长春出版社）等。还可以从网络上查看一些专家推荐的教师必读书目，从中选择精读和泛读的著作。

（二）寻求专家指导，强化显性专业引领

显性专业引领是指专家对教师的引领，包括邀请专家来学校指导，还包括教师走出去参加相关教育教学培训。两方面相辅相成，共同促进教师专业发展与胜任力提升。专家主要包括优秀教师、特级教师、名教师、教研员以及高等院校学者等，相对于普通教师而言，他们有较深厚的教育教学理论素养，在某一方面有较高的造诣与影响，有高度的使命感和责任感以及对教育教学实践高度关注的热情，能提供切实有效的专业引领与帮助。当然，在专家专业引领中，教师既是专业引领活动的对象，也是引领活动的主要参与者，应发挥自身的主体地位。

1.理念指导式专业引领

理念指导式专业引领主要由校外专家通过学术专题报告、理论学习讲座、专题研讨等活动，向教师传播教育教学理论与规律、教育教学改革理念，以丰富教师的理论知识，奠定其理论功底，拓宽其知识背景，指引其教育教学实践。这些专家主要是指掌握系统的教育教学理论，长期从事相关研究的高等院校研究者、科研人员等专业研究人员。对教师进行具体指导时，应该力求理论、理念内容选择精准，充分发挥理论对实践的指导力，让理论在实践中能应用、落地生根。

理念指导式专业引领是纠正当前忽视理论指导倾向的主要手段，可纠正如下偏颇：片面强调教学经验对教学实践的作用和意义，以教学经验取代教学理论；对教学理论应用做片面狭隘的操作主义理解，把理论完全操作化、技术化、形式化；以实用主义、功利主义的态度对待教学理论应用，急功近利地追求教学的短视效应。这些都需要专业的理论指导，才能实现教师从经验型到研究型的转变。

2. 合作探究式专业引领

校外专家对教师开展教学现场指导、教学问题咨询、课题研究指导、课例研讨指导等，教师与专家一起合作探究、规划、实施和解决教育教学问题，则属于合作探究式专业引领。该策略中的专家主要是指既有一定理论功底又有一定实践能力的教育科学研究者与教研员，其中以教研员居多。教师需要能够"点拨（引领）"自己的专家，双方合作开展课题、专题、课例和案例等的研究，引领教师解决具体的问题、革新教育理念、掌握课程开发、实施和评价的方法与策略等宏观性问题，提升其教学能力。

教师、专家在合作的过程中要注意发挥各自优势，相辅相成。专家关注教育教学理论和教育教学实际是否密切结合、问题是否来源于教育教学实践、目标是否明确等；教师积极主动地参与其中，把所学的教育理论应用于问题的解决等。

3. 内部生成式专业引领

内部生成式专业引领是充分发挥校内校长、教导主任、教研组长、年级组长、课题组长和优秀教师等"校内专家"的优势与作用，开展集体听评课、主题或专题研讨、课例研讨、经验交流等活动。该策略重在帮助普通教师解决具体的教育教学问题，实现专业引领，提升教师的教学能力。一些学校实施的"校长教研工程""青蓝结对共成长工程""课例研讨共提升工程""说做评研改一体化工程""名师工程""三个一"活动（每学期上一节公开课、做一次专题讲座、组织一次学科教学研讨）等，都属于该策略。内部生成式专业引领的引领主体来自校内的优秀名师，主要采用集体备课、听评课活动和师徒帮带活动，解决教师面临的具体而实际的教育教学问题。

实施该策略尤其要保证专业引导的效果和质量。校内专业引领最忌讳同水平、低层次和形式化的活动，要摆脱自上而下式、组织管理式和分配任务式的弊端。当前，教育教学改革综合化趋势对内部生成式专业引领提出了新的需求。

4.校际互带式专业引领

校际互带式专业引领则是发挥校际互带作用和资源互补的功能而采取的一种专业引领策略。该策略强调通过校际之间相互交流来促进教师共同发展。规模小、资源有限的薄弱学校及其教师与优势学校及其教师之间结成团队，发挥资源差异优势，在校际名师、名校长等专家的带领下，以校际之间的优秀教研组和薄弱教研组、优秀骨干教师和普通教师结对互助及名师支教等方式进行课例研讨、案例研究、优秀课、专题汇报、示范观摩等活动，发挥中心示范校的专业引领和辐射作用。例如，上海长宁区的十二所同质态初中开展校际互带式专业引领、河南巩义的城乡学校联合开展校际互带式专业引领，使"孤岛学校"变成了"联合舰队"。该策略的专业引领主体是中小学校里的优秀教师或校长等，他们的长处在于具有丰富的教育实践经验，其目的是提高教师解决实际教育教学问题的能力，提高教师教学能力。

第三节　中小学教师教学能力评价

中小学教师教学能力评价长期得到学校、教育行政部门的高度关注。在年度评审中，在各级各类教师职称评审、先进评比中，学校和教育行政部门都会对教师的教学任务、教学能力、教学效果、教学影响进行考察，各地都制定了相应的指标体系对其予以评价。但实际上，教师的教学能力很难量化评价，特别是在职称评审中，如何给评审对象的教学能力打分，仍然是一个难题。

一、部分省市中小学教师教学能力评价的基本要求

2015 年，人社部、教育部《关于深化中小学教师职称制度改革的指导意见》下发以后，各省市都制定了中小学教师水平评价基本标准、评审标准、职务申报条件等方面的文本，其中都有关于教学能力的条件要求。虽然许多内容相近，但表述还是有差别。下面简要介绍几个省份的中小学教师教学能力评价基本要求。鉴于各省对不同级别的中小学教师专业技术资格标准条件不同，这里主要以正高级教师教学能力评价的基本要求为例。

《安徽省中小学教师系列专业技术资格标准条件》(试行)中明确了正高级教师教学能力方面有以下要求：1. 能够立足学科特点，将德育融入课堂教学；教学业务精湛，形成独特风格，受到同行认可，受到学生普遍欢迎，在实施素质教育中发挥示范和引领作用，教学业绩卓著；完成规定的教育教学任务，工作量达到本校专任教师平均课时量。2. 基本任期内，每学期听课指导或主持研讨不少于6节(次)，每学期开设校内公开课不少于1节(次)；开设校际公开课或县级以上专题讲座(含承担县级以上教师培训任务)年均不少于1次，并获得好评。3. 任现职以来，所指导的教师在市级以上教育部门举办的优质课等各类学科教学类评比活动中获省级二等奖或市级一等奖(乡村教师为省级三等奖或市级二等奖)以上。

《福建省中小学教师水平评价标准条件》在关于正高级教师条件中要求：1. 熟练掌握本学科各年段教学规律，出色完成规定的教学任务，每学年学生对其课堂满意率达到85%以上。中学教师进行过高中或初中循环教学1次以上或承担过毕业班教学3年以上，小学教师进行过循环教学，教学质量高。2. 能够独立开设选修课程或开发地方、校本课程，能指导学生开展研究性学习、综合实践活动或学生社团活动等。3. 在市级以上学校开设教学示范课、观摩研讨课或学科讲座4次以上，其中至少1次在省级以上开设，并获得好评。4. 从教以来，获得公开教学竞赛(教学技能竞赛)省级一等奖或国家级二等奖以上，或者获得省特级教师、省级以上学科教学带头人、市级以上名师名校长称号。

《广东省中小学教师水平评价标准》中，初中教师申报正高级职称在"课程教学"方面要求：1. 具有深厚的教育理论基础，精深的专业知识，深入系统地掌握所教学科课程体系，对学科课程体系建设有贡献。具有课程与教学领导力，具有较强的信息技术与学科教学整合能力，能够创造性地对本学科课程的教育教学方法进行改革，并取得显著效果。具有先进的教学思想、形成独到的教学风格和精湛的教学艺术；教学经验在本学科领域得到推广并有较大影响；教学业绩卓著。2. 任现职以来，周课时量符合广东省有关文件规定。胜任并至少进行过循环教学1次以上或担任过初三把关教师3年以上。在市级以上开设过3次教学示范课、观摩研讨课、专题讲座并获好评，或获得市级优质课、教学技能竞赛一等奖或省级二等奖以上。3. 能独立开设活动课程、选修课程或指导学生开展社团活动，促进学生各方面得到良好发展。4. 学生对教学的满意度高

（特殊教育以家长意见为主）。5.除具备上述条件外，至少还需具备下列条件中的一项：（1）被评为省特级教师，或省百千万人才培养工程培养对象，或市级以上名教师、名校长、名班主任。（2）被聘为高校或教育学院兼职教授，并承担过培养硕士研究生工作。（3）参加过经省级以上教育行政部门审定的教材编写。

《湖南省中小学教师水平评价基本标准条件》规定正高级教师教学能力要达到"教学业务精湛，教学效果优异"的要求，具体包括：1.课堂教学效果优异，所教学生学习兴趣和动机得到充分培养，学习方法得到有效指导，所教学生自主学习能力强，课程教学考核等级达到良好标准，教学综合评价优良率在80%以上，教学效果在本区域内同学科层次处于领先水平。2.深入系统地掌握所教学科课程标准体系和专业知识，能准确把握和创造性地使用教材。3.备课精益求精，教学方案针对性强，富有创新精神。4.课堂教学能够驾驭自如，学生自主、合作、探究学习在课堂中得到充分体现，形成独到的教学风格，受到学生普遍欢迎，得到本区域内同行的一致认可。5.学生课业负担轻，作业有层次、有梯度，作业量适度，作业内容和形式多样化，具有学科特色，富有创新性。6.根据学生成长规律、学科特点和教学要求，创造性地组织、指导开展课外实践活动或参与各类竞赛。7.具有县市区级以上学科（专业）带头人、名师名校长（书记）、教学能手或骨干教师等相应称号。

各省市在总要求下，一般会制定各级教师专业技术职务评分细则。这里以某省《正高级教师专业技术职务评分细则》为例，介绍其中有关教学能力评审的细则。该能力评审细则主要涉及4个二级指标，包括：发挥学科育人功能、教学效果突出、教学过程科学有效、把握时代要求改革教学方式，分值占整个教师专业技术职务评审总分的30%。每个指标又有具体要求。

"发挥学科育人功能"包含2个指标：一是发挥学科德育功能。善于积极挖掘和充分利用本学科教学中的德育元素。二是渗透德育教学。结合本学科教学培养学生正确的世界观、价值观和方法论。具体评分点包括：挖掘本学科的德育元素，利用本学科德育元素进行教学，结合本学科教学培养学生正确的世界观、价值观和方法论，结合本学科教学培养学生正确的世界观、价值观和方法论的效果，研究本学科德育资源的成果。

"教学效果突出"包含3个指标：一是教学质量高，二是学生课业负担轻，三是教学水平高被公认。具体评分细则包括如下9个方面：培养学生学习兴趣，指导学生学习方法，所教学生基础知识、基本能力扎实，布置课外作业量符合规定，有针对性地布置课外作业，课堂教学效率高，统一检测成绩的结果好，承担示范课或公开课教学，有学术影响力。

"教学过程科学有效"包含7个指标：一是认真钻研学科课程标准，制订周密可行的教学计划。二是备课精益求精，教学方案针对性强、富有创新精神。三是教师主导、学生主体地位得到充分体现，课堂教学效果好。四是作业设计科学，注重实效。五是注重课外辅导，发展学生的个性与特长。六是评价检测科学，考试适时适量。七是教学工作量饱满。具体要观察考评钻研学科课程标准、制订学科教学计划；教学准备；课堂教学过程；课堂教学效果；作业的批改；作业批改情况的反馈；课后辅导；命制试卷；讲评试卷的效果；教学工作量。

"把握时代要求改革教学方式"包含3个指标：一是提高教学的针对性和有效性。二是有效地构建自主、合作、探究式的课堂教学模式。三是整合教学资源。评分细则所涉及的考评点包括如下6个方面：1.工作计划、总结、教学反思、年度考核、个人述职、论文著作、课题等所反映的改革教学方式的思考与做法；2.教案中体现的教学目标、教学内容、教学方法和评价手段的改革；3.课堂教学的针对性和有效性、教学模式和教学方式的改革、教学效果；4.改革教学方式带来的成效；5.对时代要求的把握和对改革教学方式的认识；6.教学资源的开发与利用。

从上面可以看出，目前中小学教师教学能力评价无论是指标内容还是考察操作方式都还有研究的必要。其素质、过程、效果指标有些重要内容没有涵盖、有些指标之间交叉、一些考评点实际上无法打分。优化中小学教师教学能力评价还是需要进一步把握教师教学能力蕴含的内涵与外延，理顺各一级指标之间的逻辑顺序，提高评分的可操作性。

二、中小学教师教学能力评价建议

根据前面的讨论，建议中小学教师教学能力评价主要设置4个指标，即教学设计能力、教学实施能力、课后因材施教能力、教学艺术风格。所涉及的指标、考评点及考评方式建议如下表。

表 5 - 2　中小学教师教学能力评价建议表

指标	考评点	考评方式
教学设计能力	1.了解学情(包括学生个体与班集体)的情况 2.课程教材处理,重点考评教师对课程教材二次创作及其符合课程标准与学情的程度 3.发掘课程显性与隐性的德育功能 4.设计的教学方案各组成部分(教学目的、方法、内容、重点、难点、过程、板书设计等)详略得当,相互呼应 5.教学课件内容与形式相匹配	1.重点查阅教师的教案 2.结合考评点查阅教师的心得体会以及开展相应的访谈
教学实施能力	1.教学中言语、板书、课件的呈现 2.教学过程的有效性、学生学习情况与课堂生成性 3.教学内容、教学方法、教学流程的创新 4.课堂教学中监控评价,特别是教师课堂观察、课堂提问、课堂作业及其反馈与改进	1.重点以教师参评时的上课环节(现场听课或录像资料)为标准,充分体现学段与学段、学科与学科的特色,以这个打分为标准 2.结合考评点访谈任教学生与同教研组教师
	5.课后作业、考试及其评价与反馈	1.查阅教师教案、反思日志 2.查阅学生作业及其分析与反馈 3.查阅试卷及其分析报告、学校关于考试情况的总结与通报 4.结合考评点访谈学生、家长、其他教师
课后因材施教能力	1.学困生课后帮扶,学困生成绩的提高、精神风貌的改进等方面 2.课外活动指导取得的成效与影响 3.学科竞赛指导,学科竞赛取得的奖项数、等级与影响	1.查阅学困生课后帮扶计划与总结,查阅成绩册,了解学困生成绩变化 2.查阅课外活动指导计划、总结报告、相关图片、评奖结果、报告或通报 3.查阅学科竞赛指导计划、总结报告、相关图片、评奖结果、报告或通报 4.访谈

续表 5-2

指标	考评点	考评方式
教学艺术风格	1.教学艺术风格的体现与总结 2.教学风格的影响与辐射	1.查阅教师对自己教学艺术风格的总结以及发表的相关论文 2.查阅承担示范课或公开课教学情况 3.查阅承担学科带头人、名师工作室、卓越教师等情况 4.查阅参加校、区、县、市、省级教学竞赛获奖情况

　　这个指标体系试表给出一个明确的导向，考评方式多从过程、总结、效果来考虑，采用查阅教案、心得体会、年度工作总结、个人述职报告、教育行政或教研部门的通报等材料以及调查访谈的方式进行，具体分值可以根据需要和总分进行设置，每个指标的分值可以分等级体现，比如"所教学生班集体情况"分值为2分的话，教师在全面分析了班级基本情况、班级结构、班风和学风后，在教学内容、教学方法、作业布置等方面的成绩得到充分体现的，记2分；班级情况分析较全面，在教学内容、教学方法、作业布置等方面有所体现的，记1分；有班级情况分析，但不全面，且在教学内容、教学方法、作业布置等方面无体现的，记0.5分；无班级情况分析的记0分。再比如，如果"教学风格的影响与辐射"中"承担示范课或公开课教学"的分值为5分，可以设置近三年来承担地市(州)级及以上示范课或公开课教学任务的记5分，承担区县级示范课或公开课教学任务的记4分，承担3次或以上学校示范课或公开课教学任务的记3分，承担2次学校示范课或公开课教学任务的记2分，承担1次学校示范课或公开课教学任务的记1分，没有承担过公开课的记0分。

参考文献

[1] 杜萍.当代中小学教师基本教学能力标准的研制与反思[J].课程·教材·教法,2011(8).

[2] 王沛,关文军,王阳.中小学教师教育教学能力的内涵与结构[J].课程·教材·教法,2010(6).

[3] 余文森.从"双基"到三维目标再到核心素养——改革开放40年我国课程教学改革的三

个阶段[J].课程·教材·教法,2019(9).

[4]余文森.能力导向的课堂有效教学[J].全球教育展望,2018(1).

[5]欧健,朱德全.中学生态整合式德育课程:意涵与建构[J].中国教育学刊,2020(4).

[6]付忠莲.新课程理念下学生观的再认识[J].科教文汇,2016(5).

[7]付苗.数学课程中的德育功能初探[J].教育评论,2006(2).

[8]鲁献蓉.从传统教案走向现代教学设计——对新课程理念下的课堂教学设计的思考[J].课程·教材·教法,2004(7).

[9]杨瑰."互联网+"时代智慧课堂教学设计与实施策略研究[J].课程教育研究,2019(32).

[10]陈佑清,陶涛."以学评教"的课堂教学评价指标设计[J].课程·教材·教法,2016(1).

[11]沈建民.课堂教学设计要关注并渗透学习策略[J].课程·教材·教法,2002(3).

[12]黄秋生.谈谈多媒体教学课件制作中的几个问题[J].中国电化教育,2002(7).

[13]熊梅,王艳玲,艾庆华.个性化教学设计与实施策略[J].课程·教材·教法,2011(8).

[14]丁永刚,金梦甜,张馨,等.基于SPOC的翻转课堂2.0教学模式设计与实施路径[J].中国电化教育,2017(6).

[15]张登芳.基于新课改下小学数学教学方法的创新[J].内蒙古教育,2019(33).

[16]李德显.小学教师教学风格研究[J].教育科学,2016(5).

[17]张松德.论教师的教学风格[J].中国成人教育,2006(12).

[18]姜静.教师自我反思能力培养的实施策略[J].教育探索,2004(11).

[19]孙晓雪.同伴互助:教师专业发展的有效途径[J].辽宁教育,2017(10).

[20]付萌.浅谈同伴互助视角下的小学教研组[J].课程教育研究,2019(17).

[21]武明丽.专业引领:农村小学教师专业发展的重要途径[J].成才之路,2014(21).

[22]吕敏霞.校本教研中的专业引领策略探析[J].现代教育论丛,2007(12).

第六章
中小学教师教研能力

一个优秀的教师经常会在教育实践工作中不断研究教育问题，不断提升教研能力。苏霍姆林斯基说过："如果你想让教师的劳动能够给教师带来乐趣，使天天上课不至于变成一种单调乏味的义务，那你就应当引导每一位教师走上从事研究的幸福道路上来。"随着新课程改革的推进，教师的角色内涵也更为丰富，要实现教师从知识传授者到学生学习促进者的角色转换，教师本身就必须是一位积极的、有效的教育教学研究者，这既是时代赋予教师的要求，也是教师作为学生学习促进者的前提条件。

第一节　中小学教师教研胜任能力概述

中小学教师的教研能力离不开良好的文献阅读习惯，离不开学术观察、理解、分析、判断和提炼等综合素养。学术观察与理解力、课改开发与践行能力以及成果提炼与升华能力是中小学教师教研能力的核心能力。从实践层面来考量，需重点关注调查研究能力、课程建设与开发能力、课改试验能力、教研组织与引领辐射能力、课题申报与成果物化能力等教育科研基本功。

一、调查研究能力

调查研究能力是指教师基于一定的目的，通过各种调查方式，系统客观地收集信息、调研现状、了解实际问题、梳理典型经验、进行质性比较、研判发展趋势的能力。调查研究是谋事之基和成事之道。调查研究要重视以下方面：

（一）确定调查目的、方向与重点

调查前要明确调查研究的目的、意图和任务，即思考为何调研。同时，应做好文献阅读，了解理论前沿，深入解读党和国家的法规政策，找准核心问题，明确调研方向和重点，即搞清楚调查什么、研究什么。

（二）科学确定调查对象

合理抽取样本对于教育调查工作的质量有着重要意义，其核心因素是样本的代表性。常见的随机抽样有简单随机抽样、系统抽样、分层抽样三类方式。具体如下表：

表 6-1　常见三类抽样方式比较

类别	共同点	各自特点	相互联系	适用范围
简单随机抽样	抽样过程中，每个个体被抽取的概率相等	从总体中随机逐个抽样	基础抽样方法	总体中的个体数较少
系统抽样		将总体均分为几个部分，按事先确定的规则在各部分取样	在起始部分抽样时，采取简单随机抽样	总体中的个体数较多
分层抽样		将总体分成几层，分层抽取样本	在各层抽样时，采取简单随机抽样或者系统抽样	总体由差异明显的几部分组成

确定抽样方式后，要基于调查的目的、性质和实际需求，充分考虑人力、物力的制约、实际操作的可行性和经费承受能力，科学确定样本容量。若样本容量过大，会使得实施难度增大，增加经费开支；而样本容量过小，会影响样本的代表性，使抽样误差增大，影响推论的精确性。

（三）选择调查方法

调查方法主要指调查的途径和手段。中小学教师在教育教学研究中，可以采用以下几种常用调查方法。

1.会议调查法

会议调查法是调查研究工作中常用的方法。具体流程是：明确主题—召集座谈—领导致辞—情况介绍—自由讨论—提出建设性意见—总结反馈。开调查会的好处是可以在短时间内了解到比较详细的情况，效率比较高，而且由于参加会议的同志是比较熟悉情况的，因此掌握的材料会比较可靠。

表6－2　调研会议纪要模板

调研主题			
会议时间		会议地点	
主持人		记录员	
参会人员			
情况介绍			
调研安排			
会议内容			
重要备注			

2.实地观察法

调查者通过抽样法，选取一定数量的调查对象，有目的、有计划地运用自己的感觉器官或者借助科学的工具和手段，直接考察正在发生的教育教学现象。实地观察法是搜集非语言行为资料的首选方法。实地观察法的主要优点是直接、生动、具体，但带有一定的偶然性，且易受调研者主观因素影响。

3.问卷调查法

问卷调查法是指调查者开发问卷调查表，运用统一设计的问卷，并选取一定数量的调查对象了解情况或征询意见的方法。这种方法能突破时空的限制，同时进行大范围的调查，调查资料便于汇总、整理和分析，资料较为可靠，能够用较小的人力物力消耗收到比较大的效果。

4.访谈调查法

调查者与被访者通过口头交谈的方式了解被调查对象情况的方法。访谈调查法要求访谈者不仅要做访谈前的各项准备工作，而且要善于进行人际交往，与被访谈者建立起基本的信任和一定的感情，熟练地掌握访谈中的提问、引导等技巧，并根据具体情况采取适当的方式进行面谈。

5.典型调查法

典型调查法就是在一定范围内，挑选具有代表性的特定对象进行调查的方法。在典型调查中，调查者长期深入实地调查，与被调查者直接接触并生活在一起，可以得到大量鲜活的材料，了解到与调查对象有关的实际情况。这是典型调查的特点，也是其优势。虽然是选择部分对象进行调查，但这些对象具有代表性，能够反映事物的本质特征，所以也能够达到认识事物总体的目的。

（四）研制调查工具

调查工具主要根据调查的内容、形式和方法来确定。常见的调查工具包括实地调查的工具、调查数据统计与分析的工具、趋势分析的工具三大类。

1.实地调查的工具

教育调查中使用频率较高的是访谈提纲、数据统计图表和问卷调查表。

（1）访谈提纲

访谈提纲没有固定的格式和模式，一般内容包含：访谈调查的目的、时间、地点、对象、访谈的问题、注意事项等。比如，"中小学优秀教师的职业幸福感研究"课题组的访谈提纲如下：

"中小学优秀教师的职业幸福感研究"访谈提纲

访谈主题：中小学优秀教师的职业幸福感

访谈目的：了解优秀教师从业的心理状态，帮助更多教师找到工作的乐趣和幸福感。

访谈对象：有突出贡献的卓越教师、特级教师和县级以上首席名师。

访谈问题：

1. 您是从哪一年开始从事教育工作的？是通过什么途径进入教师队伍的？

2. 当初为什么选择教师这个职业呢？

3. 在您的教师生涯中，您觉得最值得高兴的事是什么？可以举个例子吗？

4. 您的专业动力来源于何处？您认为什么品质对做好这份工作来讲是最重要的？

5. 您觉得您的职业幸福吗？您认为教师幸福感的来源有哪些方面？

6. 现在很多教师出现了职业倦怠，您认为有效的解决办法是什么？

7. 您是怎样解决家庭与工作的矛盾的？

8. 能不能给我们分享一下您的成功秘诀？

9. 关于提高教师的职业幸福感，您有什么好的想法或建议？

注意事项：

带好个人证件、本子、笔、录音笔、访谈提纲。

访谈的问题一般不宜过多，要避免低效率和诱导，问题尽量采取开放性的设计。访谈中可能会碰到一些困难，比如：被访者拒答、访谈地点受干扰性大、访谈过程被第三者打断、访谈过程中被访者不耐烦、被访谈者敷衍回答等。遇到问题要根据情况及时调整，有时可以尽早结束访谈，调换访谈对象。

（2）数据统计表

数据统计表是用于显示调查数据的基本工具。数据统计表一般由表头（总标题）、行标题、列标题和数字资料四个主要部分组成。

表6-3　中小学教师普通话水平情况统计表

学校名称：	联系人：		日期：　年　月　日
非语文教师达二级乙等以上情况	非语文教师总人数		
	达二级乙等以上人数		
	占比		

续表 6 - 3

语文教师达二级甲等以上情况	语文教师总人数	
	达二级甲等以上人数	
	占比	
教师达一级乙等以上情况	教师总人数	
	达一级乙等以上人数	
	占比	
填表说明："总人数"包括学校聘用的教师		

（3）数据统计图

统计图是根据统计数字，利用点、线、面、体等绘制成几何图形、事物形象和地图等各种图形的统计方法，具有直观、形象、生动、具体等特点。统计图一般由图形、图号、图目、图注等组成。常见的有条形统计图、扇形统计图、折线统计图和雷达图等。

（4）调查问卷

调查问卷又称调查表或询问表，是以问题的形式系统地记载调查内容的一种印件。问卷可以是表格式、卡片式或簿记式。按调查方式分，问卷可分为自填问卷和访问问卷。按问卷用途分，包括三种类型的问卷，即甄别问卷、调查问卷和回访问卷（复核问卷）。

问卷设计一般要把握五个原则，一要主题明确，不夹杂别的问题；二要结构合理，问题有层次感；三要通俗易懂，问题一看就明白，没有歧义；四要控制问卷的长度，题目不能太多；五要便于资料的校验、整理和统计，调查的结果具有统计意义。

问卷设计的基本流程：拟定选题—查阅参考文献—头脑风暴，提炼关键词—依据关键词设计问题—决定问题的措辞—安排问题的顺序—确定格式和排版—拟定问卷的初稿和预调查—制成正式问卷。问卷一般应有标题、说明（指导语）、基本信息、问题主体、编码号、致谢语等。下面是一个调查问卷表的框架示例。

城镇青年教师专业成长状况调查问卷表

亲爱的老师：您好！

　　本次调查旨在了解城镇青年教师的专业成长状况，不是测验，没有标准答案，无好、坏、对、错之分。本问卷调查结果仅用作调查研究之用，只作整体分析，不会进行个别处理。您不用署名，不必有任何顾虑。您的回答越真实，对本调查的意义就越重要。

　　谢谢您的参与！

"城镇青年教师专业成长状况研究"课题组

2019 年 3 月

1. 您的教龄是(　　)

A.3 年以内　　　B.3~6 年　　　C.7~9 年　　　D.9 年以上

......

8. 您一周的课时量是(　　)

A.5 节(含)以下　B.6~9 节　　　C.10~15 节　　D.15 节(含)以上

......

12. 您认为目前专业成长最大的障碍和困难是(　　)

A.自身知识不足　B.教研互动难　　C.自己努力不够　D.学习机会不多

......

15. 您一个学期会主动、有意识地读书(教材类不算)的数量是(　　　)

A.10 本以上　　B.5~10 本　　　C.2~4 本　　　D.1 本　　E.0 本

......

18. 您觉得对青年教师专业成长最有促进的方式是(　　　)

A.外出观摩、听课评课　　　　　　B.理论学习、专题讲座

C.课堂实践、自我反思　　　　　　D.教学基本功竞赛

19. 您希望学校为您的专业发展做哪些方面的工作？(提出建议，填在横线上)

_____

_____

20.您希望学校在教研组建设上实现哪些突破和创新?(提出建议,填在横线上)

_____

_____

2.选择调查数据分析的工具

调查数据的分析是有很多层次的,主要包括:数据存储层、数据报表层、数据分析层、数据展现层。不同的层次可以选择不同的数据分析工具。

中小学教师常用的数据存储、数据报表和数据分析的工具主要包括:(1)Excel软件,Excel功能非常强大,一般来讲,版本越高越好用。(2)SPSS软件:当前版本是18,名字也改成了PASW Statistics。

展现层的常用分析工具主要包括:(1)PowerPoint软件:大部分人是用PPT写报告。(2)X–Mind、Visio等软件:这些软件都附带非常好用的思维导图、流程图、营销图表、地图等实用工具。(3)Swiff Chart软件:制作图表的软件,生成的是Flash。

3.选择趋势分析的工具

趋势分析工具是调查研究实务中经常使用的一些分析方法。

(1)SWOT分析法:SWOT分析法经常用来确定组织与个人的竞争优势(Strengths),竞争劣势(Weaknesses),机会(Opportunities)和威胁(Threats),从而将组织与个人的战略与其内外部环境有机结合。这对制定组织与个人未来的发展战略有着至关重要的意义。

表6-4　SWOT分析通用简表

内部能力 外部因素	优势 Strengths	劣势 Weaknesses
机会 Opportunities	SO	WO
风险 Threats	ST	WT

（2）内部因素评价法：又称作内部因素评价矩阵（IFE 矩阵），是一种对内部因素进行分析的工具。其做法是从优势和劣势两个方面找出影响未来发展的关键因素，对各关键因素进行评估。

（3）外部要素评价法：又称作外部因素评价矩阵（EFE 矩阵），是一种对外部环境进行分析的工具。其做法是从机会和威胁两个方面找出影响未来发展的关键因素，对各关键因素进行评估。

（五）做好调查组织工作

根据调查研究的任务大小，确定参与人数。如果一个单位难以完成，可以联合其他单位一起承担。如果参与调查研究的单位和人员比较多，就必须首先确定牵头单位和负责人，然后根据人员多少和素质确定分组，并对调查的时间、步骤、方法、具体要求、注意事项以及调查研究的经费、交通工具等做出详细计划。有些调查要提前向被调查单位提出调查提纲要求，以便调查对象有充分准备。被调查单位一般应根据调查提纲和要求，对调查对象进行安排组织，比如什么时间、什么人参加座谈会、什么时间现场参观等。在确定调查对象时，应特别注意那些善于发现问题和有独立思考习惯的同志。

（六）务实收集调查数据

做调查应深入一线，并尽可能多地掌握一些第一手资料，这样对下一步的分析研究很有利。近几年，中小学教育工作者们做了大量的调查研究，获得了不少有用的数据。但由于缺少正确的、及时的统计分析，大量宝贵的数据信息被白白地浪费了。如果我们在取得数据的基础上，再深入一步进行合理的统计分析，就有可能从定量的分析中对中小学教育教学工作提出一些有益的建议。

（七）分析研究和综合提炼

分析研究是了解情况阶段的升华。了解情况阶段的工作，只有通过分析研究才能成为成果。这一阶段包括：调查报告提纲的准备，调查数据、材料和信息的深度整理，调查报告的写作。

在综合分析中，要有步骤地解决三个问题：一是从调查材料中剖析事物的本质，找准主要矛盾，确定中心问题；二是用联系和发展的观点，找出带规律的东西，并沿着这个规律研究得出有关的一系列基本观点；三是再按照这些基本观点，从调查材料中找出最有说服力的事实，进一步加以论证，使观点和材料统一起来。

教育统计主要是通过对数据的处理、分析，探究研究对象和问题之间的内部联系。教育统计可以选择下面的处理方式：(1)一般性统计；(2)一对一差异性分析；(3)多样本差异性分析；(4)相关性分析；(5)函数关系分析；(6)因果关系分析；(7)聚类分析。

二、课程开发能力

现代教育理念提倡教师参与课程的开发、整合与创新。课程开发能力是教师重要的学科发展能力，对教师的专业水平要求比较高。社会在发展，形势在变化，我们的教师必须提高专业素质，提高课程开发能力，积极适应课程改革的需要，向着真教育的方向出发。

所谓"课程开发"，就是指借助一定的教育计划以及课程的实施与评价，改进课程功能的活动总称。"开发"一词的依据在于：一是"开发"一词包含了这样一种问题意识，也就是说实践者就是开发者和研究者，根据从教育现场通过教育实践得到的数据，明确构成教育课程的顺序和方法。二是教育课程并不是一次性完成就大功告成了，而是需要不断检查、评价和修正。因为构成课程的诸要素、诸条件都是在不断变化的，所以希望教师具备开发能力。

教师课程开发能力的基本要求：一是遵循科学之道，从多元智能理论和建构主义理论来解读国家课程计划和国家课程标准；二是遵循人本之道，促进学生的全面与个性发展；三是遵循生态之道，实现课程建设校本化。推动课程建设的内涵发展，是体现教师课程开发能力的重要方面。课程开发的核心是促进人的发展。

教师的课程开发能力主要体现在以下三个方面：

1. 学科教学资源的整合开发

骨干教师在学科特色课程资料编撰方面的基本功和突出贡献是参与校本化教学设计。在集体备课的背景下，骨干教师的经验可以和青年教师的聪明才智很好地融合，互取所长、不断交流、不断创新，推动学科教学设计的科学化、现代化、人本化和艺术化。

2.校本作业等其他校本资料的编撰

创新型教师应积极参与校本作业的编撰，以极大的奉献精神，为学科谋福利，为学生谋发展。校本作业主要指检测单，包括教师版检测单（附答案）和学生版检测单。校本作业编撰工作应提升针对性、层次性和时效性。

3.校本课程的开发

参与校本课程开发是中小学教师课程开发能力的集中体现。教师应提升校本课程的开发力和教学资源的整合力，主动成为校本课程的开发者，发挥集体智慧，不断学习、不断思考、不断研讨。校本课程应在课程领域门类、培养目标、教学方式、学习方面不断突破，实现学生知识、能力、情感、态度、价值观、意志力和信念等素养的综合达成。

三、课改试验能力

课改试验能力是指教师在新课改理论指导的实践基础上，努力形成较系统的课程思想、学科教学模式、课堂教学方法体系，并不断总结、提升和验证的能力，是体现中小学教师科研胜任力深度的能力。教师参与课改的途径主要有：参与课程决策、参与校本课程开发以及参与课程行动研究。对于教师而言，既要参加全国、区域和学校组织的宏观与中观课改试验，还要精心组织基于学科建设、课堂教学与德育实践的微观课改试验。

教师课改试验的行动主要有四个环节：一是方案设计，二是前期探索与试验，三是中期反思与推进，四是后期升华与辐射。

(一)课改试验方案设计

教师课改试验的方案设计要反映教师与课程整合的观点，体现在三个维度：课标达成与课程意义的整合；课程设计与教学过程的整合；师生发展与课程变革的整合。

教师课改试验方案设计的基本要求如下：

第一，要提炼课改核心理念。具体表现在：创新理念，实现课标、教师的教与学生的学一体化；精心规划，课改试验以"生"为本；先学后教，以学定教；课堂多元，自主探究、小组合作与翻转课堂相融合；爱"生"如子，活动安排照顾全体；依据本学科特点和学生认知发展规律，构建比较完整的课改试验体系。

第二，正确理解与合理开发课程。科学设置课程计划，精心选择课程内容，有效地使用课程资源，合理制订课程评价体系；根据学校统筹安排，积极开发与开设校本课程。

第三，积极应用现代教育技术。积极运用现代教育技术改进课堂教学、课外互动、开发数字化课件等教学资源。

第四，拟定一个现实的实施计划。实施计划包括：转变观念—方案设计—教育教学实践—教育反思—调查反馈—中期改进—深度实践—深度反思—提炼升华—推广辐射。

模板示例如下：

表6-5　教师课改试验实施计划(模板)

主持人		部门学科		联系方式	
课改主题					
研究成员及分工					
试验年级、班组、团队				邮箱	
背景意义、现状与前沿					
理论基础					
宗旨目标					
思路与内容					
试验方法与技术路线					
组织机制					
管理模式					
评价创新					

续表 6 – 5

时间部署	(一)前期准备和调研论证阶段:
	(二)主题培训和初步探索阶段:
	(三)课堂试验与调整完善阶段:
	(四)中期研讨与深度推进阶段:
	(五)总结升华与推广辐射阶段:
课改试验的预期成果	
保障措施	(设施配置 + 管理制度 + 团队绩效 + 经费支撑 + 宣传推广等)

下面是某学校的一个试验案例。

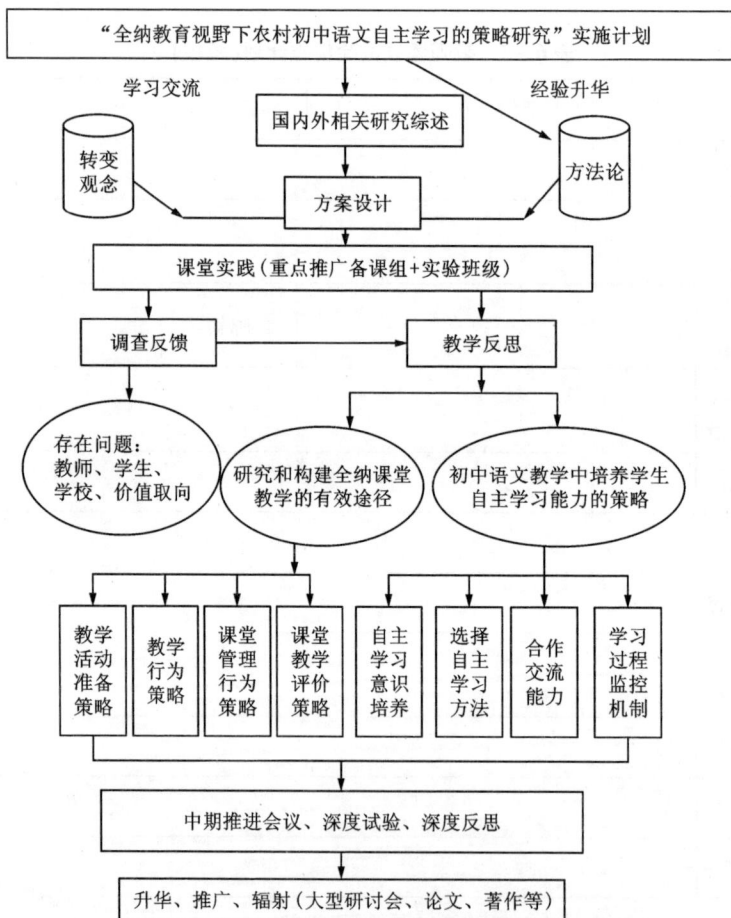

图 6 – 1 "初中语文自主学习的策略研究"课改试验实施计划

(二)前期探索与试验

课改探索与试验是一个充满着创新意识、实践意蕴和灵动智慧的环节。其核心要义是掌握教师课改创新的"操作要点"。具体如下表。

表6-6 某学校教师课改探索试验操作要点

创新项目	操作参考要点
建立管理制度机制	1.建立一整套理念创新、富有特色、行之有效、操作易行的教学管理制度 2.建立班主任指导下的学生自主管理的班组管理模式
文化建设	1.加强学科文化建设　　2.加强班级和学生文化建设
备课方式创新	1.夯实集体备课制度　　2.个性化备课设计 3.教材的二度开发　　4.其他教学资源和备课资源的开发与整合
教学方式创新	1.实施"先学后教,当堂达标"的新型课堂教学模式 2.翻转课堂、微课程、微视频等
学习方式创新	1.充分相信学生,发现学生的兴趣并设法满足他,发现学生的特长并积极引导他,发现学生的潜能并努力培养他,发现学生的错误并善意引导他。因人施教,启迪智慧,有教无类,让学生按自己的需求、自己的方式主动学习 2.认真研究教学过程,改变传统的教学习惯,明确教学的几个环节,做到设计科学、预习到位、目标明确、展示充分、反馈及时、总结有效。教师设计在先,导演在后;组织在先,调控在后;学生预习有效,教师指导有方 3.千方百计激发学生自主学习的热情,强化学生自觉学习的内驱力 4.做好自主探究、研究性学习、小组合作学习方式的引导和培训 5.给学生下发征求意见卡,了解学生对课改的意见、愿望和对教学工作的建议、对教师的评价等,及时调整课改实施方案,及时改进教学中的不足之处
教师研训	1.教师制订发展计划,组织教师培训,包括到外地参观学习等 2.组织磨课研课、听课评课、分析问题、总结经验、改进教学 3.开设教师论坛,交流研讨、突破问题,推动课改向纵深发展 4.认真总结,积极提高教学质量,为课改推进打下坚实的基础
保障措施	1.宣传动员,统一思想,达成共识,认同理念 2.制订、修订与课改相配套的各项管理制度 3.各子课题组或项目组研讨制订课改方案、计划和具体内容 4.经费支持和绩效奖励 5.时间和场地保障 6.其他设施配备

(三)中期反思与推进

中期推进时要反思课改试验是否达成预期效果，是否还能够更加完善和增强可操作性，应在"七个优化"上做好文章。

1. 反思课堂教学环节是否能够优化

具体包括：(1)定向示标是否能优化？(2)自主学习是否能优化？(3)合作探究是否能优化？(4)自我展示是否能优化？(5)教师点拨是否能优化？(6)巩固达标是否能优化？

2. 反思教师的六项任务是否能够优化

具体包括：设计是否科学？提问是否到位？点评是否富有启发？纠偏是否有针对性？总结是否全面系统？释难是否形象生动？

3. 反思教师的备课是否能够优化

具体包括：备课是否认真、深入？是否不拘泥于教材？是否充分利用各种教育资源和教学手段？是否精心做好教案或导学案？是否充分运用好预习和前测环节？是否相信学生、启发学生、鼓励学生大胆展示自我，为他们树立信心？备课是否强化自然生成？

4. 反思班级和团队管理是否能够优化

具体包括：班级是否建立了学生自主管理的班级管理模式？团队建设是否有力？大部分学生是否能确定班级学习目标和规划？学习的过程中是否制订了各项评比措施？学习小组是否搭配合理？学生学习氛围是否浓厚？师生、生生、师生与环境的互动机制是否生动有效？

5. 反思学生的学习方式是否能够优化

具体包括：学生是否自主学习、自我约束？学生是否互动合作、主动交流？气氛是否活跃、充满激情？教师指导是否到位？学生答辩与应变是否优秀？教育信息反馈机制是否流畅？

6. 反思课堂操作是否能够优化

具体包括：是否深入落实"三主"——教为主导、学为主体、练为主线？是否真正倡导"三自"——自主学习、自主探究、自主交流？是否全面鼓励"三动"——动脑、动口、动手？是否有效达成"三会"——会学、会说、会用？是否系统发展"三维"——认知、情感、技能？

7.反思课堂评价是否能够优化

具体包括：是否由评教师的讲解精彩度为主，变为评学生的参与度为主？是否由评教学环节的完备性为主，变为评教学结构的合理性为主？是否由评课堂的活跃度为主，变为评每个学生真正进入学习状态为主？是否由评教师的单方提问答疑为主，变为评师生的交流互动为主？是否由评教师的基本功为主，变为评学生的基本素质能力培养为主？

(四)后期升华与辐射

教师的课改试验经过一定时期的探索，经实践检验是有效果的，得到同行和学生一致认可的，才可以进一步提炼升华和推广辐射。

课改试验总结升华和推广辐射阶段，可实施如下"五大工程"。

1.课改试验升华工程

其具体内容如下：(1)坚定一个信念：新课程理念是实施素质教育，全面提高教学质量的高效途径。(2)落实两项工作：构建起有体制、有机制、有生机活力的学习小组；构建以"小组合作学习，课堂展示交流"为基本框架的教学新模式"。(3)紧扣三个抓手：导学案的编写；课堂展示的规范；教师在课堂上的点评、点拨、追问、讲解。(4)营造四维环境：营造团结互助的班组文化氛围；营造丰富多彩的校园文化氛围；营造气氛浓郁的研究学习氛围；营造各方支持的舆论环境氛围。(5)做好五项保障：师资培训、教学研究、考核评估、经费保证、信息支撑。

2.教师视野开阔工程

组织大量的"走出去、请进来"活动，促进交流研讨；请专家引领讲学；组织教师参加国培、省培和各种学术交流；加入相关的区域课改联盟；在更广阔的教育平台上发声，与课改的成功经验融通；组织教师外出学习取经；组织试验团队参加教学改革论坛以及精品课展示会；每次外出学习后，及时组织座谈会，让外出学习教师谈感想、谈体会、谈思路、谈做法，把先进的经验内化为实实在在的行动。

3.优秀教师培养工程

启动课改试验测评工作，发现并评选课改试验优秀教师、教学能手、卓越教师和学科带头人，并推介优秀教师的典型做法。

4.教育科研提升工程

促课改、进课堂，组织教师听课、评课、观摩、研讨；组织结队帮扶、联片教研、基地校辐射、送教下乡等教学教研活动；探索开展网络教研、微课、微格教学；组织课题研究活动；组织优秀教案评选活动和优秀文章评选活动。

5.成果交流展示工程

利用课堂教学展示交流、大课间活动、校园文化、学科专家微报告、省培、国培、示范课、座谈、经验交流、学术报告等形式，在更大的平台上宣传和展示课改试验的理念精髓、操作模式和创新经验，有力地推动课改试验的成果展示与辐射。

四、教研组织与引领辐射能力

教研组织与引领辐射能力是指教师在教育教学参悟、同行交流、营造研训氛围、引导教师团队成长等教研组织与学术引领辐射方面的综合能力。教研组织与引领辐射能力是教师由骨干教师向卓越名师转变的重要参考指标。

（一）教研组织能力

教研组织能力表现为教师组织团队成员参加各种教育教学研训的统筹协调能力，常常体现在以下几个方面。

1.制订务实的教研规划

包括教研组学期计划、备课组教学周计划、教师发展规划等。

2.创造业务学习平台

包括组织教研组长会、教研组会议、教师发展论坛、书香校园教师读书活动、国培、省培、市培、外出考察和学习交流等。

3.组织教研督导

根据教学计划和教学规范的要求，组织对备课、上课、作业布置和改评、课外辅导、测试等各个环节的业务管理和督导；注重学生、家长、社会等方面的情况反馈；加强对教研组和教师教研积分的过程管理。

4.设计校本研修项目

具体包括：课标考纲研讨会、阶段考试卷分析研讨活动、教师专业理论与技能的培训和测试、新进教师培训、青年教师片段教学与课堂教学比赛、课题研究汇报活动（含立项论证、开题、中期检查、结题等）、精品课程建设研讨会、奥赛教练和学科培优工作经验交流会等。

5. 组织常规集体备课

包括建立集体备课制度、学科教学资源库、集体备课纪要、校本作业研发情况、教学资源的开发与交流、组内研课和交流等。

6. 建立师徒结对制度

采用师徒结对的形式，签订师徒结对合同，明确师徒任务，并进行学期考核。每年开展学校传统教学活动，提供锻炼的机会，如十分钟片段教学、师徒结对徒弟汇报课、两笔字比赛、课件制作比赛等。积极组织青年教师参加教育行政和科研部门组织的教育教学活动。

7. 组织专题研讨

对课程、教材、教学设计、拓展课程、选课走班制度、拓展课程评价等问题组织专题讨论。

8. 促进多元研课实操

包括备课组研课、教研组研课、学校精品课研课、国培、省培、市培、示范课、省市赛课、集团赛课等大型展示课。

9. 推进校本化课题研究

结合具体教学实践，积极探索行之有效的教学方法，提高教学效率和质量；积极研究新高考给教育科研带来的新变化；认真总结经验，进行理性思考，形成有内容、有见地、有质量、可操作、能辐射的课题成果。

（二）引领辐射能力

教师的引领辐射能力是指教师在自身可持续发展的基础上，带动团队和其他可辐射对象实现专业成长的能力，是教师走向卓越名师的关键能力，是科研胜任力的重要体现。名师、名校长应该运用相关教育资源，为广大教师合作学习搭建平台，充分发挥名校名师示范、辐射、引领作用。

第一，在教研教改中示范。名师、名校长要积极参与和组织教研教改活动。通过"三名工程"（名校长工程、名教师工程、名班主任工程），积极开展联系学校实际的多种形式的教研教改活动；认真地完成青年教师的指导培养任务；出色地完成公开课、观摩课和研究课任务。

第二，在学科领域中引领。名师、名校长要努力在学科教研活动中起骨干作用，成为区域教研工作带头人。

第三，在广阔平台上辐射。名师、名校长要在更大的平台上提升学术影响力：应积极参与教师论坛讲座或公益讲堂，创办教育教学科研共同体，主持名师工作室和专题项目组，开发专门网站、网页或者名师工作坊，参与远程虚拟学校等。

某校名师工作室实施方案参考要点

一、名师工作室的性质与宗旨

1.充分发挥名师的示范、引领、辐射作用，做好"传""帮""带"，打造学习共同体。

2.形成教师发展的良好氛围，推进学科教师队伍建设。

二、名师工作室的类别

1.学科成长型。

2.德育引领型。

三、名师工作室的职责与任务

1.办好工作室，发挥名师引领作用，带好一批学习型教育工作者。

2.开展课题研究，促进工作和专业提升。

3.形成经验，升华成果，推广辐射。

4.开发、整合、完善和共享名师工作室的优质资源库。

四、首席名师申报条件

（一）学科教学型

1.高级职称，一线岗位。

2.教学能手，科研能人。

3.特色鲜明，业绩突出。

4.能力较强，作风过硬。

5.发表论文1篇或主持1项市级以上课题(含市级)。

6.身体健康，男教师年龄不超过55岁，女教师年龄不超过50岁。

（二）德育工作型

1.有丰富德育工作经验，被评为市级或以上"优秀班主任""优秀德育工作者"或所带班级获市级优秀班级及以上荣誉,且仍在一线工作的教师及管理者。

2.热爱教育事业,爱岗敬业,师德高尚,堪称育人模范。

3.有较高的理论修养、个性鲜明的教育思想和改革创新的意识,有独特的德育工作风格或育人特色,业绩突出,在德育工作领域中有较高的知名度。

4.有较强的德育实践研究能力,能组织、培养和指导骨干班主任进行课题研究。有理论联系实际、实事求是、扎实稳健的工作作风。

5.在省级以上学术期刊发表德育论文1篇或主持市级以上德育课题1项。

6.身体健康,能满足工作需要,男教师年龄不超过55岁,女教师年龄不超过50岁。

五、名师工作室的组建

参考要点1:名师工作室的建立采取本人申报制度。具备高级教师职称的教师,可根据本方案中名师工作室的任务、首席名师条件等有关条款,结合本人的资源及优势,确定是否申报。首席名师的选拔采取教师书面申报,学校名师工作室领导小组审核、公示、授牌等程序。每个教研组原则上不超过1种。

参考要点2:每个名师工作室设首席名师1人,可根据需要选聘相同学科的名师、顾问1~3人,工作室学员若干人。

参考要点3:名师工作室实行任期制,以3年为一个周期。

参考要点4:首席名师正式确定后,由首席名师根据"双向选择、必要考核、自主确定"的办法,选聘本学科名师、顾问及工作室学员。

六、名师工作室的管理

参考要点1:组织机构保障——学校成立"名师工作室领导小组",由校长任组长,分管副校长任副组长,教科室、教务处、学生处干部为成员。其主要职责是检查评估。

参考要点2:硬件软件保障——名师工作室实行整体建设、过程管理和年度考核评估,不合格的成员,及时调整出室;不合格的工作室,取消资格并摘牌。

参考要点3:经费保障——首席名师、名师及顾问可分别享受每月500元、100元津贴。根据考核情况,学校可适当调整津贴标准。

参考要点4:其他保障(略)。

五、课题申报与学术升华能力

课题研究对于改善教学效果和提升教师成长幸福度有重要促进作用。课题研究包括申报立项、开题、中期检查和结题等基本环节，其中申报是关键。课题申报与学术升华能力是指教师结合相关要求和自身教育教学实践，不断提炼问题、梳理科研思路，将实践经验升华为课题成果的学术能力。为了申报课题，要进行文献资料的搜集整理、课题内容的整合提炼、试验设计、数据分析、论文撰写等多元学术活动，但首先应掌握课题申报的基本要求。

（一）了解课题的分级分类

中小学教师应该积极申报政府有关管理部门的哲学社会科学类和教育类科研课题，也可以申报一些合法的学会协会设置的课题。

表 6 - 7　部分教育类科研课题简介

组织单位	项目类型
全国哲学社科规划办	国家社科基金项目
全国教育科学规划办	全国教育科学规划项目
教育部	教育部优秀青年教师资助计划
	教育部人文社科研究项目
湖南省社会科学规划办	湖南省社科规划项目
湖南省教育科学规划办	湖南省教育规划课题
	湖南省教育科学规划决策咨询专项课题
	湖南省教育科学研究基地专项课题
	其他专项课题
湖南省委宣传部	湖南省哲学社会科学基金项目
市级教育科学规划办	市教育规划课题

课题按照不同的标准可以进行不同的分类。按照研究领域分类，可以分为基础理论研究和应用性研究。基础理论研究回答"为什么"和"是什么"的问题，应用性研究回答"怎么样"的问题。按照研究范围的大小分类，可以分为宏观研

究、中观研究、微观研究。宏观研究是对教育系统较大范围内的整体性、综合性、系统性研究，比如教育与政治经济、教育与社会发展、教育与人口关系的研究、教育内部带有全面性问题的研究。中观研究是对某一范围、一个领域、一条战线、一个部门内的教育科学研究。微观研究是对教育问题某个单独因素进行具体细致的研究。如课题"小学英语单元复习课的基本特征、目标设定和活动设计""基于'科学探究'的教学——以生长素的生理作用为例"。还有的学者把课题按照研究的层次分类，分为阐释性研究、综述性研究、创造性研究。

（二）熟悉课题申报要求

课题申报并不是什么神秘莫测和高不可攀的事情。教师的劳动就是一种真正的创造性劳动，它是很接近于科学研究的。这种接近和类似之处，首先在于它们都需要分析事实和有预见性。为了使申报的课题获得立项，要明确课题申报的注意事项。

1.明确要求，有的放矢

认真阅读课题申报的通知，弄清楚是什么层次、哪一类的课题，了解这一类课题申报的范围。认真阅读课题指南，弄清楚这类课题的有关要求。

2.选择问题，确定课题

提出、分析与解决一个教育问题，是一个课题最基本的要求。问题意识是做课题的第一关。选题要注意现实性、新颖性、适合性、可行性、引领性原则。教师要善于从自己工作中遇到的困难或存在的欠缺中去发现课题，从某种现象的观察中发现问题，从自己已有的、取得成功的经验中去总结课题，从各种信息情报中寻找课题，也可以从上级有关部门的课题规划或学校总课题中选择课题。中小学教师选择课题尽量关注本人所从事专业的问题，关注教学改革中的教学内容、教学方法、教学手段问题，关注试验、实习、实训等实践教学环节的改革问题。

3.查阅文献，前期调研

充分地占有资料，了解选题的国内外研究现状，适当做一些前期调查，理清思路，找到着眼点。

4.科学论证，制订方案

申报课题必须态度认真，要认真填写课题申报书，了解其中每一部分应该怎样论述。在填写课题申报书时，应该了解课题申报书的格式以及规范。不要出现错别字、前言不搭后语、字体大小不统一、打印装订不美观等问题。

(三)撰写课题申报书

申报课题都要填写课题申报书，不同的课题申报书可能有些差别，但总体都会要求阐述问题的提出背景、文献综述、研究的问题或内容、研究的思路和方法、研究的组织与预期成果以及研究的队伍与经费预算等内容。以湖南省教育科学规划课题申报为例，申报书包括封面与标注、信息简表、前期研究基础、课题论证、研究团队、保障条件、参考文献等。

对课题的论证一般有八个部分：1.背景意义(理论价值和实践意义)；2.研究现状和趋势；3.研究目标(要解决的问题，创新和突破)；4.研究内容(研究什么问题，需是一组互相联系的具体问题)；5.研究的方法与步骤；6.预期成果名称、形式、完成时间；7.课题的组织与管理；8.保障与支持条件等。

课题论证要求言简意赅、言之有理、论之有据。

第一，背景意义要有根有据。选题要有政策背景，还要有现实问题，而且是真问题，更要选择适合自己研究的真问题。课题的理论意义要说明可以解决的科学问题有哪些，对本学科、本领域科学发展的推动作用和表现，科学创新和技术突破有哪些，实践意义要说明课题对某个方面的实际问题的解决是不是有直接应用价值，或者有参考价值、启示作用。

第二，研究综述要清晰充分。研究综述需要介绍国内外对此课题进行研究的论文成果有哪些主要观点与研究结论，当前研究还有哪些问题没有触及，需要研究解决的关键问题是什么，本研究致力于解决其中哪些问题。写作时要注意由历史延伸至现实，"研究成果"要注重其前沿性；总结"主要观点"要简练、鲜明；各个时期重点介绍代表人物和代表作；注意"叙述与评论"相结合；注意用语和用词的准确性。

第三，引用理论要有指导作用。课题申报所列的理论依据，要真正能用于分析课题与解决问题，不是没有关联地写几个观点或者几个专家的论文、著作，切忌为了填写申报书上的理论依据而拼凑理论。

第四，研究目标要明确集中。课题研究的目标要翔实、具体、明确，避免大而空，要具有可评价性(可鉴定性)。研究目标要集中，不能过于分散。可以采取总体目标和分目标分条方式撰写，但分目标之间必须有紧密联系。可以突出课题研究将得到的新理论、新理念、新观点、新认识、新模式、新途径、新方法、新对策等。设置课题研究目标时，不要把目标与内容混合在一起，不要把目标定得过高。目标刻画用词要准确，不要引起歧义。

第五，研究内容要重点突出。要根据研究目标设计研究内容，明确课题要解决什么问题。研究内容应紧扣选题，注意前沿性、相关性；注意上下逻辑关系；不贪大求全，合理预期可以完成的任务；对每个专题研究内容（子课题）做必要的概述；与课题组成员的研究专长吻合；与阶段成果和最终成果相联系。所有研究内容在逻辑上必须通顺，层次清楚，详略得当，抓住关键，重点突出，力求创新，切忌雷同。

可以采取分条撰写的方法，把研究内容根据内在逻辑关系进行分别阐述。分别阐述的研究内容之间要有联系，相互协调，不要彼此孤立。

第六，研究方法要务实有效。研究方法是指根据要达到的研究目标或完成的研究内容的需要决定采取的具体技术方法。不同的课题需要有不同的课题研究方法。常见的研究方法有：行动研究、试验研究、文献研究、调查研究以及个案研究。至于具体选择哪种方法更合适，要结合课题做选择。

选择研究方法有三点值得注意：一是选用的方法必须与研究目标直接关联，既通过什么样的方法完成研究目标，切忌照抄照搬；二是简述具体的研究方法，使评审者认同该方法的可行性；三是尽可能使用经典的、公认的研究方法。如果使用的不是经典或公认的方法，则要解释该方法的优点、特色与可信度等。

第七，特色与创新定位恰当。所谓特色与创新，即在本项目研究领域中，申请者与国内外同行所不同的，可以从立论依据、研究内容、研究方法与手段、技术路线及试验方案上提炼创新点，也可以从学术思想、技术方法的创新、新现象的发现、新假设的提出、新观点的提出、全新技术与方法运用等方面寻找。创新点不能过多，一般不超过3个。

第八，计划安排要明确具体。研究的计划安排一般不超过3年。计划安排主要包括前期准备阶段、探索实践阶段、总结结题和推广辐射阶段，可以根据研究内容合理分配时间，按时间段分条阐述。计划安排要翔实，切忌粗略、笼统，方案和观察指标不能相互矛盾。按计划安排配套的研究技术路线，要求做到"清晰、详细、注意逻辑性"。可以以时间顺序为主线设计技术路线；可以以研究内容为主线设计技术路线；也可以采取技术线路图的方式表述。要分大小标题，突出逻辑关系，详细地写清楚每个具体步骤。

第九，预期成果可行性强。预期成果主要内容包括：阐明哪些机理、机制，找到哪些方面的规律，寻找到解决哪个问题的方法，写出哪些方面的论文、专著，争取哪些方面的专利，培养什么样的人才以及可能产生的经济效益与社会效益等。预期成果的必选项是结题研究报告，还可以有一些包括案例集、反思日记、校本教材等方面的材料。

第十，研究基础要写清楚已有的经验与积累。研究基础着重填写本课题组已取得的与本项目相关的工作积累、研究业绩以及其他突出优势。研究基础一般包括课题组成员研究工作经历、已搜集的相关资料、已掌握的方法、课题研究情况、已发表的论文或出版的专著、专利与科技成果奖励情况等。发表的论文成果要列出作者姓名、论文题目、发表年份、刊号、页码，并按论著、论文摘要、会议论文等列出。

有时候，还应说明课题研究的其他支撑条件、设备、经费和人员，突出时间保证、资金保证、人力资源保证等。

十一，经费预算要合规合理。经费预算要合理，开支明细尽量具体，可参照有关课题经费管理办法填写。一定要填写开户行，以便财务对接。

十二，参考文献按学术规范书写。参考文献是非常重要的部分，该部分向评审人展示了申请者对课题研究领域的了解程度、知识结构和所研究目标的重要性。所列参考文献，一般格式要求如下：

专著文献按照"[序号]作者.专著名称[M].出版社所在地：出版社，出版时间或版本."的顺序写。例如：[1]尚俊杰.未来教育重塑研究[M].上海：华东师范大学出版社，2020.

期刊文献按照"[序号]作者.文章题目[J].发表的刊物名称，哪年哪期：页码."的顺序撰写。例如：[1]刘宝存，臧玲玲.全球化时代的比较教育：机遇、挑战与使命[J].教育研究，2020，41(03)：74－83.

报纸文献按照"[序号]作者.文章题目[N].报纸名称，发表时间."的顺序撰写，例如：[1]唐先锋.德法兼修从课程标准开始[N].中国教育报，2020－03－05(008).

下面以湖南省教育科学规划课题为例，其设计论证模板如下：

湖南省教育科学规划课题
设计论证要点(限 6000 字以内)

(一)课题选题

1. 问题的提出

2. 国内外相关研究的学术史梳理

3. 本课题相对已有研究的独到学术价值和应用价值

(二)课题论证

1. 研究内容(本课题的研究对象、研究内容、重点难点、研究目标等)

2. 思路方法(本课题研究的基本思路、研究方法、研究步骤等)

3. 创新之处(在学术思想、学术观点、研究方法等方面的特色和创新)

4. 预期成果(必含研究报告)

5. 预期成果使用去向及社会效益

6. 重要参考文献(开展本课题研究的主要中外参考文献)

(三)研究基础

1. 学术简历(课题主持人的主要学术简历、学术兼职)

2. 学术积累(主持人取得的教育科学以及其他人文社会科学最高级别研究成果，每类限填 5 项)

3. 条件保障：完成本课题研究的时间保证、资料设备、经费支持等科研条件

(四)精心组织课题研究

设计好一个详尽的课题方案，提升可操作性。课题实施方案应明确课题研究的目的和意义、课题界定及理论支撑、本课题研究的基本内容及重难点、课题研究的途径和方法、课题研究的步骤和计划、课题研究的预期成果和表现形式、课题研究的组织机构和人员分工、课题研究的保障措施。

实施阶段要精心组织，深入研究。课题负责人组织成员按照课题方案，有计划地开展研究工作，积累研究过程资料，建立课题研究档案袋。将常规教研

与课题研究相结合，在教学、听课、评课过程中开展实践研究，从而解决问题。

(五)组织结题与升华课题学术成果

组织结题是课题收官能力的集中体现，主要是要做好三个方面的工作：

1. 撰写结题报告

结题报告是课题结题验收的实用性报告类文体。它是研究者在课题研究结束后对科研课题研究过程和研究成果进行客观、全面、实事求是的描述，是课题研究所有材料中最主要的材料，也是科研课题结题验收的主要依据。一篇规范、合格的结题报告，需要回答好三个问题：一是"为什么要选择这项课题进行研究"，即这项课题是在怎样的背景下提出来的，研究这项课题有什么理论意义和现实意义。二是"这项课题是怎样进行研究的"，即要着重讲清研究的理论依据、目标、内容、方法、步骤，讲清研究的主要过程。三是"课题研究取得哪些研究成果"，即结题报告须结合课题研究的实际工作，从科学性、创新性、规范性及实用性等方面加以说明，并注意研究报告的学术性。

2. 申请结题

课题结题材料就是符合结题条件、能够展现研究成果的相关材料。围绕课题开展的有关研究实施过程的印证资料，比如研究课实录或教案、说课、评课、教师自我反思、课堂评价表、图片、课题组成员所写的课题小结或心得、随笔、案例评析、活动研讨记录、研究活动剪影等。

3. 升华课题成果，进行成果鉴定与推介

结题后，组织结构将会对课题研究成果进行鉴定、评奖。对优秀的研究成果进行全面推介并推送至更高级别评选。在这一阶段，课题学术升华能力显得尤为重要。

课题学术升华能力是教师科研能力的重要体现，也是成果提炼和辐射的基础能力。通过升华实践经验，提炼出学术科研成果并加以推广辐射。

课题学术成果升华资料写作要克服如下一些缺陷，包括：

(1)内容单薄，不够充实。也就是说文章太浅，太简单，如一碗清水，引不起读者的阅读兴趣。

(2)过分矫情，缺乏真实。行文花哨，三分真实，七分编造。

(3)虚话太多，不接地气。说着套话喊着口号，实际内容半句没有。

（4）点到即止，从不深入。标题宏大，面面俱到，问题都没谈到点子上。

（5）观点偏激，缺乏理性。叫嚣表面，歇斯底里，写着痛快，负能量满满。

（6）硬伤多多，敷衍塞责。标点错，文字错，引用诗文名言错，年代错。这类作品恃才傲物，狂妄无知，根底不牢，学问不实。

为了突破课题学术成果升华的瓶颈，可以从以下几个方面下功夫：

（1）观点提炼精准恰当。在教学实践中，许多教师通过不断地学习和思考，往往会产生一些新的观点和想法，不吐不快，一旦有了新的观点和想法，又觉得它会对现实有一定的警示意义和指导意义，就总想把它表达出来，但应注意观点提炼需要精准恰当。

（2）科学论证有理有据。教研成果以论证和阐述为主。论证要注意科学性、人本性和生态性。论据要充分有力，有理有据。常见的学术教学成果主要分为以下几类：著作、研究报告、论文、获奖、专利、重大成果采用和学术引领材料等。上述几种类型的学术成果虽然都要求以论证和阐述为主，但在具体的写作程式上，却又有明显的区别。准确把握这种区别，有助于我们更快地提炼学术成果，也有助于读者阅读理解。

（3）方法措施针对性强。在教学实践中，我们通常会摸索出一种新颖而有效的操作方法，或者是探索出一些具有普遍意义的经验。方法提炼要注意以下四个方面：一是阐述运用方法的依据；二是介绍方法的实施过程；三是陈述方法实施的效果；四是陈述方法运用应注意的若干事项。

第二节　中小学教师教研能力的提升

教师教研能力的提升是教师个性孕育的基本途径，是实践经验与理论升华的有机结合，是内化与外化的有机统一。只有在实践中不断尝试、思考、总结，才能获得真正的提升。

一、调查研究能力的提升

切实提高调查研究的能力与水平，可以记住以下几个良训。

（一）"国事家事天下事，事事关心"，切记要"三懂"

一是要懂政策。如果不懂政策，我们就会无的放矢。如果政策早出台了，我们还在研究，这样的成果就成了"马后炮"。二是要懂人。无论教师、学生，还是其他教育参与者，其思想、心理、性格、知识能力，千差万别。搞调研工作要学会懂人、学会了解被调研的对象，这就要求我们广泛涉猎工作范围内的各方面专业知识。否则，在调研中就会出现答非所问，难入正题的现象。三是要懂写作。调查研究后，对于调研结果，需要用调研文章的形式把它反映出来，这就要求从事调研工作的人员必须具备一定的写作水平。

（二）"居高屋之上而建瓴水，其势易也"，要站位高

我们进行调查研究的目的就是确保工作符合实际，让它沿着正确的轨道运行。如果目的不明，就是无效劳动，无事找事，无病呻吟。站得高，有三个方面非常重要。一是立意要高。立意对调研工作成效起着决定性的作用。"意在笔先"，即立意（主题）要在调研之前就应明确。二是重点要明。就是要明确调研的重点，要紧紧围绕工作的热点、难点问题开展调查研究。要注意新出现的关系全局的苗头性问题，做好超前调查研究，把矛盾和问题消解在萌芽状态。三是炼意要深。也就是提炼主题要深入到事物的本质。换句话说，就是确立主题后，还要提炼主题，要从事实材料中提炼出符合事物规律的认识。我国古人称为"胸有炉锤"，经过千锤百炼，才显现其意。我们在处理从调研中得来的材料时，要站在时代的高度、政策的高度、历史的高度、上级的高度、群众的高度、创新的高度来考虑和思考问题。站在这样六个高度，我们的调查研究就具有时代精神，就有高度，对工作就有一定的推动、借鉴作用。

（三）"纸上得来终觉浅，绝知此事须躬行"，要沉下去

必须做到"三个深入"：一是深入工作。调研要为工作服务，必须深入到工作中去，要深入基层、深入实际，坚持直接调查和蹲点调查相结合，不搞"花拳绣腿"，防止蜻蜓点水。二是深入群众。群众最有发言权、评判权。要多听群众对的看法，使调查研究的过程成为密切党群关系、干群关系的过程。三是深入实践。要通过实践检验认识的正确与否以及价值大小。搞调查研究，不能只

写篇文章就完事，一种思想、一种理念、一种方案，要组织实验，要用实践来检验其可行性，要带头践行、带头宣传。

（四）"千淘万漉虽辛苦，吹尽狂沙始到金"，要钻进去

要从大量纷繁复杂的教育现象、教育问题、教育事例中找准所需要的东西。第一，追求真理。要保持客观冷静的头脑，不被世俗流行的观点和自己的先天之见所蔽，不能只收集那些有利于现有"成见"的东西，而对改变现有"成见"的东西视而不见。第二，崇尚科学。就是善于运用科学的方法来研究处理我们的研究课题。要充分利用现代信息技术和手段进行资料的收集、整理和加工，提高调研效率，并为正确决策提供全面、翔实、可靠的信息和数据。第三，辩证选材。材料对调研具有佐证和深化作用，选材要真实，合乎实际；要有代表性，"以一当十"；要新颖，有生命力。

（五）"静能生慧，慧则通融"，要静下来

要搞好调研必须静得下来，沉得住气。一是强化责任心。责任心决定着工作的动力。心中要时刻想到把调研工作与推动工作创新结合起来，而不是为写文章而调研，为任务而调研。二是强化奉献精神。搞调查、写文章是吃苦的事，没有奉献精神、吃苦精神是搞不好的。三是强化求精意识。文章不怕改，观点不怕炼。文章越改越精，观点越炼越新。要解放思想，勇于开拓，勤于思考，提出好的建议，多出一些好的调研成果。

（六）"术业有专攻，刻苦深研宜求精"，要提升调研技术

要学会使用现代化的线上调查工具。传统的线下调研费力费神，样本数有限，依托移动互联网的线上调研逐渐成为趋势。

应尽量多地熟悉线上调研平台。近几年国内做问卷的平台有很多，常见的是问卷网和百度调研。问卷网（https：//www.wenjuan.com/）免费注册，能制作各类表单（报名表、反馈表等），能轻松制作一份自动算分的试卷，问卷表单等内容可以分享至微信，用手机填写，数据结果支持多种格式导出，便于后期分析。百度调研由百度移动云测试中心技术支持，稳定、流畅、快速、权威。另外，还有"问卷星"和"调查派"等。这些软件有自助样本服务，专业的逻辑功能

全部免费，基础好、信息全、流量大、功能强。

学会使用一些调查问卷开源在线工具。比如①Google Forms：可以进行私密或公开的问卷调查，并可与 Google Sheets 同步，自动收集答案。它提供单选、多选以及开放的答案格式。答案格式可随机安排，避免结果出现选择性偏差。这个工具的缺点在于缺乏"问题逻辑"，导致后续问题难以为继。②Kwik Surveys：使用 Kwik Surveys 虽不能自定义问卷模板，但该工具有 30 多种模板可供选择。该工具的 Dashboard 可以轻松进行导航，调研人员可以使用简单的拖放式编辑器创建自己的问卷调查。但该工具的问题类型有限，而且不提供开放答案选项。此外，还有 Lime Survey 和 Responster 等在线工具，百度里都可以搜索到它们的功能介绍与使用方法。

二、课程开发能力的提升

课程开发能力的提升对师生可持续发展和学校的发展有促进作用。一方面，课程开发能力的提升将促进教师专业发展和学生个性发展。课程开发能力的提升是一个与时俱进的概念、是一个动态生成的过程。课程开发以教师团队合作的形式开展，集中团队的智慧、力量和优势，围绕已有的学科特色项目加强校本教材团队合作编写的力量，优选精编校本课程资源，遵循开发—实施—观察—反思—再开发的流程，着力打造各自的学科特色，不断丰富、优化、修正、完善校本课程及其教材。另一方面，课程开发能力的提升有助于"促进学校办学特色的形成"，以及"加强中华优秀传统文化教育是深化中国特色社会主义教育和中国梦宣传教育的重要组成部分"等教育战略和指示精神的贯彻落实。教师通过课程设计、整体规划，分层次、分项目编写课程，以促进学校特色发展，提升学校文化内涵品质。

课程开发能力的提升是教师专业发展的重要内容，可把握以下几个要点：

一是提升课程理解力。课程理解力体现为教师根据学校培养目标和学科定位，在课程设计、实施、评价和课程文化建设过程中表现出来的，对新课改理念和学校教学改革举措的理解能力。具体来说，表现在以下几个方面：课程观的理解——吃透顶层设计；教学观的理解——凸显课堂效能；价值观的理解——渗透育人文化；教师观的理解——促进专业发展；学生观的理解——提升学习方式。

课程理解力从表面上看，是一个政策解读和课程理解的问题，而从深层次来思考，其实是一个文化问题。教师应不断加强对课程的解读力、课程资源的整合力、课程实施的执行力、课程实施的评价力和课程文化的建构力。学校课程理解力的提升"功夫在诗外"，需要不断提升教师的文化基础、综合素养与教学管理的现代化水平。

二是做好一线调研，编写课程开发说明。教师应深挖学科特色，整合师生和校内外教学资源，深入调研学生的个性化需求，开设学科拓展和时代引领相结合的特色课程，组建团队认真研讨，编写课程开发说明，对课程定位、课程价值、课程目标、课程内容、课程组织和实施形式、课程练习与检测、课程评价等进行全方位的设计。

三是编写校本教材，突出课程的适切性和针对性。校本教材的编写，在加强课程适切性和针对性的层面，适当强化训练，并注意训练的层次，注重教法和学法，加强学科知识的内涵和外延，着眼学科能力的培养。

四是夯实校本课堂，提升新开发课程的课堂教学效能。整合基础性内容与拓展性、研究性内容的教学，促进教学方式的转变。针对学生学习基础和能力，把"课程标准"中的拓展性内容和基础性内容适当整合，即把"基础型教材"与"拓展型教材"组合使用，如语文学科的《人文背景故事阅读》、数学学科的《数学方法与策略》、英语学科的《英语时文阅读》等。同时，鼓励教师将"研究性学习"方式运用于新开发课程的课堂教学中，促进学生创造能力的发展。如地理课程可将环境内容纳入到基础型课程教学中，穿插使用《绿色探索者》教材中的相关内容。历史、政治等学科可以要求学生写"小论文"等。

五是加强实验和训练，强化学生的能力培养。物理、化学等学科可以建立"校本实验系统"，充分运用学校实验条件，系统设计学生实验，使用自编教材《生活物理实验》《趣味化学实验》等，重视和强化学生动手能力、合作能力、创造能力的培养，有利于提高学生的科学素养和培养学生的人文精神。

六是跨学科调整教学内容，适度整合相关课程。比如，针对"信息技术"与"劳动技术"学科交叉的特点，将高一、高二的信息技术与劳技（机械制图等）进行整合，形成综合性信息科技课程：高一年级——信息技术＋电脑制图，高二年级——平面设计＋程序编制。对学有专长的学生，通过网页制作、机器人编程等课程，使其进一步发展，体现"基础型课程＋拓展型课程＋研究性学习"的特点和"普及 + 提高 + 发展"的思想。

三、课改试验能力的提升

实践创新是新课改的核心特征，课改试验能力的提升是科研胜任力提升的关键所在，是教师综合素养不断增强的内在要求与重要依托。

课改试验与创新力的提升集中体现在坚持新课改理念下的"课堂教学新标准"，着力改革传统落后的"简单灌输式"的教学模式。要以"生动高效"为原则，让广大教师在课堂教学过程中有一个能反映素质教育要求的基本方向，切实提升教师的课堂教学效能。

第一，教学目标的优化。以培养自学能力、独立思考能力、反思能力、合作能力、创造性思维、批判思维、实践能力为核心，全面推进教学改革、大胆创新，尊重学生个性，开发学生潜能，推进与大学的衔接，与高校及科研机构联合培养卓越人才；推进教育信息技术的深度运用；推进研究性学习方式的广泛运用，开展课题研究式学习。

第二，教学方式的优化。在备课与教学设计方面，提升研究学生的意识与能力，提升深度解读教材的能力和整合教学资源的综合素养。在课堂组织方面，促进学科教学与核心素养、学科素养、关键能力和信息技术的深度融合，促进师生互动、生生互动、人机互动、人与资源的互动。

第三，学习方式的优化。新课改的要求与核心精髓是探讨自主、合作、探究的具体实施办法，突出自学、研究性学习方式和深度学习。

第四，教学内容的优化。整体规划，教学内容适当拓展，实现学科基础课程的教学内容与学科先修课程、校本课程、活动实践课程、社团课程、活动实践课程、营地课程、线上课程等教学内容的有机统一和动态互补。开发出几门对学生发展产生影响的校本课程，如人生规划课程、科学实践课程、社会实践课程、创造发明课程等。

第五，作业体系的优化。根据学生原有基础以及课堂学习情况自行编制分层的课堂作业和课外作业。开发充满个性的实践型、研究型、论文型、创作型等新型作业。编写配套习题，实施作业考试化(同桌考试，同桌互评)。定期检查"尖子生"作业完成情况及质量，每周检测一次学生自学进度及效果。

第六，辅导与培优机制的优化。主动开辟学科辅导专用教室和讨论室，课余时间学生可以自由进出，主动询问，接受科任教师的义务辅导，重点是指导学习方法。此外，可以采用冬令营、夏令营等形式，对学生进行主题拓展培训。

教师要以更开放的理念、格局与视野，把握这些思想，然后实实在在到课堂上尝试。力求做到四个转变：教学理念发生转变，教师的教学方式发生转变，学生的学习方式发生转变，课堂氛围和效能发生转变。

四、教研组织与引领辐射能力的提升

教师教研胜任力的突出表现就在于学术引领和辐射，教研组织与引领辐射能力的提升是教师走向卓越名师的重要路径和关键。

（一）教研组织力的提升

教师教研组织力的提升，关键在于在教师研训活动组织中努力实现内容创新、形式创新和机制创新。

1.教师研训活动组织的内容创新

组织区域或者校内的研训活动要有实效，是选择的研训内容要有针对性和吸引力，强调能解决教学中的实际问题，能促进教师教学行为的改善。无论是请名师和专家讲座，还是同事交流分享，都要了解教师们的需求，由教师们自下而上地选出教学活动内容作为教研的主题，并且选择适合教育教学实际水平的教学活动，避免空谈、走过场；组织相应的示范课时，要选取有代表性的课题、难以教学的内容开展研讨。

2.教师研训活动组织的形式创新

可以开展全员自媒体教研培训，创建在线研讨平台、研训主题沙龙等；可以创建教师教研博客，在博客、QQ、微信、公众号平台上设置"教研动态""活动设计""在线研讨""教学资源""计划总结""课题研究""推荐文章""论文随笔"等分类栏目；还可以将教学常规网络化管理，利用网络资源库、网络空间、博客、QQ、微信、公众号等，使教育教学管理工作更高效、更规范。

3.教师研训活动组织的机制创新

组织教师研训活动在确定研训主题以后，要拟订研训活动计划，设计方案。为了让教师能安心、静心地参与活动，要征求参与人员的意见，选择最佳活动时间。特别是开展校际研讨活动时，多所学校要协商，确保参研人员按时到达，保证浓厚的研讨氛围。

(二) 引领辐射力的提升

一名优秀卓越的教师应该是一个群体中的佼佼者，更是引领者。优秀卓越的教师既要给予其他教师专业上的指引，也要像朋友一样给予他人激励和帮助。在帮助别人提升的同时，提升自己的引领辐射力。

1. 多上精品示范课

教师的魅力在课堂，教师的引领辐射力在于深耕课堂。优秀教师的专业自信源于多年的学科课堂实践和主动的探索思考，获得经验体会以后，就有责任将这种自信和经验进行传承和示范。

优秀教师要充分利用平时的研课，展示深厚的专业功底、个性化教学设计和艺术化课堂组织技巧，展示优秀教师对学科要求、教材要求、学生要求、学情现状和资源整合的深度理解，展示对教育规律和教学之道的基本遵循和灵活运用。

优秀教师还要利用学校大型开放日的精品示范课，展示具有卓越特色的课堂模式，展示优秀教师的精气神，展示基于未来学科发展和课堂建构的大胆创想。还要尽量在国家、省、市等精品课项目中做好示范引领。

2. 编撰学科特色化校本资料

教师的引领辐射力成就于智慧升华。优秀教师要扩大影响力，不仅要看个人的资料，还要善于参与总结学校的成果，把个人的成长融入学校的发展，甚至区域教育事业的发展之中。要积极参与学科特色化校本资料的编撰，参与校本检测单或者导学案的编写，参与校本教材的编撰。通过这些校本资料的编写，在学校产生引领作用，并通过资源的广泛宣传、共享，将影响力扩散到校外。

3. 热情外出送课展示交流

优秀教师常常要承担上级部门指定的培训任务，参与接待交流，要给同行上示范课、研究课，还可能要送教下乡，参与助学助教活动，去更加开放的交流平台。这些活动有利于教师展示教育教学风采，展示教学教改的新理念、新做法，获得更多的"粉丝"。

4. 打造阅读共享平台

一名有使命感的优秀教师必须热爱阅读。优秀的教师自己要阅读，做一个真正的读书人。在自己读书的同时,利用名师(校长)工作室和名班主任工作室平台,给工作室成员买书,一起学习教育教学原理和班级管理理论,再指导教师们根据教育教学实际,创建各具特色的教育教学文化。每年寒暑假,工作室向成员发放学习卡,热情组织读书交流活动,在让阅读成为大家的一种生活习惯的同时,其影响力也随之扩大了。

5. 创办研究沙龙形成团队

许多教师都愿意参加固定时间举办的研究沙龙活动。沙龙研讨的内容根据团队成员的需求和兴趣而定,可以是教育教学实践中的感悟、体验、问题、探索,宗旨是解决教师教学工作中的实际问题,提高课堂教学效果。创办沙龙,在为教师们一起谈论教学问题提供服务的过程中,也会提升自己的影响力,形成自己的团队。

6. 传播和推广经验成果

一个教师要成长为一个优秀的教师必定要掌握一些破解疑难问题的方法,当自己有了经验与教训之后,热情传播出去,让同行尽快学习自己的经验,吸取自己的教训,这样既帮助了别人,促进了同行教师的专业成长,也扩大自己的辐射范围。传播和推广经验成果,应充分利用网络自媒体建立交流平台,比如博客、QQ 群、微信群等,多交流研讨,让不同学校和不同地域的教师都发表自己的见解,最后将研讨的成果发布到网上共享。

五、课题申报与学术升华能力的提升

课题申报与学术升华能力的提升,是一个内外兼修的系统工程。教师做课题研究就是提升自己的工作能力和工作效率,不能只是为了写几篇文章,获得一个课题结题证书来评职称,教师要从"教书匠型"教师转化为"专家型"教师,从"经验型"教师转化为"科研型"教师,必须完整地经历课题研究的过程。万丈高楼平地起,课题申报与学术升华能力的提升就显得特别重要。

(一)提升课题意识

做课题的过程从申报课题开始,提升申报课题的能力要树立四种意识。

所谓四种意识,一是品质意识。教师要走出教育科研误区,不能简单地认为中小学教师的工作是一种简单的重复劳动,"传道、授业、解惑"没有什么可研究的，也不能认为科研工作是一件非常难的事，远非中小学教师能够胜任，怕教育教学工作与科研互相矛盾，怕科研影响教育教学工作的质量。事实上，科研是推动教师专业成长的"加速器"。科研使得教育的视域更加开阔、理解更加深刻，有利于提升教师幸福指数。二是问题意识。就是要会看到问题，提炼问题，表述问题，善于把大问题分解成几个小问题研究。三是要有目标意识。就是心中要非常清楚自己要突破什么，要寻找什么，要得到什么。不能随便试一试，拼凑一些资料就去结题。四是要有行动意识。要基于问题与目标采取切实的研究行动，科学实施研究方案，及时整理汇总研究数据，与课题组成员及其同行一起分享研究经验，总结研究得失，随时检测研究过程，以确保课题研究有序、有力量地进行，要努力做到"为行动而研究，在行动中研究，在研究中行动"，不断丰富和利用学术理论去解决实际操作中所遇到的问题，顺利地完成课题研究的实施阶段。

为了使课题申报获得立项，平常需要多看、多思、多试。要多看看别人研究申报立项的课题，经常比照自己的工作，看看如何找到值得研究和有能力研究的"真问题"，要努力把自己在教育教学实践工作中遇到的真正有价值的问题或疑惑提炼出来，这些问题或疑惑是工作中不能简单解决又无法忽略和回避的真实问题，可以作为申报课题的选题。要看看近几年各类课题申报指南，选出与自己教育教学相贴近且感兴趣的真实课题尝试研究。要多与学校领导交流，看看学校发展遇到了哪些问题需要研究。

(二)提升选题能力

选好题是课题研究成功的基础，教师要不断提升课题选题能力，应重点从以下几个方面入手：

1. 指向务实

课题研究的内容来源于教师的教育实践困惑与问题。中小学教师课题内容由教师个人选择，但选题要具体、实在，提出的问题应该是有益的，包括实践意义、理论意义、方法意义；研究的问题切入点要小，研究的内容要相对单一，适合教师开展研究。选题切忌脱离实际、大而空。

2. 有针对性

研究的目的要着眼解决当前工作中存在的问题。教师课题研究的主要目标是围绕教育教学"提高效率、提高效能、提高质量",因此,选题和研究的重点要放在教育、教学方法上。

3. 可行性强

选题时要充分考虑到主、客观条件,尽可能选择自己熟悉的、有经验的、有积累的、长期关注的、兴趣浓厚的,或自己在某些方面曾有一些思考,但研究不够深入的问题进行研究。

4. 准确规范

课题名称的表述要简练、准确,要使用科学概念和规范用语,不要使用具有文学色彩的修辞手法。课题名称要尽可能概括研究的对象及范围、研究的内容和方法,尽可能使用陈述句。

5. 视角新颖

选题视角要有新意,要突出研究内容的个性和特色。可以将自己熟悉的一种科学理论或观点应用到实际工作中去;也可以借鉴、运用他人的成果,结合自己的实际改进教育教学方法,探索提高教育教学质量的途径。

(三)提升课题申报的关键能力

课题申报直接反映科研的综合水平,教师应努力提升几项关键能力。

1. 提升文献收集与文献分析能力,写好文献综述

文献阅读是教师做科研的基本功。养成良好的文献阅读习惯,能激发教师的思考与分析、认知与判断、书写与表达等能力。大量的文献阅读和研究积累还能建立起不同知识领域的链接能力,这种链接与应用会随大量知识的积累而更加流畅,学会融会贯通,进而开展交叉学科的研究,科研的突破点往往在交叉学科之间。

提高文献阅读力的基本途径如下:

(1)掌握收集文献的基本技术。文献资料主要来源于知网、Google 学术、维基和百度等各大检索网站,部分来源于国外相关学术检索网站、校内实物图书馆以及相关电子图书馆。文献收集为研究过程服务。每一个阶段对文献收集的侧重点不同。文献不仅有经典文献,也有反映最新前沿动态的理论成果。由于文献工具和文献快速增长的现状,表面上获取文献信息的手段更为方便,其实这对收集文献的要求更高了。因为文献多,进展快,一方面不太可能将所有文献都全面阅读，另一方面不是所有文献都能很方便地找到，也不是所有文献都真实可靠，这就要求教师对文献要有所选择，有所鉴别。

文献收集的关键是熟悉文献资料的检索工具。检索工具是人们用来报道、贮存和查找文献的工具。检索工具的种类很多，主要包括目录、索引、文摘、年鉴和手册等。

(2)提高文献阅读力。在阅读文章、材料的时候可以快速地提取段落、文章的脉络和重点，促进整理、归纳、分析，提高阅读理解效率。提高文献阅读的效率是关键，教师应集中时间看文献。集中时间看更容易将它们联系起来，形成整体印象。教师还应做好记录和标记，复印或打印的文献可以直接用笔标记或批注，PDF 或 HTML 格式的文献，可以用编辑器标亮或改变文字颜色，并根据阅读目的选择合适的阅读顺序。在文献阅读的过程中，要学会并养成有目的、有重点地进行阅读的习惯，使我们在阅读时善于发现重点、新问题、新观点和新材料。在读书的过程中或读完一本书的时候，要学着做点读书笔记，记录一下脉络主旨与核心观点，形成自己的思维导图，以便更好地理解。

(3)注重文献的整理。下载电子版文献时，把文章题目粘贴为文件名(文件名不能有特殊符号)。不同主题存入不同文件夹，文件夹的题目要简短，如PD，LTP，PKC，NO。看过的文献归入子文件夹，最起码要把有用的和没用的分开。重要文献根据重要程度在文件名前加 001、002、003 的编号，然后按名称排列图标，最重要的文献排在最前，而且重要文献要注意追踪。此外，还要学会制作读书笔记、运用活页记录、使用资料卡片、收藏书籍资料、剪辑相关资料、复印重要资料和微机存贮资料等方法。

(4)不能崇拜和拘泥于文献。阅读文献的目的是学习，是为了更进一步寻找科研的方向或者全面把握某领域的进展。如果过于崇拜文献，就会被文献困住。如果盲目相信文献，甚至都不如不读或少读文献。作为读者，一定要认清文献的真实分量。否则不仅不能获得好处，反而被文献困住，得不偿失。

(5)提高文献综述写作能力。文献综述是在对文献进行阅读、选择、比较、分类、分析和综合的基础上，研究者用自己的语言对某一问题的研究状况进行综合叙述的研究成果。文献的搜集、整理、分析都为文献综述的撰写奠定了基础。文献综述格式一般包括：文献综述的引言——包括撰写文献综述的原因、意义、文献的范围、正文的标题及基本内容提要；文献综述的正文——包括某一课题研究的历史（寻求研究问题的发展历程）、现状、基本内容（寻求认识的进步）、研究方法的分析（寻求研究方法的借鉴）、已解决的问题和尚存的问题、研究对当前的影响及发展趋势；文献综述的结论——包括文献研究的结论、对该课题的研究意见、有待解决的问题等。

2. 提升研究内容的针对性和逻辑性

针对性是指课题研究内容紧扣研究目标。逻辑性是指课题研究内容能指明课题研究对象、总体框架、重点、难点、主要目标等，使评审专家能一目了然地了解申报者会在哪些方面有突破性的研究成果，从而不仅仅是从该项研究的重要性、必要性方面，更重要的是从研究所能达到的学术水平上去理解、认同该项课题的价值。总体来说，要对课题中的问题提出独特见解。

3. 研究方法更加强调体验、体认与体悟的统一

研究方法既是保障课题研究的主要手段，又是影响课题研究是否灵活开展的重要因子。在课题研究的过程中，使用的研究方法有很多，要根据课题选择研究方法。任何科学研究除了要应用哲学方法和一般科学方法之外，还要有具体的研究方法和技术手段。中小学教育科研的每一项题目一定要有相对应的教育科研方法。对于中小学教师，要重点掌握行动研究法和教育经验总结法。

4. 提升研究实施步骤的可操作性

课题研究必须预先有一个大致的安排，使所有课题的研究人员都能做到心中有数。研究的步骤、方法和时间进程都是确保课题研究方案顺利实施的具体保证。没有这些研究工作的具体措施安排、时间保障，方案就会落空。因此，在确定课题研究步骤时要注意符合该课题的性质，在选择研究方法时更要兼顾课题要求和研究者的特长以及可能提供的研究条件。在规划时间进程时，要注意留出一定的备用时间，以应付那些预料不及的特殊情况的产生，做到有备无患。

（四）提升课题成果的升华能力

提升课题成果的学术水平和升华能力，是一个日积月累的复杂过程。

1. 深度挖掘观点提炼的基本程式

课题学术成果观点提炼的一般程式为：

（1）根据现状提出观点。观点总是通过对现状的分析提出来的，它是建立

在事实的基础之上的。因此，可以先罗列一些现象，陈述一两个具体事实，然后从现象和事实中概括出自己的观点来。这里的现象和事实必须具有典型性，不是个别的、偶然的观点，必须是旗帜鲜明的，不要含糊其辞，当然也不能绝对化或极端化。例如，有位教师通过对城镇小学生和农村小学生的语文阅读进行比较后，写了一篇教学论文，提出了自己的观点：农村小学生阅读教学正面临着全新的挑战。这个观点建立在现实的比较之上，因而有很强的现实意义。有些教师，为了让自己的观点吸引人，用耸人听闻的语言形式来表达，这是不可取的。

(2)摆出依据分析观点。光有观点是没有说服力的，只有通过具体的论证，才会使观点站立起来，才能被读者接受。这一部分就是论证观点。论证通常有理论依据或事实依据。理论依据就是用逻辑思维进行推理、演绎或概括，常常要引用一些名人的观点作为佐证，事实依据就是摆出看得见、摸得着的事实。

一般而言，依据越充分，就越有说服力。例如上文说的"农村小学生阅读教学正面临着全新的挑战"这个观点，作者就是从如下几个方面来论证的：课内分量明显增加；课外阅读要求提高；课文理解难度加大；文本内涵丰富多元；知识分布松散无序；网上阅读和碎片化阅读缺乏指导，盲目低效。对这些依据，作者自然都做了详细分析，或举例说明，或用统计数字，或运用对比等。

(3)得出结论指出对策。经过详尽论证后，往往要有一段结论性的论述。这段陈述，可以是观点的重申，可以是主要观点的概括，可以是观点的延伸，也可以提出一些建设性的意见和希望，还可以提出一些新的思考。这段文字不必多，但必须集中有力。

课题学术成果是表达课题研究的经验总结和个人思想观点的突破创新。特别是一些全新的教育观点，往往会有一部分人接受不了。这并不重要，也不要考虑得太多，关键是要能自圆其说。此类学术成果的观点必须鲜明，如果怕有不同意见而不敢直说观点，故意表达得含含糊糊，那就不能形成有价值的学术成果了，这也是课题学术成果提炼和升华的大忌。

2.全面提升论证水平的主要策略

学术成果的论证既要科学有力，又要生动活泼。可从以下几个方面突破：

(1)叙述事例引出想法。学术成果论证往往由一个具体事例作为由头。对这个事例的要求是：真实、生动、有新意。事例的叙述应该简洁而不粗略，具体而不烦琐，不要用笼统的概括，也不要用细腻的描绘。事例是否具有典型性，在很大程度上决定了学术成果的价值。因此，精心选择事例是写好学术成果的第一步。引出事例后，可以说说自己的感受和想法。

（2）旁征博引深入分析。事例的内涵总是多元的，我们往往可以从多方面来思考，产生不同的想法，论证要抓住感受最深的、最有新意的、最有现实意义的一点来展开。在这一层写作中，要注意以下几点：一是不要就事论事，只做简单的判断。简单的判断是容易的，但这是没有说服力的。二是要透过现象看实质，做深层次分析，挖掘出潜伏在现象背后的根源。

（3）照应开头表明态度。学术成果的论证，结尾处一般有这样三种写法：一是照应开头，对事例作结论性的判断。二是表达自己的愿望和要求。三是强调和重申自己的观点。

学术成果的论证是无定式的，但这几个特点是最为重要的：立意的新颖性、材料的生动性以及语言的活泼性。

第三节　教师教研能力的评价

对中小学教师教研能力进行评价，不能唯论文、唯课题、唯获奖，要减少"科研教研两张皮"现象的发生，减少只有研究而缺乏成效的虚假科研对教师专业发展的误导，评价应有典型性、引领性、适切性和可操作性，强化教研成绩，突出教学实绩，兼顾科研成效三者所占的份额。应凸显中小学教师的岗位特点，既要适当鼓励教师从事教育研究、积极申报课题、总结教研经验、写作教学论文，又不能过分引导导致教师为了做课题、发表文章而耽误、轻视教学工作。

一、部分省职称评审标准中科研要求的比较

在现行的各省高级职称评审标准中，有关教研能力多包括论文与专著发表、课题项目、编写教材、创新能力、教学反思与总结、教研活动，也会有一些描述性的定性要求，比如：有较系统的学科教学思想、教学模式和教学方法，较好的总结、提升和验证能力；较强的课程建设和开发能力；较高的教研教改

筹划组织、专业引领示范、教育辐射推广能力；教研教改成果提炼、升华与物化能力等。

《湖南省中小学教师水平评价基本标准条件》中有关正高级教师科研能力的基本要求是"研究能力超群，教研成果丰富"，具体包括：1. 具有主持、指导教育教学研究的能力。在教育思想、课程改革、教学方法等方面取得创造性成果，并广泛运用于教学实践中；在实施素质教育中，发挥示范和引领作用。2. 任现职以来，出版过或在全国中文核心期刊上发表过独创性的教育教学研究著作或论文，或持有国家承认的发明专利（实用新型专利），或主持的课题获市州以上奖励，或有经县市区教育部门组织的同行专家鉴定、推荐的成果。在具体的评审细则中，明确要求：形成了较系统的学科教学思想、教学模式和教学方法，有较好的总结、提升和验证；具有比较强的课程建设和开发能力，根据学校统筹安排，积极开发与开设校本课程；积极参与、组织教研教改；具有比较扎实系统的教学理论素养；教研教改成果丰富。

《安徽省中小学教师水平评价基本标准条件》中有关正高级教师科研能力的基本要求是"引领校本培训、在校本教研和指导中青年教师方面做出突出贡献，是同行公认的教育教学专家"，具体要求应具备下列条件之一：1. 在省级以上公开发行的学术刊物发表本专业论文4篇以上（其中城镇教师至少有1篇在核心学术刊物上发表）。2. 公开出版的学术专著（合著由本人撰写的占一半以上）2部（乡村教师1部）。3. 参加经省级以上中小学教材审定委员会审定通过，并列入中小学用书目录的国家课程教材、省级地方教材编写2次（乡村教师1次）及以上。

《湖北省中小学教师专业技术职务任职资格申报评审条件》中有关正高级教师科研能力的基本要求是"具有科研能力，要能进行专业理论的研究和学术交流活动，在不断分析总结的基础上，取得具有较高水平和价值的成果"，具体评审条件中要求学术（科研）成果应具备以下5条中的3条，在乡镇以下连续任教20年以上的农村教师应具备以下5条中的2条：1. 承担市级以上教研部门组织的示范或观摩教学课2次，并获得较好的效果；或在市级及以上教育行政部门组织的教学大赛中获一等奖1次；或获省级及以上优秀教学成果奖1次。2. 在国家级学术刊物上发表教育教学论文2篇以上；或在省级学术刊物上发表教育教学论文3篇以上（均为独撰或第一作者，不含论文集和增刊以及相关学科各级各类学术会议的交流材料，所发表文章必须为本人所从事的学科或专业）。3.公开出版学术专著1部或与他人合著1部（内容应占合著大部分）。4.受聘参加市级及以上教育部门审定的地方教材、选修教材、活动课教材、教学参考书、教师培训教材、辅导员培训教材的编写工作，编写的教材在市级及以上范围内正式出版或推广使用。5.积极参加教研、科研部门以及少先队工作学会组织的教研、科研活动。获得省级三等奖及以上2次；或市级二等奖及以上2次；或县级一等奖及以上2次。

《江西省中小学教师专业技术资格条件》中有关正高级教师科研能力的基本要求是"具有主持、指导和引领本学科领域或一定区域内教育教学研究的能力和水平。在教育思想、课程改革、教学方法等方面取得创造性成果，并广泛运用于教学实践中"。具体评审条件中要求具备下列条件中的2项（乡村教师具备1项，教研人员需具备3项）：1.出版过或在全国中文核心期刊上发表过独创性的教育教学研究著作或论文2部/篇（教研人员4部/篇）。2.参加经省级以上中小学教材审定委员会审定通过，并列入中小学用书目录的国家课程教材、国家课程地方教材编写1次（教研人员需2次）。3.主持完成1项或参加完成（排名前三）2项省级以上教育教学科研课题，取得创新性的研究成果，并善于把成果转化为教育教学实践（教研人员需主持完成2项省级以上教育教学科研课题）。4.主编的地方、校本课程获省级一等奖或国家级二等奖以上。5.主持校级以上课题改革试验，并在县级以上进行专题讲座或经验介绍。6.科技创新成果获得省级以上有关部门表彰或取得2项发明专利授权。

在有关论文、著作、课题方面，部分省市要求如下表：

表6-9　部分省市副高和正高级教师评审中论文和著作要求

省（市）	副高	正高	材料要求
湖南	作为第一作者发表2篇省级以上的论文	作为第一作者发表3篇省级以上的论文	网上检索，省级或省级以上，报送材料时间6~7月
福建	作为第一作者在国家级以上杂志发表论文1篇，省级以上发表论文2篇	作为第一作者在国家级期刊上发表论文2篇，在省级期刊上发表论文3篇。中级：在省级以上期刊上发表论文2篇	论文必须在晋升前一年年底发出，对于版面无要求。评职时间：8月

续表 6-9

省(市)	副高	正高	材料要求
江西	必须在国家新闻出版广电总局可以查到的正规期刊上发表 2 篇作为第一作者的论文,论文必须在晋升前一年年底发出来,并且在网上全文检索(维普、万方)		报材料时间:8 月底,版面要求 1500 字以上
河南	3 篇国家级,1 篇省级论文 版面要求:副高 1500 字以上	3 篇国家级期刊、1 篇中文核心期刊、1 篇科技类核心期刊。版面要求:正高 2000 字以上	论文必须能在"中国知网""万方数据库"检索得到。报材料时间:9 月底
山西	1.著作 1 本或参与编写,其中本人执笔 4 万字以上 2.在省级及以上科技类期刊发表论文 2 篇,限制作者 2 名,其中至少 1 篇作为第一作者,字数要求 1500 字以上,(以上条件具备一条即可)	作为第一作者,在中国科技论文统计源期刊上发表具有学术意义的论著性论文至少 2 篇,作为第二作者或者前两名,发表论文被 SCI 收录	报材料时间:截止 10 月、11 月,文章需要在中国知网、维普、万方数据库检索等处查询得到
四川	作为第一作者在国际级以上刊物发表 3 篇论文	作为第一作者发表论文 4 篇、论著 1 篇、国家级期刊论文 1 篇	版面要求:3000 字以上,文章在期刊网站检索得到即可,没有特定。报材料时间:8 月
新疆	在国家级正规刊物上发表论文 2 篇以上	在国家级正规期刊发表论文 3 篇。中级:省级期刊发表论文 1 篇	版面无要求,网上检索无要求。报送材料时间:10 月
内蒙古	副高、正高:在新闻出版总署可以查询的正规刊物上发表,国家级论文 2 篇,省级论文 2 篇		要求:在知网、万方全文检索。版面要求,2000 字以上。报材料时间:每年 3～4 月
甘肃	在国家正规刊物上作为第一作者发表至少 2 篇论文	在公开出版的刊物上撰写 3 万字以上论文。在国家级正规刊物上发表至少 3 篇论文,署名为第一作者	要求:知网、万方全文检索。报送材料时间:每年的 7 月底 8 月初

续表 6 - 9

省(市)	副高	正高	材料要求
山西	在省级刊物发表论文2篇	正高:省级社科刊物上发表论文3篇,国家级正规刊物上发表1篇。字数要求2500字以上	在中国知网、万方数据库全文检索。报送材料时间:6月底至7月14日报材料,提供的材料与检索项,要至少半年之前提供完毕
云南	在国家级刊物发表论文2篇	在国家级刊物发表论文3篇	要求:所发杂志必须在中国新闻出版总署查到,刊物具备CN/ISSN刊号,文章需要在4大期刊网站上其中一个网站检索到。刊物与资料的准备要提前半年完成。文章字数要求在2000字以上。报送材料时间:每年8月底
吉林	作为第一作者在省级以上期刊发表至少2篇论文,其中国家级1篇	发表3篇以上的论文,其中作为第一作者的2篇。省级期刊论文1篇,国家级期刊论文2篇	必须能在中国知网、万方、维普期刊网上检索查询到。在国家级刊物上必须带有中国、中华,大头的刊物名称。报送材料时间:5月17日至6月18日
天津	在国家级期刊发表论文1篇	在国家级期刊发表论文2篇	必须可在国家期刊网上全文检索,报送资料时间:8月以前
海南	发表论文3篇,其中2篇为省级期刊,1篇为国家级期刊。	发表论文4篇。其中国家级期刊的2篇,核心期刊1篇,省级期刊1篇	报送材料时间:9月底之前,需提供前半年的论文资料
广西	在省级以上期刊发表论文2篇(要求1篇为技术性论文)	发表论文3篇,其中国家级期刊论文2篇,省级期刊论文1篇	可在国家的期刊网站上全文检索,报资料时间:8月份之前
湖北	在国家级期刊发表2篇以上论文	发表3篇以上国家级期刊论文,对版面无要求	须可在国家期刊网站上全文检索,报送资料时间:每年10月之前

续表 6 - 9

省（市）	副高	正高	材料要求
辽宁	在国家级期刊发表论文 3 篇	在核心期刊发表 1 篇论文，在国家级期刊发表 2 篇论文	文章需要能在万方数据库、龙源期刊网、知网全文检索，国家新闻出版总署可以查询到的国家级、省级期刊均可，国家级比省级多加 2 分。报送资料时间：每年报送材料时间在 7 月份之前，要求提前一年的论文材料。论文正文字数要求在 3500 字以上，出专刊则可不用发表学术论文
山东	发表国家级期刊论文 1 篇，省级 1 篇	在国家级以上期刊发表论文 3 篇，并均为第一作者，每篇 3500 字以上	可在万方数据库或者知网全文检索。报考时间：11 月之前
黑龙江	发表国家级期刊论文 1 篇	发表国家级期刊论文 2 篇	可在万方数据库或者知网全文检索

可以看出，各省（市）都很重视科研成果的转化，对论文和著作都做了相关的要求。有的省（市）要求有国家级刊物的学术论文，有的省（市）还有明确的字数要求。论文普遍要求须在万方数据库或者知网可全文检索。

二、教师职称评审中教研能力评价建议

基于职称评审过程中提出的现实问题，中小学教师正高级职称评审的教师教研能力评价标准需要做一些完善，既要起到引导广大优秀教师积极开展教研，提高教育教学水平的作用，也不能要求过高，导致教师们为发表论文而花钱费力。

表6-10 教师职称评审教研能力评价建议表

指标	考评点	考评方式
调查研究能力	正确理解党和国家法规政策，能够将政策理论与教育实践有机结合	1.查阅政治学习笔记 2.查阅教学反思、班主任工作记录、教育心得等 3.查阅年度考核表
调查研究能力	具有问题意识，关注教育前沿和热点问题，善于发现教育研究新的着力点	
调查研究能力	教育科研调查能力，熟悉常见调查方法和调查工具	1.审阅调查报告代表作 2.查阅调研报告、访谈报告、一线经验成果汇报材料、教育通讯、决策咨询报告、政策采纳文件、其他调查研究成果等
调查研究能力	调查组织统筹和数据分析综合的能力，形成调研学术成果	
课程开发能力	具有运用现代教育技术改进学科教学的能力，进行了学科数字化教学资源的深度整合和开发工作	1.查阅教案 2.查看录像课 3.查看微课等数字化教学资源 4.听课、座谈、访谈 5.查阅备课记录等相关资料
课程开发能力	参与校本作业等其他校本资料的编撰	1.查阅教案、教学计划、分层作业方案、总结、教学反思、学生检测单和导学案等 2.查阅学生作业 3.座谈、访谈
课程开发能力	课程建设和开发能力	1.查阅校本课程开发方案、教学计划、教案、教材、总结、教学反思等 2.校本教材获奖证书或者推广辐射证明 3.查看相关文件或者学校证明 4.查看参与编写的其他校本资料 5.查看学生作品集 6.查看师生荣誉证书 7.查看新闻报道 8.查看论文著作、课题材料等

续表 6 – 10

指标	考评点	考评方式
课堂改革试验能力	形成一整套行之有效、操作易行、富有特色、理念创新的教学模式或风格	1. 现场听课 2. 查看典型课视频 3. 查看教案与创新设计 4. 座谈、访谈
	认真研究教学过程，尝试翻转课堂、云课堂、微课程、探究学习等教学方式和学习方式	
	加强学科素养培育，加强班级和学生文化建设	1. 现场听课 2. 查阅备课计划与相关记录 3. 查看教案与创新设计 4. 座谈、访谈 5. 查看典型说课设计 6. 查看教学反思代表作 7. 查看德育工作论文、反思报告、总结材料或者综述材料 8. 查看上级部门推广批文、领导批示、证明材料或者新闻报道
	参与集体备课，具有个性化备课设计意识与能力，注重教材的二度开发和备课资源的整合优化	
教研组织与引领辐射能力	制订务实的教研计划与教师个人发展规划	1. 查阅教研组学期计划、备课组教学周计划 2. 查阅教师发展三年规划 3. 查阅规划计划、工作总结、个人述职报告、会议记录、年度活动手册等材料
	搭建业务学习平台，设计校本研修项目，组织专题研讨	1. 指导青年教师的师徒结对协议 2. 研训计划方案及其成果集 3. 指导青年教师赛课或者专业测试的方案、计划、总结 4. 论坛讲座经验推广证明材料

续表 6 – 10

指标	考评点	考评方式
教研组织与引领辐射能力	积极参与"三名工程"(名校长工程、名教师工程、名班主任工程),主持名师工作室、工作站或专题项目组等教育教学科研共同体,开发专门网站、网页或者名师工作坊,参与名师云课堂等活动	1.查看工作室、工作站、工作坊或项目组计划、总结和其他汇报材料 2.查阅报告、讲座稿等其他学术推广材料、有创刊的查阅申报材料和审批批文 3.查阅教育行政或教研部门的专家指导证明、领导批示、文件通知、邀请函和其他证明 4.查看网络空间建设综述材料、网络联校情况以及战略合作协议 5.查阅新闻报道
课题申报与学术升华能力	熟悉各类课题申报要求,能撰写课题申报书与开题报告,积极申报课题	1.立项批复通知 2.课题申报书 3.开题报告
	具有课题组织推进和结题推广能力	1.查阅中期检查报告 2.结题报告及结题鉴定证明 3.访谈、座谈 4.课题获奖评优证明 5.查阅领导批示、文件批复、专题报道和其他课题推广与应用证明
	能将课题研究成果提炼升华,形成著作、研究报告、论文、获奖、专利、重大成果采用和学术引领材料	1.查看科研著作 2.查看发表或者获奖论文 3.查看研究报告代表作 4.查看发明专利等证书 5.查看领导批示、相关成果应用证明和推广材料

　　正高级教师职称评审中,教研能力的评价建议从五个方面展开:调查研究能力、课程开发能力、课堂改革试验能力、教研组织与引领辐射能力、课题申报与学术升华能力。对课题成果与学术论著的认定与评价要尽量规范明确。

正高级职称评审要求教师主持的课题或者科研项目包括区县级、市级、省部级和国家级，其中社科课题的评估从市级开始认定，教育类课题主要是指各级教育规划课题和教育智库课题，教育学会与协会课题从省级开始认定。教育主管单位相关部门和教育科研院所的独立课题，也应予以认定。所有课题的研究成员认定以课题管理部门核发的课题结题证书上的名单为准。

正高级职称评审中要求发表的学术论文，应该在知网或者中国基础教育资源总库可查，课题论文须注明课题项目来源。论文指作者的学术论文，不包括学校宣传报道、人物特写和宣传通讯文章等。所有文章都要提交论文刊载原件和复印件。复印件包含封面、目录、文章所在页。所在单位科研部门要认真审核，核对论文原件、复印件与刊源网上的信息是否一致，并在复印件上写好论文刊源和审核意见，加盖公章。

学术期刊、报纸、期刊社等具体甄别，可以参照湖南省教育科学规划领导小组办公室 2020 年印发的《学术期刊、报纸及著作出版社鉴别说明》。

参考文献

[1] 冯卫东.今天怎样做教科研：写给中小学教师(第三版)[M].北京：中国人民大学出版社，2019.

[2] 王翔宇.插上翅膀　贴地飞行：中小学教育科研与教师成长[M].济南：山东教育出版社，2016.

[3] 庞科军.小学教师科研指南[M].杭州：浙江大学出版社，2016.

[4] 柳翔浩.中小学教育科研流程及学术规范指要[M].长春：东北师范大学出版社，2013.

[5] 任玉军.中小学教师教育科研能力影响因素与提升策略研究[J].江苏教育，2020(14).

[6] 王红雁.反馈式培训提升中小学教师科研能力[J].基础教育论坛，2020(06).

[7] 李莉.自媒体环境下初任教师教研能力提升策略探究[J].当代教育理论与实践，2020(01).

[8] 康玥媛，李健.优秀教师核心素养和能力发展的影响因素研究——基于我国 31 个省市自治区 1960 份问卷的实证调查[J].当代教师教育，2019(04).

[9] 段圆园.教育调查问卷设计的基本原则及信效度检验方法[J].教育现代化，2019(28).

[10] 孙继宏.浅谈信息技术环境下的教育调查和统计方法[J].文教资料，2018(15).

[11] 曾志伟.从小课题研究入手，提升教师教研能力[J].人民教育，2018(Z2).

[12] 黄宁娜.微型课题研究助力教师专业能力发展[J].基础教育研究，2018(11).

[13] 孙亚男.调查研究常用九大方法[J].新湘评论，2016(02).

[14] 张洁.培养教师反思能力的策略研究[J].北京教育(普教版),2010(06).

[15] 杨明全.论教师参与课程变革[D].华东师范大学,2003.

[16] 胡艳.中小学教师怎样幸福地做科研[N].中国教育报,2015 - 12 - 23(007).

第七章
中小学教师个性特质与影响力

教师个性特质不仅影响学生的知识学习、智能发展，而且会影响学生的非智力因素发展、品格的形成和人格塑造。苏霍姆林斯基说："一个无任何个性特色的教师，他培养的学生也不会有任何特色。"同时，一个教师在同行中的知名度和社会影响力也会对教育效果产生作用。所以，在教师胜任力提升的研究中，不能忽视教师个性特质和影响力的重要性。

第一节　教师个性特质的内涵与塑造

教师既要有健全的人格，又要有高深的学问。中国现代历史学家钱穆认为"教育事业，主要在师道。师道所贵，主要在为师之人格与学问"。教育家彼得洛夫斯基说："教师的个性强有力地影响着儿童的智慧、感情和意志的发展，影响着他们的生活。在教育中，一切都应以教育者的个性为基础。"现今，厚德身正、爱岗敬业、学高善教、铸造人才已成为好教师的形象。每个教师不仅要有学识魅力，还要有人格魅力、良好的个性品质。

一、教师个性特质的内涵

教师个性特质是教师角色与教师本人个性相结合的，并在教育活动中表现出来的稳定的心理和行为的倾向性。

在内容上，它是教师职业共性和教师自身个性的统一。教师职业的共性是指教师因职业特点所具备的行为风格和人格特征，如敬业奉献、自尊自强、情感丰富、举止端庄、讲求效益、富有创造性等。教师自身个性是指教师自身具备的完成某种活动的能力和心理活动的特征——气质。完成活动的能力又包括专业特质，如强烈的职业道德感、精深的专业知识、个性化的教学风格、较高的研究水平、出色的引领能力等；完成活动的气质主要包括态度和行为方式方面的特征，如性格、动机、兴趣、理想、信念等。

在结构上，教师个性特质可分为表层的显性个性特质和深层的隐性个性特质。前者指向学生灌输的思想、观念、价值观等，后者指教师在教育中表现出来的严谨、认真、责任心、独立性、创造性等。在媒介上，教师个性特质可分为物质个性特质和文化个性特质。前者包括教师的言行举止、穿着打扮、为人处世等，后者指教师的思维方式、心理素质、价值观念、教育思想等。

在学生眼里，教师是多种角色的复合体。一方面，他们把教师当成家长的代理人，希望教师具有仁慈、体谅、耐心、温和、亲切、易接近的个性品质；另一方面，他们又把教师当成知识的传授者，希望教师具有精通教学业务、兴趣广泛、知识渊博、语言明了的个性品质；同时，学生把教师当成团体领导者和纪律维护人，希望教师公正、民主、合作；还把教师当成模范公民，希望他们言行一致、遵守纪律、幽默开朗。学生们的这些喜好，给教师完善良好的个性品质提出了努力的方向，有助于教师知道自己应该塑造哪些良好的个性品质。

从教师的职业成长和影响力层面来看，教师的个性特质主要有三种归类法：一是教师的个性特质主要表现为自信心、自主性、责任感、正直诚实、创造性、稳定的情绪、职业热情、主动性、学生服务导向；二是更具影响力的教师的个性特质主要表现为责任心和自主性；三是名师的个性特质主要表现为诚实和谦逊、热情和责任感、专注和坚持、外向和开放。

1. 诚实和谦逊

诚实就是以老老实实的态度为人处事，表现在教师对待所从事的工作上，是有高度的责任感和献身精神、胸襟坦荡、光明磊落。《礼记·大学》有云："所谓诚其意者，毋自期也……此之谓自谦。""满招损，谦受益。"诚实谦逊是一个人最基础的特质，凡是能在事业上取得成就的人，无不具备这样的优秀品质，名师也不例外。只有在为人、为师、为事的过程中坚守诚实，不夸大、不缩小、不遮掩、不歪曲，才有可能将平凡的事做出闪光的效果来。

2. 热情和责任感

美国心理学家所罗门·阿希对人格品质的实验研究发现，热情与冷酷是人类品质的中心。它决定了其他相关品质的有无，影响着我们生活的每一个方面。热情是一种神奇的魅力，弥散、感染并吸引着他人，使他人和自己感到精神上的力量。因此，一个人能否成为名师，一个名师是否名副其实，从某种程度上看，热情与否在很大程度上决定了他对其他人的影响力的大小，因而也决定了其能否真正担当起示范者和引领者的角色。与教学效果直接相关的教师个性特质是责任感。责任感是一种自觉、主动地做好分内或分外工作的精神状态，它与一般的心理情感不同，属于社会道德心理的范畴。人有了责任感，才有驱动自己勇往直前的不竭动力，才能感受自我存在的价值和意义，也才能获得别人的信赖和尊重。美国著名心理学博士艾尔森经调查研究发现，世界100个杰出人士中有61个是在自己并非喜欢的领域取得了辉煌的成绩，而且正是高度的责任感成就了他们令人瞩目的成功。认真负责的教师往往是自我激励和成就导向型的，他们更加独立并且更富有团队精神。责任感是完成任务必备的能量，能够引导教师自我激励、自我管理，从而有能量去承担更重要的工作。聪明的、有责任心的教师即使现在处于被忽视的职位上，未来也可能拥有巨大的发展潜力。

3. 专注和坚持

古人云："欲多则心散，心散则志衰，志衰则思不达。"专注是集中精力、全神贯注，坚持是锲而不舍、持续不断，因专注而不浮躁，才能凝神聚气。专注的力量在于坚持，专注和坚持是走向成功的重要因素。但凡取得成功的人，专注和坚持都如影随形，这一特质在名师们的身上表现得更为突出，他们专注于本职工作，潜心钻研且坚持发展，才能成为同行中的佼佼者。

4. 外向和开放

外向的特质反映的是名师与其他人在一起，并从他们身上汲取能量的愿望。开放则是指一个人显出的求知欲、独立判断能力和全局感。名师总是乐于向他人学习，尤其是向同行业者学习，他们总是能迅速把握本行业的整体发展方向，拥有乐观开放的心态，接受并追求新生事物，因而他们更有可能走在本领域的前沿，成为他人的示范。

名师在表现出外向与开放的背后，实质上有其自主性，就是具有能够做出相对独立的操作和决定的特殊行为倾向。在教育这样一个复杂且具有层级关系的活动中，教师作为最接近学生的专门从业者，在这一领域中通过数年的教育、培训和练习，获得了专业技能，拥有了专门知识，因此，他们有能力做出关于学生的最好决定。教师自主性体现了教师在教学活动中行为层面的状态和过程，是教师为了促进学生发展而自由、独立的选择，并支配教学材料、教学目标、教学环境、师生关系、教学活动等过程中体现的一种内在品质和能力。这种行为倾向最终要落实到作为个体的教师身上，需要通过教师在具体的教育教学情境中的个人行为来实现。这一系列个人行为包含了教师个人相对稳定的思想和情绪方式，从而形成了教师的人格特质。作为人格特质，自主性是指教师在做出相关判断、决定和行为时，依靠内在个性原则，而不是外在的压力和影响，他们所做出的决定和行为更多地是为了自我肯定和自我发展。它使教师在教育教学活动中，不会因为过分在意他人的评价而被来自外部的赞扬或批评所左右，也不会因为受外在压力的影响而丧失自我。即教师作为专门职业从业者的个体，面对任何条件，尤其是面对受束缚环境时，能依据个体内在的原则系统，通过批判反思摆脱外在因素和内在冲动的影响，独立做出判断和决定，并在教学实践中加以贯彻执行的能力。自主性是教师在自身成长的发展过程中逐渐形成的，它的表现和发挥有助于教学，并将对学生形成独特的影响。

二、教师个性特质的功能

列宁认为，判断一个人，不是根据他自己的表达或者对自己的看法，而是根据他的行动。判断哲学家，不应当根据他们本人所挂的招牌，而应当根据他们实际上怎么样解决基本的理论问题，他们同什么人携手并进，他们用什么教导自己的学生和追随者以及这些学生和追随者学到了什么。以孔子为例，孔子的终极权威不是来自某种外在的因素，而是由其人格的内在深度所生成。

1917年，梁启超提出："盖凡为教育家者，必终身以教育为职志，教育之外，无论何事均非所计；又须头脑明晰，识见卓越，然后能负此重任。"

苏霍姆林斯基在《给教师的建议》的第一条中提出：

如果你的本性孤僻，不爱交际，沉默寡言，更多地愿意独处或与少数朋友交往，如果和人多的集体交往使你头痛，如果你感到工作时独自一人或两三个朋友一起比和一大批人一起好，那就不要选择教师工作作为自己的职业；

如果你不善于认识人，了解人，如果对面前的几十名儿童感到一模一样、单调乏味，如果要很费力气才能记住他们的面貌和名字，如果儿童的每一双小眼睛对你不意味着某种深具个性的东西，如果从花园深处某个地方传来儿童响亮的声音，而你还不知道是谁在喊叫、喊叫什么，那你最好也不要选择教师职业；

如果儿童的每一次淘气都引起你的苦恼和心悸，如果你认为这些孩子已经闹到了极点，应当采取一些特别的"消防"措施，那你也该再三斟酌是否该当一名教师；

如果你缺乏心灵与理智的和谐，热情不足、理智有余，对发生的一切都要进行非常仔细的斟酌，遵行各种各样规定时生怕不准确，你将难以使得孩子喜欢，更难使学生在你面前吐露自己的心思。因而，是否能够成为一名称职的教师，也需要你三思而行。

确实，一个教师需要具备良好的教师个性特质，并发挥好教师个性特质导向、凝聚、亲师功能。

1. 导向功能

在校学生的品质、性格、能力还没有完全定型，理想、信念、人生观还没有真正确立，这就使得教师个性特质的导向发挥了作用。教育家乌申斯基曾断言，教师个性特质对年幼心灵的影响是任何教科书、任何道德箴言、任何惩罚和奖励制度不能代替的一种教育力量。教师良好的个性特质得到社会和群体的认同，会激起学生的学习需要，由认同而模仿以至内化。教师个性特质对学生个性的目标、方向和形成有积极的宣传、解释和信息示范的作用，对有悖于良好个性的观念、行为有抑制、转化和改变的作用。

2. 凝聚功能

富有个性魅力的教师会激起学生的优势需要，它如同一种黏合剂，给每个学生带来心理和感情上的凝聚力，进而产生一种团结一致、齐心协力的群体意识。

3. 亲师功能

教师个性特质是教师取得威信的第一要素。缺乏积极个性品质的教师往往因循守旧，思想保守，禁锢学生个性，其结果必定加大师生之间的心理距离，难以取得良好的教育效果。

三、教师个性特质的影响力

由于教师个性特质具有的特殊功能，它会潜在地影响着受教育者的精神世界，影响着教育的成败。

第一，教师个性特质对学生有着强大的影响力。教师良好的个性特质对学生的影响是潜在的、自然的、含蓄的，它不但作用于学生的心理意识层面，而且还作用于潜意识层面。它不是硬性灌输，而是在学生心悦诚服的心理基础上，自觉自愿接受影响的过程。在教师的教育影响力中，个性影响力与权威影响力相比，个性影响力往往处于主导地位，它支配着影响力的大小以及发挥的程度，它比强制性的权威影响力更强、更持久，会从不同侧面、不同角度影响着学生的心理发展，这影响无时不在、无处不有。

第二，教师个性特质对其教学艺术水平与教学风格产生影响。教师个性特质不仅影响学生个性品质的形成，也决定教师的教学艺术水平和教学风格。教学是一门科学，也是一门艺术。个性特质是艺术的生命，有了它，才能充满生机、富有魅力。缺乏个性特质的教师，其上课机械呆板；相反，富有个性魅力的教师，能建立独特的、具有较强审美意识的教学风格，它能使学生不由自主地迷恋教师的课堂，最终喜欢上这门课。

第三，教师个性特质对社会产生辐射作用。教师的职业群体是我国知识分子队伍中人数最多、分布最广的一支队伍。教师具有一定的知识与技能，与社会各阶层成员有着广泛的联系。随着我国教育战略地位的确定及教育改革的不断深入，教师常常走出校门，参加各种社会实践活动；同时，教师还通过自己的学生，紧密地联系着社会上的每一个角落、每一个家庭。这一切都表明，教师良好的个性特质，能够对整个社会的精神文明建设产生巨大的影响和辐射作用。

四、教师个性特质的塑造

教师个性特质需要一个较长的时期才能形成，是人的社会性与教育性的集中体现。它一方面沿着历史惯性朝着一定的目标流动，另一方面不断地吐故纳新，吸纳每一个新的进程中汇来的涓涓细流。它是相对稳定的，但不是一成不变的。教师个性特质的塑造，最根本、最关键的是教师主体的自我意识。

（一）自我教育，培养健全良好个性特质

当教师的职业定位确定以后，为了履行社会责任，就必须迅速进行角色定

位和形象定位。教师的自我教育是以自我学习、不断实践、反思成长的方式展开的。在深入学习专业知识的同时，必须大量积累哲学、伦理学、科技以及教育专业理论等多种知识，并通过实践加以内化，最终构建起符合社会和教育实际要求的个性特质。内省是自我教育的重要方式。教师需要不断内省、反思，从思想品德、学识发展到教学策略，从内在心理到外在行为进行认识、评价和控制，对自己有"冲破的勇气和决心"，这样才能以良好的形象占据学生心中的"师表"位置。

(二)风格塑造，展示个性教学特质

作为教师，必须努力使自己的教学具有自我个性特质的风格。教学艺术和教学风格是体现教师个性特质的重要方面。现实中，有些教师"匠气"十足，备课忽视教学艺术的研究，机械化、程式化地模仿"一招一式"，其结果是使自己的个性特质迷失。教师要将自己的个性渗透于研讨教材的过程中，使自己的个性特质涌动于课堂教学过程中，以深厚的思想、文化底蕴，颇具审美价值的教学设计，富有品位的语言、神情、举止，形成自己独特的教学风格。教师的言谈举止、仪表服饰也是教师内在个性的显现。尤其是仪表、服饰，它是一个人文化修养、气质秉性、审美能力的外在表现形式。一个着装得体、格调高雅、富有朝气的教师形象会使学生潜在地产生一种愉悦和崇敬的心理，并从中得到美的熏陶和感染。

(三)发扬民主，发挥个性特质的影响力

走"民主化"道路，师生之间应该建立合作、开放、真诚、平等的密切关系。受传统教育观念的影响，现实中不少教师把自己凌驾于学生之上，这种"居高临下、唯我独尊"的专制态度，使师生难以沟通，让学生对教师更加敬而远之。教育民主是教师良好个性特质的折射，它要求教师具有真诚的人文情怀和博大的民主胸襟，在教学中树立人格平等的观念，与学生朋友般地交流——让心灵贴近心灵，设计符合学生学习心理和认知规律的教学环节，发挥学生在教育教学中的主体地位，同时考虑每一位学生的个性特点，做到因材施教、有的放矢。教育家阿莫纳什维利认为教育民主化的实质在于使全体学生快乐地学习，越学越有信心，越学越趋于高尚的精神境界，从而使每个孩子得到尽可能全面的发

展。教育民主，不仅能营造轻松自在、亲切和谐的课堂气氛，使学生个性充分、自由地发挥，而且有利于把教师的要求转化为学生的自觉行为，使学生积极主动地挖掘自身的潜能，同时有助于教师自然而有效地发挥个性特质对学生的影响。

(四)学习榜样，开展教师个性特质实践活动

在中外教育史上，许多优秀的教育家以自己模范的品行为当代教师树立起了良好的个性特质榜样，他们是我们进行教师个性塑造的宝贵资源。例如，在现代教育史上，人民教育家陶行知先生为我们树立了教师良好个性的榜样。他在南京晓庄学院任教时，为了让学生毕业后能尽心为农民服务，身为"洋博士"的陶行知经常穿上草鞋，和师生一起开荒种地，以身示范。在深入进行教育改革、推行素质教育的今天，在我们的身边也涌现出了许多优秀的教师，他们同样是我们学习的榜样。

在树立教师个性特质榜样的同时，学校管理者还应不断开展教师个性实践活动，努力完善教师的个性特质。由于教师良好个性特质的形成，是现实生活中社会和教育实践不断给予教师各种刺激，使教师不断受到社会的制约，从而做出各种反应的结果。因此，在学校生活中，就要创设形成教师个性特质的情境，完善教师个性特质的实践条件，注意全体教学人员的个性特质表现，在教育实践中形成教师的个性特质。

新时代教师个性特质的塑造应该有时代的特色，要以《新时代中小学教师职业行为十项准则》为准绳，以《中国教育现代化2035》的要求为目标，敢于依据理性和现实拿出自己的意见，克服大多数人所具有的"随大溜"的"从众心理"，不为过时的陈腐观念所束缚，善于调整自我，乐于改变自我，以便更快适应社会发展变化的要求。

第二节　教师影响力与影响力提升

从心理学的角度讲，影响力是指一个人在和他人的交往与活动中，影响与改变他人心理与行为的力量。"影响"意味着对别人的思想或行动起作用，对人

或事物产生作用，是影响者通过一定的力量和媒介对被影响者的心理行为施加作用，使其出现影响者所期望的状态或所期望的改变。不同的人和群体有不同的影响力，教师的个性特质将对学生、对其本人的教学风格，甚至对社会都将产生影响。一个优秀的教师应该具有正能量影响力，所以教师要在实践中不断提高自己的影响力。

一、教师影响力的内涵

教师影响力是教育、教学领域中特殊的影响力，是教师在思想或行动上对人或事物起作用的力度。教师的影响力是一个由近及远、逐渐扩散的过程。近的来说，教师影响身边的人，首先作用于学生，获得他们的了解、理解、认同，进而产生影响；远的来说，教师的影响作用于社会，教师个人的能力、特质等通过各种渠道辐射于更广泛范围的人群。因此，从教师影响力的范围来划分，可以将教师的影响力分为对学生的影响力和社会影响力。

（一）教师对学生的影响力

教师对学生的影响力是指教师在长期的教学过程和在与学生接触的过程中，运用教师职位与个人人格魅力对学生的心理和行为产生影响的能力。

教师影响力因素包括客观因素和主观因素。客观因素主要指教学过程中的一些不可改变的环境因素，如教师的职位、观念、规章制度等。主观因素主要包括教师的知识水平、个人品格、教师的能力、教师的性格等方面的因素，这些因素因不同教师的差异，对学生的影响也各不相同。教师在长期的教学过程中，需要不断提升自身的修养、知识和能力等各方面的素质，与学生保持良好的师生关系，才能在学生中提高自己的威信，使学生因为对教师的钦佩和喜欢而愿意师于教师，从而提高教师讲授课程的教学质量。

（二）教师的社会影响力

教师的社会影响力是全方位的，有大小之分、直接间接之分、有形无形之分。一个优秀的教师，不仅仅因为所教学生的成就在社会上产生广泛的影响，还常常因为其著作、论文、讲座等教育思想的传播而声名远扬，在同行中产生示范作用。

教师社会影响力的全方位表现在教师的思想、人格和业绩都可能对社会、对家长、对学生、对他人产生影响。比如，孔子的"学而时习之，不亦说乎"，陶行知的"教学合一"思想等，都对数千年、数年后的今天有着深远的影响。再比如，西方许多教育思潮可以追溯到亚里士多德时代，形成了注重事实、尊重经验的学风。世界著名教育思想家中提到的"非学校化社会"理论的创始人和"非学校化运动"的倡导者、奥地利教育家伊凡·伊里奇，设计了未来的教育网络：为教育对象提供参考服务、技艺交流、同事切磋等，是现代学习型组织建设的雏形。

教师的社会影响力也分为有形影响和无形影响。有形影响包括教学活动、教学管理等，无形影响则是指给社会、给他人带来的潜移默化的变化。

教师对社会影响的大小，可以是影响一个人、一批人、一代人，甚至影响到数代、世世代代的人。这种影响可以是长久的，也可以是短暂的。教师的教学工作，最直接影响的是学生，一旦他的学生学有所成，则有可能将当年所受教师之影响扩大至他的事业范围，他领导的部门、地区，甚至国家。比如徐特立对青年毛泽东的影响，张伯苓对青年周恩来的影响，藤野先生对青年鲁迅的影响，都在若干年后转化成了更大的社会影响。

(三) 名师的影响力

"名师"是在教育领域公认的名望高的教师。名师的示范和引领作用往往能取得意想不到的效果，并以其特有的影响力发挥着榜样和示范作用，成为教师们学习的榜样。从教师视角看，成为名师既是个人职业发展的目标之一，也是职业价值的重要体现；从学校视角看，名师是学科学术带头人或者核心引领型教师，是学校品牌效应与内涵式发展的核心力量；从教育大视野看，名师以其特有的影响力深深地影响着教育教学的改革和发展，是教育发展不可或缺的生力军。

"名师"的影响力相比一般教师具有明显的特殊性。名师往往通过其高尚的人格、执着的精神、精深的学术造诣、高超的教育技艺影响学生及周边人群。名师的这种影响可称为名师效应，包括标杆效应、蝴蝶效应、品牌效应以及群聚效应等。

标杆效应是指名师在当地区域中占据重要的教育社会地位，名师通过自身的一系列活动，树立了一个"标杆"形象，并且带动了其他教师及周围区域教育发展的一种现象。名师标杆效应的表现形式，主要是以上带下，"教者，效也，上为之，下效之"。

蝴蝶效应是指名师作为教育工作者中的佼佼者，其自身作为更能够带动周围环境的变化，并能产生一系列的持续效应，这种效应具有"整体性""复杂性"以及"不可预测性"。名师蝴蝶效应的表现形式主要是以点带面，具有非线性的运动和突变特征。混沌理论认为，在混沌系统当中，当初始条件十分微小的变化经过不断放大，会对其未来状态造成极其巨大的影响。这一理论同样适用于教育活动，以名师为原点，发挥其优势，积极实践其教育理念，在协同带动下使小范围波及大区域，最终能够实现教育的整体变革。

品牌效应是指名师作为品牌，对教育活动的辐射、引导和差异化发展具有重要作用。名师要发挥品牌效应，必须不断进行自我定位，建构体现自我特色的教学模式，在较强的"独特"和"创新"中形成自己的发展品牌。名师品牌效应的表现形式主要是横向推优、纵向提升，即在同一水平范围内的教师，根据自身的教学水平和科研素质，打造精品课程，成为品牌名师，继而对学生产生更独特的、深层次的影响。

群聚效应是指在一定程度上具有内在的互补性、相似性的名师聚集在一起，在群体内相互作用、相互影响，"其最大的特点是具备一定的自发性、依赖互惠性和自由的互动性"。名师群聚效应的表现形式主要是以点连线、以线带面。不同地区、不同学科的教学名师集群，以互助合作的模式形成联结纽带，发展成为相对独立的组织，实现全面协调发展。

二、教师影响力的来源

教育效果与质量很大程度上取决于教师的影响力。教师个体的影响力来源于传统、权威、职位、习惯、资历、社会的赋予，来源于知识、品格、能力、情感等。名师的影响力更多是来自知识、品格、能力、情感以及以下几方面。

一是崇高的教育追求。它是基于对教育事业的社会历史价值的深刻体会与认同，基于对教育事业的钟情挚爱，基于在教育事业中个人成长及价值创造，并从这些方面生成、建构的一种生存情怀与灵魂振奋。名师有着向"上"的力量、向"善"的力量、向"真"的力量、向"美"的力量。

二是精深的专业知识，包括广博深厚的文化知识、全面准确的教育知识、系统精深的专业知识。新时期名师尤其要具有组织化、系统化的专业知识体系，对专业知识的学科架构、来龙去脉、前因后果、发展趋势能做到了然于心、稔熟于口。广博而精深的知识体系是名师的坚强支撑。

三是扎实的教学功底，包括教师必备的技能性因素(可称"硬功"，比如教学语言、操作技能等)和非技能性教学因素(可称"软功"，比如教育机智、课堂的调控能力等)。"软""硬"之功是名师成长的核心依托和重要基石。新时期名师的闪光点更多地表现在"软功"，它是展现名师超群的教学艺术、创造性的教学能力、独树一帜的教学风格的汇聚点。

四是精湛的研究水平。教学与研究是成就名师的"双翼"。"教"而不"研"则浅，"研"而不"教"则浮。教学是研究不竭的源头活水，研究是教学富有生命与活力的有力保障。具有较高的学术素养和研究能力才能把教育教学中遇到的问题及时、科学地转换为科研任务，通过教育科学研究，实现对教育问题及其规律的开拓性认识和探索，从而不断提高教育教学质量。

五是较强的引领能力。名师善于挖掘教育教学潜力，磨砺自身综合素养，通过带教、带学、带研等方式来传播先进的教学理念，传授精良的教学经验，指导其他教师不断地提高教育教学工作与科研水平，使自己真正成为教师群体发展的"辐射源"和引领者。

六是强烈的合作意识。名师在博采众长之中成长，不断地汲取同行、专家的教育教学智慧。同时，名师所关注的已经不仅仅局限于本学科的教育功能，更重视多学科教育功能的整合，与其他学科同行协作，共同关注学生的综合素养与全面发展。

三、教师影响力的发挥与提升

教师影响力的发挥很大程度取决于教师影响力的影响因素，取决于教师本身的内在因素，源于教师认识的真理性和指导的价值性，其构成主要有以下四个方面：教师的学识水平与能力、教师的气质与教学风格、教师的品德修养、教师的情感智力。教师的学识水平与能力以及教师的教学风格属于教师影响力教学方面的，而教师的气质和品德修养、情感智力则属于非教学方面的。其中，人格魅力有重要作用。教师的人格魅力对学生有示范的作用，通过榜样示范的方式去直接影响学生。乌申斯基认为在教育中，一切都应基于教师的人格，因为教育的力量只能从人格活动的源泉中产生出来，任何规章制度、任何教学大纲、任何人为的学校机构，无论它考虑得多么周密，都不能代替人格在教育工作中的作用。可以说，教师的人格是教育事业的一切，教师的人格直接影响学生人格的发展与形成。

一个教师要成为真正的名师，就要不断扩大自己的影响力，不断塑造自己优秀的个性特质与人格，形成自己的教学风格和教育思想。

(一)树立正确的自我意识

自我意识是塑造名师特质的心理学基础，无论是名师的个性特质还是专业特质，两者的后天培养都离不开一个最重要的心理学基础——自我意识。为了培养正向的自我意识，要积极地自我探索，重视他人的评价，建立稳定的自我认同感。

(二)制订清晰的自我规划

清晰的自我规划是对自我角色的有效定位，是个人成长的目标，也是个人奋斗的动力和方向。名师的自我规划主要表现为专业发展规划，即对专业发展的各方面、各阶段及其步骤的设想与规划，是教师对自己专业成长进行研究、定位和推进的过程，是一种理性的向往和成功的期许。由于名师成长的专业规划往往凸显于一道道"关隘"的攻坚，特别是在创新学习、主题归纳、思想提炼、风格塑造等方面，因此还需要拟定并执行更为详尽的计划。

(三)坚持扎实的实践积累

个性特质和专业特质既不是纸上的规划蓝图，也不可能凭借运气一蹴而就，它是扎实的实践积累之后的升华。教育实践是名师生存与发展的沃土。名师教育观念的树立、教育精神的养成、教学方法的创立、教学风格的形成、教学个性的张扬、教学业绩的彰显等，都是在教育实践中，尤其是在与学生的交流中、在与教师团队的协作中完成的。

教育实践离不开扎实刻苦的专业学习，要"练功"、读书和"阅人"。

"练功"包括"四练"，即练心、练脑、练口、练笔。"练心"，就是不断锤炼对教育教学的情感体验，保持责任心与幸福感，克服随时会产生的倦怠之心；"练脑"，就是锤炼教育教学的创新型智慧，提升教育教学机智，使课堂交流更迅捷、更有针对性；"练口"，就是锤炼自己的教育教学语言，使语言风格多样化、丰富化；"练笔"，就是锤炼自己教育教学策划设计、反思总结、提炼归纳的动笔能力，让"动口"水平与"动笔"水平和谐发展。

读书就是要阅读经典书籍，与教育大家对话，是名师教育思想形成与发展的基础。

"阅人"包括学习同行经验和学习专家思维。学习同行经验，指通过拜师、听课、研讨等形式，在思想的交流与碰撞中学习他人的经验，汲取他人的经验，做到博采众长，扬长避短。学习新时期名师特质及其成长途径，是指学习和领悟专家的教育思想、研究方法、治学态度等。

（四）不断在行动中反思

反思是自我纠正、自我完善的过程，也是教师获得成长的最佳助推器。边实践边反思，通过实践、反思、纠偏、再实践、再反思，如此循环，个人的发展必会在螺旋式上升的过程中获得源源不断的动力基础。自我总结与反思是一种理论与实践之间的对话，是研究的自我与教学的自我在进行对话，是理想的自我与现实的自我的心灵沟通。总结反思的内容和视角一般包括总结经验、反思教训并前瞻设想，特别是提升经验和修正教训的前瞻设想，教师要善于吸取同行观点，目的步骤明确，内容措施具体。

（五）适当的自我展示交流

自我展示交流是教师自我提升的有效手段，它既能使展示者获得自我认识和自我体验，又可以收获来自别人的评价，同时可以扩大教师的自我认同感，从而更快地获得成长。名师要有名，必须要在教育界有影响、有知名度，而交流展示是提高知名度的途径之一。交流展示的主要方式有开设博客、上公开课、参加学术交流等。

第三节　教师个性特质与影响力评价

　　中小学教师个性特质与影响力是衡量教师绩效的重要方面，在具体评价中，要明确什么样的个性特质更适合做中小学教师，什么样的个性特质更能够成为优秀的中小学教师，并发挥中小学教师的影响力。

　　过去数年来，各省在考察教师的胜任资格时，在基本条件和资格标准部分，对教师个性特质都多有涉及。但从中小学教师水平评价标准资料来看，多数省份并没有对个性特质提出明确的分类标准要求，只在基本条件或者思想品德条件里有涉及。有关影响力方面的评价，北京等地提出了"影响力"这一指标，广东、湖南等省市提出了"示范引领"这一指标，比如："本学科领域较高的知名度；在团队成长中发挥关键作用，指导青年教师方面贡献突出。"大部分省市没有提出与影响力有关的指标。而且，所有相关评价标准和评价指标都停留在定性评价方面，无法从具体行为方面对教师的胜任资格做出定量评价，因而评价的主观特性明显。

　　如前文所述，教师的个性特质主要表现为"自信心、自主性、责任感、正直诚实、创造性、稳定的情绪、职业热情、主动性、学生服务导向"，名师的个性特质主要表现为诚实和谦逊、热情和责任感、专注和坚持、外向和开放等。教师的影响力从范围来划分，分为对学生的影响力和社会影响力。基于这些分析，结合教师教育教学实践、教师专业发展等情况，对教师个性特质及影响力评价提出如下指标体系建议。

表7-1 中小学教师个性特质及影响力评价建议

一级指标	二级指标	考评点	考评方式
个性特质	学生导向	能够关注学校对教学工作的要求,关注学生的成长和发展,关注并引导学生及家长不断变化的需求,并以此来指导日常教学工作,竭尽全力为学生的成长和发展提供服务和创造价值 1.持续关注学生的学习及情绪状态,对有异常的学生,能够及时了解原因,采取措施,给予帮助 2.随时关注和了解教育教学领域相关政策、动态、要求等方面的信息 3.愿意并能够识别学校及学生、家长不断变化的需求,并加以合理引导和支持 4.建立起畅通的倾听学生及家长意见的渠道 5.基于学生的成长和发展导向,不断满足和超越学校、学生的期望 6.根据学生特点,合理安排教学方案,引导学生认识自我、寻找优势和不足,积极主动学习,激发学生上进心	查看教案、作业、工作日记、计划总结、教学反思等教学文档;与领导、同事、学生、家长座谈;做好家访记录
	关注细节	为了保证在实现教学目标的过程中不出现任何细小的错误或失误,而对自己和学生的行为进行监督和检查 1.为确保准确性而对各种教学材料进行双重检查 2.在向学生传递相关知识、提供资料或信息前,先对它们进行核实 3.能够自己或请他人仔细核对书面工作并进行检查,保证不出现任何错误 4.对教学的各个环节的细节进行详细考虑 5.能够发现自己或学生的误差、差错和疏忽等	
	自控能力	在受到诱惑、阻力、敌意、压力等各种强烈的冲击时,能够保持冷静,控制负面情绪和消极行为,继续完成各项教学科研任务的能力 1.在受到阻力、敌意、压力等冲击时,尤其是处理与学生相关的问题时,不会出现冲动的行为 2.当面临能产生不恰当行为或后果的诱惑时,能够坚决地抵制 3.在压力下,能够保持冷静,控制住不良情绪,并按照计划继续推进相关教学科研工作 4.能以建设性的方法寻找适当的渠道来缓解受到的冲击 5.能够不厌其烦地处理长时间重复性的教学或行政事务等烦琐工作 6.始终坚守教师的职业道德,以此来应对他人的各种质疑和纠缠,尽最大努力来解决问题	

续表 7-1

一级指标	二级指标	考评点	考评方式
影响力	社会影响力	通过科研成果、文献资料、具体范例、数据事实等，或通过个人人格魅力、教育教学能力影响或感动学生以及他人，以赢得学生和他人的支持，使其接受自己的观点或使其产生预想的行为 1.能够以身作则，以良好的人生态度、专业精神和人格魅力，影响和感染学生 2.科研成果、文献资料、具体的事实和范例有一定影响力 3.有自己的教学风格，并得到学生的喜爱 4.根据学生的兴趣点和关注点，灵活选择教学方式以及说服、影响学生及他人的方式 5.在本领域教学、科研上有一定的权威和话语权 6.通过示范课、公开课、讲座影响学生及他人 7.通过服务社区、服务乡村等行为影响学生及他人	查看有关成果、新闻报道、活动记录；查看管理绩效、团队成果等资料；访谈团队及学生、家长
	团队管理能力	关注教学目标的实现，能够根据学生的差异帮助他们树立目标，重视与其他人的经验分享，能够指导和培养年轻教师，重视协调合作，重视沟通，通过多种渠道定期与家长、学生进行沟通，有协同解决问题的能力，愿意配合上级和学校要求改进流程	

参考文献

[1] 孙孔懿.论教育家[M].北京：人民教育出版社，2006.

[2] 中国就业培训技术指导中心.心理咨询师·基础知识[M].北京：民族出版社，2005.

[3] 李晔，李哲，鲁铱.基于长期绩效的中小学教师胜任力模型[J].教育研究与实验，2016(02).

[4] 李晔，卢静怡，鲁铱.对教师胜任力建模中"绩优"标准的思考[J].湖南师范大学教育科学学报，2013(02).

[5] 李雅男.乡村学校教师胜任力特征的个案研究[J].智库时代，2018.

[6] 万川，王冠楠.基于社会性软件的农村中小学教师教学胜任力提升的实践研究[J].中国电化教育，2017(03).

[7] 徐建平，谭小月，武琳，等.优秀中小学教师胜任特征分析[J].教育学报，2011(01).

[8] 尚晓东,沙鹏,石文典.中小学教师胜任力迫选式测验的编制及应用[J].心理学探新,2015(05).

[9] 李英武,李凤英,张雪红.中小学教师胜任特征的结构维度[J].首都师范大学学报(社会科学版),2005(4).

[10] 徐建平,张厚粲.中小学教师胜任力模型:一项行为事件访谈研究[J].教育研究,2006(01).

[11] 任兴红.名师特质的影响力分析及塑造途径探讨[J].教师,2015(32).

[12] 李子华.论教师个性素质及其塑造[J].大学教育科学,2002(03).

[13] 邓光明,冉泊涯.新时期名师特质及其成长途径初探[J].中国教育学刊,2010(06).

第八章
中小学教师幸福感获得能力

德国教育家雅斯贝尔斯说，教育本身意味着，一棵树摇动另一棵树，一朵云推动另一朵云，一个灵魂唤醒另一个灵魂。如果学生遇到的教师有着一个幸福的灵魂，那么，学生的灵魂将因受到幸福的滋养而带上幸福的模样。中共中央、国务院在《关于全面深化新时代教师队伍建设改革的意见》中明确提出"到2035年，广大教师在岗位上有幸福感"的目标，因此教师专业发展和职称评审中，有必要关注教师幸福感的提升与评价。

第一节　中小学教师幸福感概述

幸福感是一种合乎德行的，因需求得到满足而带来的持续性的快乐感觉。它在意义、目的、人际关系、投入和成就、积极情绪等的共同作用下形成。范进中举式的狂喜以及肉体需求的短暂性满足，属于快乐而不属于幸福。

一、中小学教师幸福感

教师幸福感是对现实与心理预期一致性考量的稳定心理状态与情绪感受。它是"学而时习之，不亦说乎"的教师成长之乐，也是"安贫乐道"的孔颜之乐，还是"得天下英才而教育之"的孟子三乐之一，等等。

中小学教师幸福感是中小学教师个人在教育教学的相关活动和环境中所形成的一种满意的职业感觉、一种职业生存状态。这种感觉、这种状态，只与此人扮演的教师角色相关，而与他扮演教师之外的任何角色无关。比如，当某人扮演父母，儿女等角色时感觉到的幸福，不属于教师幸福感。

二、中小学教师幸福感的形成条件

教师要获得幸福感，必须拥有能让自己感觉幸福的对象，比如自己的成长，自己的价值，学生的成长，同事、领导和家长的关心，工作环境的舒适，职业收入能满足基本生活需求等。没有这种对象，幸福就失去了其得以产生的客观基础。除此之外，是否感受到了这种对象带来的美好，也是教师是否能够获得幸福感的必要条件。也就是说，对职业生活的正面评价是重要的主观条件。

教师幸福感得以产生的客观基础需要教师自己去创造，教师幸福感的产生所依赖的感受能力，需要教师自己去培养。所以，教师幸福感的产生与否、产生多少、质量如何等，与教师创造幸福和感受幸福能力的强弱紧密相关。

三、中小学教师幸福感的构成要素

既然中小学教师的幸福感是一种满意的职业感觉，那么，相关需求的满足状态会直接决定教师职业幸福感。因此，可以尝试运用马斯洛需求层次理论，探讨中小学教师职业幸福的构成要素，以便更具体地理解中小学教师的职业幸福。

马斯洛认为，人的需求有五个层次，从低到高分别是生理需要、安全需要、归属和爱的需要、尊重需要、自我实现需要。这五种需要大体上虽有一定层级次序，但该次序并不完全固定。但是，层次越高，给人带来的幸福感会越持久、越深刻。

中小学教师为了生存下来，对衣、食、住、行、就医等都有基本需求。提供给他们一定职业收入，是满足这种基本需求的必要条件。所以，基本职业收入需求的满足感是中小学教师幸福感的构成要素。

中小学教师的安全感，既包括基本职业收入所保证的就医治病需求的满足感，也包括职业活动过程中的安全保障感。比如，校舍不是危房，所以，不用担心自己被屋顶掉下的瓦片砸伤；比如，教学设备和场地良好，不用担心触电或者摔倒；比如，不会受到学生、同事、领导、家长的攻击等。很明显，从安全感的满足来看，一部分来自职业收入，一部分来自职业活动场域的物质环境，一部分来自职业场域中的关系。所以，当教师获得了职业收入的满足感、职业活动场域的物质安全保障感以及职业场域人际关系和谐感的时候，教师也就获得了职业安全感。

教师在职业生活中，有着与物质的关系，比如与收入、教学设备、场地等的关系。这些关系良好，则有助于教师通过职业收入的满足感和职业活动场域的物质安全保障感等获得幸福感。教师在职业生活中，还有着与人、制度等的关系，比如与自己、学生、同事、领导、家长、晋级制度等的关系。这些关系是否和谐，不仅从安全保障感上影响教师幸福，也从教师的爱和归属感上影响其职业幸福。

马斯洛认为，如果爱和归属的需要得不到满足，人就会产生强烈的孤独感、异化感、疏离感，产生极其痛苦的体验。社会学的研究也表明：亲密的社会关系和有利的社会支持比物质繁荣对人的幸福的影响更大。所以，教师与职业场域中的"他者"（学生、同事、领导、家长等）的关系如何，直接影响教师幸福感。当教师得到团队或学校的认同和接受，得到了"他者"的关爱，构建了和谐的人际关系，有了舒适的职业环境，有了归属和爱的需要的满足，会让教师感觉幸福。

因为人都有被尊重的需要，所以，被尊重感也是教师幸福指数的构成要素之一。这种被尊重感，包括被自我尊重感（自尊感）和被他人尊重感（他尊感）。自我尊重指教师对自己的专业素养充满自信，对自己从事的职业有较强的认同感和使命感，以及自己在职业活动中的付出和取得的成绩等的自我认可和尊重。被他人尊重指他人对教师的职业素养、职业认同感、职业使命感、职业活动及其结果等的尊重。

如果说，教师职业活动中的被尊重感，相较于教师职业收入的满足感和教师职业场域关系的和谐感来说，更多地受到教师自身因素的影响，那么，处于需求理论最高层次的教师的自我实现需求是否能够得到满足，则很大程度上为教师自身因素所决定。这是因为，自我实现的需求表达的是一种欲望，是一个人想变得越来越像人，想实现自己的全部潜能，成长为更加美好的自己的欲望。杨启亮教授说，教师的职业境界有四个层次：一是把教育看成是社会对教师角色的规范、要求；二是把教育看作是出于职业责任的活动；三是把教育看作是出于职业良心的活动；四是把教育活动当作幸福体验。第四层次中的幸福体验即教师在职业活动中所追求的自我实现感。

由此可知，教师幸福感的构成要素共有五个：教师职业收入需求的满足感、职业活动场域的物质安全保障感、教师职业场域关系的和谐感、教师职业活动中的被尊重感、教师职业追求上的自我实现感。这些满足感、保障感、和谐感、被尊重感和自我实现感，都离不开教师个体的主体性职业活动。

四、中小学教师幸福感的来源

从教师幸福感的形成条件视角上，运用结构的方法分析，不难发现，中小学教师幸福感的一级来源有五类。一是来源于学生，二是来源于同事、领导和家长等，三是来源于与教师职业相关的各种制度等，四是来源于教师工作的客观环境，五是来源于教师自己。这五类是教师幸福的原初来源。至于影响教师幸福感的校内外的人文环境和社会支持以及教师职业收入等，则由学生、同事、领导、家长、制度和教师自己共同生成，他们是基于原初来源的生成来源。

（一）源于所教的学生

学生对于教师幸福感的获得有独特的意义。《中华人民共和国教师法》明确指出：教师是履行教育教学职责的专业人员，承担教书育人、培养社会主义事业建设者和接班人、提高民族素质的使命。学生是教师要育的人，是教师要培养的社会主义建设者和接班人，是教师必须直接服务的对象。可以说，没有学生，就不可能有教师，也就不可能有教师幸福一说。

如果学生在某位教师的教育之下，文化水平与综合素质切实提高了，一天一天成长了，那么，教师可能会从社会、家长、学校、同事、领导、学生中获得精神上的肯定或物质上的回报。教师所需要的被尊重感、自我价值实现感也会随之增强。所有这些以及学生和该教师建构起来的良好师生关系等，都会对教师幸福感产生积极作用。

（二）源于同事、领导和家长

同事、领导和家长是教师在职业场域中必须面对的，除学生之外的重要他人。教师与他们之间的关系是否和谐直接影响教师的幸福感。

根据马斯洛的需求层次理论，每一位教师都需要得到职业场域中的他人的尊重和关爱，也需要在和他们互动的过程中实现自我价值。如果这些需要得到满足，教师就会获得幸福感。

一个教师被同事、领导和家长尊重并关爱的感觉，或者缘于一个温暖的微笑，或缘于一句欣赏或肯定的话语，或者缘于他们做出的公正评价，还或者缘于基于这种评价的精神或物质的奖励，甚至是职称晋升的机会等。在此基础上，教师的归属感会得到进一步满足，教师为了生存或更好地生活所需要的物质经济需求得到进一步满足，这种满足也会让教师感觉幸福。

在与同事、领导和家长等的互动过程中，教师运用自己的知识、能力帮助他人解决问题，有助于教师感觉到自己是有着创造活力的专业人员。这种感觉会提升教师的职业自信，满足教师所需要的职业自尊感和自我实现感等，进而让教师获得幸福感。可见，同事、领导和家长等教师职业场域中的他人，是教师职业幸福的重要来源。

（三）源于制度环境

国家的、地方的、学校的各种有关教师职业劳动的制度，同样是教师职业幸福的来源。

众所周知，学校是一个教书育人的组织机构。组织机构的良好运行有助于提高教书育人的效果。为此，国家、地方政府以及学校会制定一系列制度，规范教师职业活动，并对教师职业活动效果进行评价，甚至将其与教师的收入、职级晋升机会等直接挂钩。这一系列举措，不仅会通过作用于教师生存或生活所需要的物质经济条件的满足来影响教师的幸福感，还会通过作用于教师需要的自我实现感的满足来影响教师的幸福感，并对教师职场人文环境产生影响，进而作用于教师的归属感和被尊重感来影响教师的幸福感。

有位教师在谈及学校制度的时候说："当学校对教师的教学管得过多过细的时候，会让人感觉上课束手束脚的。现在，学校主要以目标来管我们，对教师的教案、课堂教学等，管得没以前那么细了，我们反倒觉得上课上出点味道来了。在课程标准的基础上，按照自己的想法处理教材，在一定程度上自己决定教学的进度、方法等，真的是比较舒服。"

对于这位教师来说，学校教学管理制度的改革，给他带来了幸福感。因为优化后的教学管理制度给予了他更多自由发挥的空间，激发了他的创造欲，有助于他朝着既符合自己的个性特征，又有利于学生成长的方向进行教学设计、组织课堂教学、进行教学评价等。在此过程中，该教师才感受到自己是作为一个有血有肉有精神的、真实的人，在更好地完成教书育人的使命，而不是作为教学的机器，在领导的监督和控制中完成工作。在这种情况下，该教师认为教书育人的活动不仅仅是协助学生成长的过程，还是更好地提升自我、展现自我的过程，他的生命也因此而丰富了。他不再是为了学生而燃烧的蜡烛，而是自带发电机的、散发着温暖光芒的、永不熄灭的导航灯。有效奉献和自我提升、职业认同等在此都得到了满足，该教师是幸福的。

（四）源于物质环境

物质环境对于教师幸福的作用，主要在于教师需要的舒适感的满足。比如，当某教师进入校园，感受到花草树木生机勃勃，到处鸟语花香，自己的精气神也会因之而提升。走入教室看到桌椅整齐，窗明几净，多媒体等设备设施运行顺畅，一切是那么井然有序，心情就会愉悦。饱满的精神状态，和美的感觉，让他对外部环境有一种满意感。反之，如果校园环境没有生机，校舍是危房，设备运行不畅，教师的心中有着各种担心，担心上着课瓦片掉下来，担心PPT播放不出来……在如此紧张焦虑的状态下上课，自然谈不上幸福感。

（五）源于教师自己

虽然教师幸福感源于外部的多个方面，但教师幸福感最根本的来源在教师自己，因为，教师幸福感的根源在于教师需要的满足。

每一位教师，都想在身心健康的状态下展开教书育人的活动。如果他真能让自己保持身心健康，那么，他必然比带着病痛工作要幸福得多。

每一位教师，都想自己内心所追求的和外部所要求的没有冲突。如果他真能在内心需求和外部要求之间找到一个平衡点，将外部的要求统一到自己的追求中，那么，在心理和谐状态中工作的他，必然比在心理对抗之中工作的他要幸福得多。

比如，当某教师把教书育人的任务纳入到自己的人生使命中时，教书育人就不再是国家、社会、学校、领导、家长、学生等外部力量对他的要求，而是他从自己内心生发出来的一种需要。教书育人的活动，不再仅仅是为了生存而谋取工资的机会，也不再只是为了学生的升学，更多的是为了实现自己的价值，为了成就更美好的自己而打造的自我展示的平台。于是，所有的教书育人的活动，就成了提升自己、实现自我、获得更大自由的活动。在此活动中，教师随时可以感受到自己在成长、在奉献。这种情况下，教师从自己身上就可以获得源源不断的幸福感。

此外，当一个教师把教书育人和自我实现统一起来之后，他会在教书育人的职业生活中追求自我超越，不断提高自己的教书育人水平，帮助更多的学生更好地成长，所以，他还能够从学生、家长、同事、领导、政府、社会等方面获得更多的肯定和尊重。而这种肯定和尊重，会给教师带来幸福感。

下面是某高中班主任老师讲述的职业生活的一幕：

记得有一次和某同学谈话后，发现他比以前努力多了，成绩也好多了，我好高兴。而且，没想到的是，这个学生还把我给他做思想工作的情况告诉了爸妈。他爸妈的那种感激之情，让我觉得真的为这个家庭做了一件好事。

这位班主任在育人过程中，自我价值感得到了满足。而且，因为育人有效，学生成长了，学生家庭的幸福感增强了，这种幸福感回馈到了这位班主任这里，让她不仅仅增强了自我价值感，而且让她的职业认同感更强了。所有这些自我肯定、自我尊重、职业认同、自我价值感等，都是她幸福感的来源。

总之，教师幸福感的来源有很多，其中最根本的来源是教师自己。当教师立足于通过自己的努力获取幸福感的时候，教师幸福感的其他来源也都会因教师自己对幸福的追求而展现出更有利于教师获取幸福的一面。

第二节　中小学教师幸福感的提升

既然教师自己是职业幸福感的主要来源，那就有必要通过努力提升自己的幸福能力来获得更多幸福感。幸福能力包括创造幸福的能力和感受幸福的能力，这两种能力不可相互替代。教师幸福感是教师在自己的幸福观指导下，朝着自己"想为"的方向，依托自己拥有的"能为"条件，自己积极"作为"而获得的。所以，探讨教师幸福感的提升问题，有必要从教师提升自己创造幸福的能力和提升自己感受幸福的能力两个方面着手，沿着"信念/观念——目标——能力——实践"的逻辑脉络展开。

一、提升创造职业幸福的能力

每位教师都希望有效创造幸福，可是，有时候竭尽所能，却没有创造出多少幸福，甚至原本拥有的让自己感觉幸福的客体对象也在减少。心有不甘的同时，迷茫铺天盖地而来，于是产生了如下问题：我还要去创造职业幸福吗？如何去创造职业幸福呢？

大量优秀教师的经历告诉我们，教师完全可以创造出职业幸福感，可以从信念、追求、教书育人能力以及选择、坚持所选、积极应对等方面着手，创造出能给自己带来职业幸福感的对象，进而享受到职业幸福。

（一）树立自己能创造出职业幸福的信念

创造职业幸福，需要行动。信念，代替不了创造职业幸福的行动。但是，信念可以引导自己以更加积极主动而有效的行动，创造出职业幸福。

20世纪60年代，美国著名心理学家罗森塔尔和助手来到一所小学，声称要进行一个"未来发展趋势测验"，并煞有介事地以赞赏的口吻，将一份"最有发展前途者"的名单交给了校长和相关教师，叮嘱他们务必要保密，以免影响实验的正确性。其实，他撒了一个"权威性谎言"，因为名单上的学生根本就是随机挑选出来的。8个月后，奇迹出现了，凡是上了名单的学生，个个成绩都有了较大的进步，且各方面都很优秀。

案例最开始，罗森塔尔以自己作为著名心理学家的威望在校长和教师心中树立了一个信念：这些学生是这个小学最有发展前途的学生。教师们因为罗森塔尔的威望而坚信这一点，并朝着"最有发展前途"的方向对这些学生进行教育。后来的结果，证明了信念的作用。

信念，即自我实现的预言。当你坚信自己肯定能创造出想要的职业幸福，就会将此信念落实到教书育人的实践活动中去。即便遇再大的困难，也不会被打倒，只会在克服困难，解决问题的过程中将自己创造幸福的能力培养得更好。比如，有位教师讲述了这样一个经历：

我能将数学知识讲得条理清晰、通俗易懂，可是，和孩子们的关系却不是很好，孩子们的成绩也远没有我期待的那么好。我很有挫败感。为此，我抱怨过，也苦恼过，甚至怀疑自己是不是只会教书，不会育人。后来，有前辈开导我说："你能把数学知识讲得那么好，肯定是个会想办法的人。只要你多想想如何管理课堂，如何哄学生，绝对可以把他们教育好。"我回过神来，想想数学这么难的科目自己都能讲得好，管课堂、"哄"学生，肯定也可以的。这之后，我开始把部分注意力放到管好课堂，给学生思想做引导上。经过不断努力，我终于摸到了门道。逐渐地，我和学生的关系好了，学生的成绩也让我满意起来了。

当这位数学老师坚信自己肯定能育好人的时候，他有了克服困难的勇气，也有了解决问题的决心和行动。最终，他创造了能给自己带来幸福感的对象——良好的师生关系和学生的有效成长。

所以，当坚信自己肯定能创造出职业幸福，并且坚持不懈地将这种信念落实到教书育人的实践活动中时，罗森塔尔的那种效应迟早会出现在自己的职业生活中，给自己带来想要的幸福。

(二)把教师角色要求统一到自我实现的追求中

"教师"担负着教书育人的角色使命。如果教师能把书教好，把人育好，那么，政府、学校、同事、学生、家长会对他做出较高评价，他会因此获得更多的尊重，获得更多的晋升机会，或者会因此获得更多的物质、经济等回报。因此，教师需要的安全感、归属感、被尊重感、自我实现感等都会得到不同程度的满足，而这种满足正是教师在职业中获得的幸福感。

"教书育人"是国家和社会等对教师提出的角色要求。可以说，对于教师，这是一种来自外部的要求。但是，如果教师不仅认同教书育人的角色要求，而且将这种外部的要求化为自己的追求，那么，国家要求教师担起的角色使命，就成了教师自我实现的内容之一，教书育人的活动也就成了教师实现自我的必要途径和方式。教书育人的所有规章制度、要求，在他看来不再是限制他的自由和强迫他就范的"镣铐"，而是协助他实现自我的重要条件。当角色要求和自我实现之间的这种关系建立起来后，在职业生活中，教师内心会更和美，抱怨会更少，积极主动地创造职业幸福和感受职业幸福的时候会更多。

有位幸福的年轻教师在谈起学校要求他们参加各种比赛活动的过程时，有这样的表白：

学校要我们参加的比赛好多！赛课啊，指导学生比赛啊，有时还要我们参加论文评比。这些比赛，要花好多时间和精力。最开始的时候，我好烦躁，觉得自己上了课就可以了，为什么要做这些七七八八的事情。可是，学校让参加，我又不敢不参加。所以，我一点也不开心。后来我发现，自己在参赛过程中能得到好多老师的帮助，学到许多新东西，能明白好多道理，能力提高得也快，胆子也更大了，确实很有收获。慢慢地，我觉得既然学校要求我们参加，参加了又可以得到提高，如果取得了不错的成绩，还会感觉特别高兴。所以，我现在觉得参加比赛，也是一件不错的事情，只要有机会，我就愿意去尝试。

学校要求年轻教师们参加的赛课、指导学生、写论文参加评选等，是有利于培养教师教书育人能力的活动。一方面，当这位教师没有将这些活动与自我提升的内在需求挂钩，只看到这些都是学校给自己提出的要求的时候，她内心是反感的、排斥的。另一方面，她又有得到学校、同事、学生等认可的需要，有融入这个集体获得归属感的需要等，所以，她在排斥的同时，又不得不去参加这些活动，被强迫的感觉占据了心头。此时，幸福与她无缘。后来，当她发现，这些活动其实是她自我实现的载体的时候，她释然了，此时，"他律"转化为了"自律"，"被动"转化为了"主动"，内心和谐有序了，内外和谐有序了，于是她能够获得幸福感。

（三）提高教书能力，更要提高育人能力

一个人选择了教师职业，就必须接受、承担、完成教书育人的使命。外部对教师的评价，会与这一使命的完成情况挂钩。教师自己对自己的评价，也会与这一使命的完成情况挂钩。评价结果，会经由教师的成就感、满足感等对幸福感产生影响。所以，如果选择从事教师这一职业，那么，提高自己教书育人的能力，就成了创造职业幸福必不可少的能力。

由于各种原因，有的教师主要关注自己教书能力的提升，而有的教师不仅关注自己教书能力的提升，也关注自己育人能力的提升。毫无疑问，后者比前者获得的职业幸福感会更多。

有一对夫妇在同一所学校任教。丈夫教物理，妻子教英语。丈夫的物理学科知识很棒，能有条不紊地将物理知识传授给学生。这一能力在他们学校的几个物理教师中，算是特别强的。可是，他所教的学生的物理成绩与平行班学生的比较，却很难让他有和自己的物理学科知识传授水平相匹配的感觉。而妻子

的情况则和他不一样。据他妻子说，她的英语水平和学校其他英语教师比，不算是强的。但是，因为她比较会调动学生的积极性，她教的学生英语成绩总能让她感觉到自己教得比他人好。而且，学校对她的认可和肯定也远远超过对她丈夫的认可和肯定。

基本相同的外部条件下，同样的家庭之中，两位教师收获的幸福感却不同，主要原因在他们自身素养的差别。从表面上看，是因为丈夫更多地关注了知识的传授，妻子更多地关注了学生的积极性。实质上，是因为丈夫的育人能力不及妻子。正是因为这一点，妻子获得了比丈夫更多的幸福感。如果丈夫能更多地关注如何育人，也就是如何唤醒学生的生命自觉意识，让他们领悟到学习物理的过程就是他们自我实现的过程，学好物理也是他们作为人的一种需要而不仅仅是考试的需要，那么，依托他强大的学科知识传授能力，获得自己想要的职业幸福，是完全可能的。

当然，在教书育人的过程中，研究教书育人问题，思考、探索教书育人的规律及其运用等，则是在职业生涯中不断超越自己，不断提升教书育人能力的有效路径，更是获得职业幸福的一条路径。正如苏霍姆林斯基曾说的那样：如果你想让教师的劳动能够给教师带来一些乐趣，使天天上课不至于变成一种单调乏味的义务，你就应当引导每位教师走向从事研究的这条幸福的道路上来。

（四）提高建构职场和谐人际关系的能力

在教书育人的过程中，教师们不可避免地要和领导、同事，甚至家长等建立一定关系。这种上下级关系、同事关系、教师家长关系和师生关系一起，构成了教师们职业生活中的人际关系。社会学的研究表明，人际关系和谐与否对幸福感有很大影响。所以，教师们有必要提高自己建构职场和谐人际关系的能力。

有位高中教师简述了发生在他同事中的一个故事。

A教师是他们学校的新教师，很热情，还比较有学识，也比较有能力，愿意帮助人。平常会在同事群里发点自己指导学生的图片，大家有空也会给他点点赞。可是，有一次，他在群里发了一张截自学生QQ空间的图片，上面写着"没有A教师的课，是没有灵魂的"。此图片一出来，同事群里哑然失声……

看得出来，A教师来到学校后建构了良好的师生关系，也建构了较好的同事关系。可是，A教师在同事群里发出这张图片，损害了他已经建立起来的良好同事关系。因为这张图片中的评价是通过贬低其他教师来达到赞扬A教师的目的的。经A教师之手发到群里后，教师们很容易感觉到不仅没有被学生尊重，而且还没有被A教师尊重。这种感觉，自然会回馈到A教师自己身上，降低A教师的幸福感。由此可见，A教师有必要学会既从自己角度，也从同事角度感受幸福来源，以有利于构建职场和谐人际关系为目标，决定自己的言行举止。

（五）恰当选择和坚持实施自己的选择

在教师职业活动中，教师选择什么，是否坚持自己的选择，直接决定教师能否创造出幸福感。因此，把自己恰当选择和坚持所选的能力培养起来，是提升教师创造幸福能力的必要环节。

曾经，一个小学生给自己的老师"打伞"的事件，引发媒体的批评式讨论，基于这一原型事件，网络上有过这样一则幽默短文。

某雨天，一学生为老师撑伞。路人看到后，愤愤不平，说："现在的老师真没师德！"学生于是将伞撑到自己头上。

又有路人说："现在的小孩真不懂礼貌，老师到底是怎么教的？"教师听到后，拿过伞，帮学生撑起伞。

路人又说："这个孩子一定有来头，这个老师趋炎附势，真会拍马屁。"教师想，算了，我自个儿用吧，于是自己给自己撑。

路人又说："现在的老师真没爱心，自己有伞，不管学生。"教师无奈，唉，把伞收了吧，谁都不用，总行了吧。于是，两个人谁都不用伞。

又有路人说："瞧这对师生，有伞不用，看来是老师越教越傻，学生越学越笨了。"教师急了，干脆和学生手把手地共握一伞。

路人窃窃私语："看，师生恋！"……

在这则幽默短文中，该教师做了选择，而且是不断地做出选择，但是，他不知道哪一种才是最恰当的选择。最终，哪一种都没有坚持下来，因为他不知道该坚持哪一种，也不知道该如何坚持。于是，他在这过程中最终未能创造出幸福感。

其实，教师在职业活动中时刻面临选择。比如，选择什么样的方案设计课程，选择什么样的上课方法，选择什么样的评价方式评价学生，选择什么样的语言表达想法和情绪，选择什么样的路径寻求职业发展，等等。无论教师选不选，敢不敢选，都必然地在做着选择。

如果教师的幸福能力较强，就会很敏感地知道此时此地、此情此景之中，被选择的对象有哪些，他们之间的关系是怎样的，他们对教师自己的职业场域关系、职业活动效果和职业追求的实现等分别有何影响。

如果教师的幸福能力较强，就不仅仅能敏感地意识到自己面临哪些选择，而且还有选择的勇气，敢于选择。比如，如果感知到了自己的职业倦怠状态，也知道自己的选择应该是尽快设法摆脱这种状态。那么，幸福能力较强的教师会勇敢地选择教育家苏霍姆林斯基提出的建议：除了上课外，还对上课进行研究。因为，他这样建议的理由是：这样，不仅不会感觉单调乏味，甚至还会感觉幸福。

如果教师的幸福能力较强，就不仅仅能勇敢地做出正确的选择，而且能够坚持所选。在坚持所选的过程中，或者会面临一定的物质上的困难，或许会受到他人的挤压，或许会被他人说闲话，也或许会被不公正地对待，甚至被否定，但是，幸福能力较强的教师知道自己的目标是对的，选择的方式方法是科学合理且可行的，他不仅坚信自己的选择会带来想要的结果，而且，还会在坚持的过程中，感受到自己在一步步地接近目标，并生活在成就感之中。于是，他会排除万难，坚持下来，成就自己想成就的幸福。

（六）在实践中积极应对自己的职业环境

当一位教师，坚信自己能创造属于自己的职业幸福，并且将对教师职业满足感的追求置于自我实现的追求中时，这位教师就不仅仅能"适应"他所处的职业场域环境，还会去"积极应对"该环境，会全面而深入地了解该环境中各要素的关系，并最终选择出相对来说更有利于他获得职业幸福的对象，比如学校、团队、合作对象、观念、理论、策略、路径、方式、方法、工具手段等。接着，他会不遗余力地将这种选择落实到职业活动和职业追求的行动之中，扎扎实实地创造能够让他获得职业幸福的客体对象。

但是，尽管教师内在的信念和追求都没变，但外在的职业环境却一直在变。当这种环境的变化对教师创造幸福的影响不大的时候，幸福能力较高的教师会坚持所选。但是，当环境的变化比较严重地影响了，甚至是阻碍了幸福目标的实现进程的时候，幸福能力较高的教师会重新审视自己的选择是否恰当，自己该不该继续坚持，这正是教师积极应对职业环境的表现。

所以，如果某教师能够根据环境变化，积极合理地调适自己的既定选择和行动，让自己继续奔着幸福的目标更好地前行，就说明他的有效应对能力较强，更有利于获得幸福感。比如，随着中小学教育改革的持续推进，中小学教师所处的制度环境也在不断优化，职称晋级制度要求教师不仅要有教书育人的成果，还要有教育科研成果，对于幸福能力较高的教师来说，会为更好地完成教书育人的使命，欣然地用教育科研活动来优化自己的职业生活，而不会拒绝改变原来那种没有研究活动的职业生活状态，更不会抱怨制度更新给自己提出的新要求。

有的教师之所以能积极应对职业环境的变化，是因为他们能够看到这种变化和自己职业幸福之间的关系。比如，能够积极应对晋级制度变化的教师，会很高兴地看到，优化后的晋级制度实质上是在引导自己借助教育科研的过程更好地实现自我。因为教育科研不仅仅有助于自己摆脱职业困倦，让自己总是处于创新状态，在职业生活中充分彰显自己的生命活力，而且，它能帮助自己将教书育人的经验提升成理论，让同行受益，从而将自己职业价值的实现范围从学生扩展到同行，甚至扩展到与教育相关的其他领域等。除此之外，因为在不断地研究教书育人的问题，所以，他们有更多的方式方法提升自己教书育人的水平，从而从学生的成长里面收获更多的成就感等，因此也会更幸福。

从总体上来说，幸福能力较强的教师，是肯坚持、能坚持、坚持得下去的人，但也不是一条路走到黑的人。他们在变与不变之中，以不变的信念和自我实现的追求，积极应对瞬息万变的职业环境，以求创造更多职业幸福，收获更多职业幸福。

二、提升感受职业幸福的能力

每位教师都是在日复一日、年复一年地备课、上课、批改作业、辅导学生等。随着教学时间的增加，刚刚从教的那种新鲜感慢慢消失，有的教师慢慢会觉得倦怠，有的教师却会乐此不疲。这种差异常常与教师自身感受职业幸福的能力密切关联。

有位教师在自己的随笔中写道：

今日阳光，这边独好。一支红笔、一杯绿茶、一摞作业本，就这样，在阳光下，安静地工作。太阳渐渐西下，孩童要放学回家，大人们要下班回家，我呢？也会走在下班的路上，可不可以问问自己今天收获了什么呢？今天早上起得很早；今天中午睡得很香；今天上课得心应手；今天和孩子们相处甚欢；今天批改完了孩子们的作业，作业纸上还留有阳光的味道……这就是幸福的味道，简单吧。

不难发现，这位教师在享受自己的职业幸福。此刻，她的幸福需要的客观要素只是阳光、红笔、绿茶、作业本、学生、上课和批改作业的过程等。其实，这些是每个教师都拥有的。但即使每个教师都拥有这些能给自己带来幸福感的客观对象，也不是每位教师都能从中获得幸福，这就是幸福感受力不同所导致的。所以，要提高教师的职业幸福感，除了要提升创造幸福的能力外，还需要提高感受幸福的能力。这种能力的提升，可以从消除妄念、明确自己有着对幸福的追求、提升感受幸福的能力和向过程要幸福等四个方面展开。

(一)消除不利幸福的妄念

如果上面这位教师认为，幸福靠他人而不是靠自己，那么，她或许就不会让自己去好好感受批改作业、上课等职业活动中潜藏的幸福。

如果她认为幸福不在现在，而在将来她的学生们都考上名校的那一天，那么，她的关注点就只是在学生的将来，而不在此刻学生作业本上的丁点进步，更不在学生此刻的可爱，也不在今天课堂上的快乐。

如果她认为能给她带来幸福的客观对象一定是那伟大目标的最终实现，那么，她就不可能从当下围绕着她的客观对象上获得幸福。

要提高幸福感受力，需要真切地感悟到：幸福就潜藏在当下围绕着你的一切之中，需要你用心去感受。而围绕着你的这一切中，除了你自己的知识、能力、品行、智慧、情感、情绪、欲望、言行等可以由你自己说了算之外，其他的如师生关系、同事关系、上下级关系等是你和学生、同事、领导合作的结果。又比如，他人的成长状况，如学生的成长状况、同事的成长状况、领导的成长状况等，虽然你可以有所作为，引导他们成长，但是，你的作用也仅仅是引导而已。你对于他们的成长，起不了主体作用，起主体作用的是他们自己。如果强求这些关系、这些成长都必须达到你的期望，那会不利于你感受到幸福。比如，上面这位幸福的教师，如果强求每个学生的作业都达优，那么，她必然失望，因为尽管教师上课所教的，对于所有学生都是一样的，但是，不同学生悟性不同，主观能动性的启动程度不同，成长状态也就会有高低快慢之别，他们此刻完成的作业也就不可能都优秀。

所以，要提高感受幸福的能力，还需要教师们分清楚：哪些是可以完全按照自己的期待去努力实现的，哪些是只可以朝着期待努力但不可以强求实现的。否则，期望很可能意味着失望。失望，不利于获得幸福。

（二）树立追求和享受幸福的目标意识

没有哪个教师不想追求幸福。但是，并不是每一位教师都能真正明确地意识到：自己是追求幸福的。

当教师们没有这种意识的时候，即便在努力地教书育人，也意识不到自己是在追求幸福，更不可能像上面那位教师那样，有意识地让自己去感受其中的快乐，从而收获幸福。

相反，如果有了追求幸福的意识，则不仅仅能像上面那位教师那样，在平淡的职业生活中收获更多幸福感，而且，能在当自己陷入职场负面情绪之中时更快地脱身出来，重回阳光地带。这是因为，当明确地意识到自己有随时享受职业幸福的需要和欲望时，便会随时感受自己是否在幸福的当下。如果没有感觉到，就可能设法调整情绪，让自己重新回到幸福的轨道上来。如果做不到马上回归幸福地带，至少会尽量减少自己待在负面情绪中的时间。

（三）提高有助于感受幸福的评价能力

能否感受到幸福，与教师的幸福敏感度相关。幸福敏感度与教师的评价能力相关。对职业生活进行评价时，越是把重心放在幸福的感受上的教师越幸福。就如上面那位教师那样，正因为她把关注点放在了感受幸福上面，对职业生活中再平常不过的对象进行评价的时候，才可能切切实实地享受到属于自己的那份职业幸福。但现实中，有的教师虽然把关注点放在了感受幸福上，却不仅享受不到幸福，而且还感觉更不幸福。为何？这是因为他们使用的评价标准，或者选定的评价参照物不利于他们感受到幸福。

比如，如果前面那位教师以"完美"的标准来评价学生的作业，或者是当天的课堂等，那么，她会发现，学生的作业和当天的课堂，都不是完美的，因为这世界上，根本就没有完美。于是，她也就感觉不到学生作业上的阳光味道，也感觉不到课堂的得心应手和师生的快乐，当然，也就没有了上面的幸福随笔。很明显，她没有采用完美的标准进行评价，而是采用了"卓越"标准。在此标准之下，学生的作业和当天的课堂，尽管不完美，但是她看到了学生的进步，看到了当天师生在课堂的收获，总之，她看到了自己和学生的成长。正是这种成长，让她有了成就感、快乐感，收获了幸福。

如果她以自己之外的某人为参照物来评价当天的自己，只怕不仅不会觉得幸福，还会很有挫败感。很明显，她在评价的时候，是以自己本人为参照物——工作了一天之后的自己，相对于早晨起床时候的自己而言，是否有所收获。于是，她幸福了，因为她发现自己收获了很多。

幸福的教师之所以能做到以追求卓越为评价标准，以当事人自己为参照物展开评价，与他们持有的教育观、教师观、学生观、教学观、课程观，甚至家长观等观念以及相关思维方式紧密相关。这些观念和思维方式，能让他们在面对现实、接纳现实的基础上积极乐观地看待面临的问题，充满希望地前行。

比如，如果教师们持有"教师、学生和家长等都是人"的观念，而且能够以动态发展的思维方式看待职业活动中的这些人，那么，面对自己、同事、学生、家长等的不足时，一方面，他们能理解和宽容自己和他人，因为人都是不断成熟，不断成长的，有不足是正常现象。另一方面，他也愿意相信自己和他人都有变得更好的愿望。于是，他们容许自己的失败，但是会追求成为更好的自己。他们容许学生的错误，但是相信学生在自己的引导下会不断消除错误，一天比一天成长得更好。他们知道自己是教书育人的专业人员，而一般家长不是，所以，面对不能很好地配合学校育人的家长，他们不会与之计较，而是坚信家长都希望自己的孩子好好成长，基于此而谅解家长的不足，甚至引导家长学会教育孩子。

（四）问实践过程要幸福

如果教师不仅具有"追求和享受幸福的明确意识"，而且能够真正做到"问过程要"幸福，那么，即使职业生活中有让教师不满意的地方，教师也必然会收获更多幸福感。

比如，前面那位幸福的教师所批阅的学生作业中，必然有做得好的作业，也必然有做得一般的，甚至还有做得让她很不满意的，如果她只看到了让她不满意的一面，那么，她不会闻到学生作业上的阳光味道。事实是她闻到了。这说明，她所关注的是那些能为她带来幸福的要素。比如，她关注到了学生作业中体现出来的进步，关注到了作业完成得不好的学生的成长空间，而自己通过评语给了学生一个具有可行性的改进意见，等等。可见，向过程要幸福，需要教师在职业生活中，更多地关注能带来幸福感的要素。

有的教师做不到更多地关注这些能带来幸福感的要素，而是习惯性地关注职业生活中不满意的一面。很明显，这不利于自己获得幸福。那么，为了更加幸福，这些教师该怎么办？答案是：尽快检查问题出在哪里。问问自己：是否有妄念，是否真正意识到自己想要追求幸福和享受幸福，是否采取了有利于获得幸福的评价标准和方式等，是否积极乐观地看待了那些让自己不满意的人或事。如果这些都没有问题，那么，问题或许出在习惯上。为了改变关注消极面的习惯，需要加强自我监控。一旦发现自己只关注消极面而没有关注积极面，则立即提醒自己，让自己有意识地寻找隐藏在消极要素背后的积极成分，或者让自己把注意力暂且从消极要素上面移开，而去关注其他积极要素。如此坚持下去，教师会慢慢地把关注点更多地放在能给自己带来幸福感的要素上。也许有教师认为，习惯是改不了的。那么，只要你愿意相信科学，这一妄念是可以消除的。早在1998年脑科学的研究就已经证明：人的大脑实际上在人的一生中都是可塑的，即可改变的。而习惯的形成或改变与大脑中的神经可塑性相关。

有时候，能给教师带来幸福感的要素是显而易见的。比如，学生的进步，工资的增加，领导的表扬等。有时候，能给教师带来幸福感的要素隐藏在看上去让人不幸福的事情中。比如，前面谈及的学校让年轻教师参加各种比赛的事情。表面上看，比赛要花费年轻教师很多的时间和精力，是一件让他们不爽的事，但是，有的年轻教师却没有消极地看待这事，而是积极地看。所以，向参与比赛的这个过程要到了幸福。这就是人们常说的"积极诠释"。当采用积极诠释的方法的时候，即使是失败了，也会收获成功。比如，当教师们参加赛课却没有得到想要的名次时，从消极面看，是自己的失败。但是，如果从积极面看，却是自己的成功，因为通过比赛，成功地发现了自己在哪些方面还有很大的成长空间，甚至还发现了成长的路径、方式、方法等。所以，如果采用"积极诠释"，更有利于向过程要到幸福。

另外，动态地协调期待和幸福来源之间的关系，也有助于教师们向过程要到幸福。比如，本来期待学生们上课都很认真，结果不知何故，有几个学生很不像话。于是，你让他们放学后留下来。当看到他们都乖乖地留下来，等着你教育他们的时候，如果你调整期待，调整到期待他们有错能改，或许幸福感就来了。因为，他们尽管上课没有遵守纪律，但是，他们还是遵守了放学后留下来的要求。说明他们虽然顽皮，但内心之中还是有是非观的，还是愿意改正自己的，也是尊重教师的，如此一来，教师对他们也就满意了。

最后，"感恩"也能帮助教师更多地关注到积极要素，从而获得更多幸福感。因为感恩的过程，是让自己看到人性光芒，感受温暖的过程。

每一位教师，一路走来，多多少少都得到过他人的帮助，遇到过他人的微笑对待，享受过和平的职业环境，更是尽己所能地为幸福打拼过。当感恩他人、感恩自己的时候，能将所有温暖过自己的光芒汇聚起来，重新温暖心田。让自己坚信人可以美好，而且可以更美好。另外，科学研究已经证明，感恩时，人的副交感神经系统功能增强，使人变得平静。当感恩成为一种性格，还有助于人获得快乐、成功、健康等。这些，都有利于教师们感受到幸福。

第三节　中小学教师幸福感的评价

教师幸福感是在一定要素作用下形成的一种稳定的综合性心理状态，并以人的感觉的形式体现出来。这种感觉难以被驾驭却可以被感知，而且导致这种感觉的要素，比如教师对职业的认可度和工作环境的满意度等还可以被评价。掌握了相关评价方式方法，有助于教师在职业生活中监测自己的幸福状态，进一步优化自己的思维方式、观念体系或行为模式，获得想要的职业幸福。职能部门掌握了教师幸福的评价模型，则能更精准地发现教师职业幸福中存在的问题，为有效解决教师幸福问题提供前提条件。

一、教师幸福感的自我评价

为了更好地追求职业幸福，教师们需要随时监测和评价自己的幸福状况，并且在此基础上找到不利于自己获得职业幸福的因素，有针对性地解决幸福问题。

(一)中小学教师幸福感状态自我测量

中小学每一位教师的幸福感都是教师自己在教书育人活动过程中产生的一种较稳定的感觉。每一个人都追求幸福，中小学教师肯定也在不断追求幸福，并且希望随时监测自己的职业幸福状态。为此，教师们可以随时使用教师幸福状态单项目监测。具体如下：

我感觉，本学期/近段时间的职业生活_____。

A. 很幸福　　B. 比较幸福　　C. 一般幸福　　D. 不太幸福　　E. 很不幸福

当教师们监测到自己的幸福状态后，通常会很想知道，究竟是什么原因导致了自己幸福或者不幸福。为了帮助教师们比较深入而全面地找到影响自己幸福状态的因素，下面笔者将从表层和深层两个方面设计测量表。

(二)中小学教师幸福感状态的表层成因的自我评价

根据第一节中小学教师幸福感概述中的内容，设计了如下教师职业幸福感测量表(如表 8 - 1)，供中小学教师探寻自己职业幸福状态表层原因时参考使用。

表 8 - 1　中小学教师幸福感状态表层成因自我测量表

测量项目	选项	选择结果
1. 您总能将知识深入浅出、条分缕析地传授给学生。这一表述和您的情况	A. 很符合　　B. 比较符合 C. 基本符合　　D. 不太符合 E. 完全不符合	
2. 您总能调动学生的学习积极性。这一表述和您的情况	A. 很符合　　B. 比较符合 C. 基本符合　　D. 不太符合 E. 完全不符合	

续表 8－1

测量项目	选项	选择结果
3. 您习惯于探究教育教学现象和问题。这一表述和您的情况	A. 很符合　　 B. 比较符合 C. 基本符合　 D. 不太符合 E. 完全不符合	
4. 本学期的职业生活中，从整体上来说，您得到了应有的尊重。这一表述和您的情况	A. 很符合　　 B. 比较符合 C. 基本符合　 D. 不太符合 E. 完全不符合	
5. 职业活动中，当他人指出您的不足时，您心里	A. 很不高兴　 B. 有点不高兴 C. 谈不上高不高兴 D. 有点高兴 E. 很高兴	
6. 当家长不配合您的育人工作时，您也不会生气。这一表述和您的情况	A. 很符合　　 B. 比较符合 C. 基本符合　 D. 不太符合 E. 完全不符合	
7. 职业生活中，当他人不公正地评价了您的时候，您一般会	A. 很生气　　 B. 比较生气 C. 无所谓　　 D. 基本不生气 E. 不生气	
8. 职业生活中，您一般是这样评价自己的	A. 按照自己设定的标准，拿现在的自己和之前的自己比较 B. 拿某个制度标准等来评价自己 C. 拿他人的情况来评价自己 D. 把别人对你的评价作为你对自己的评价 E. 其他	
9. 您总能发现学生的可爱。这一表述和您的情况	A. 很符合　　 B. 比较符合 C. 基本符合　 D. 不太符合 E. 完全不符合	
10. 您总是感恩职业场域中他人对您的友好。这一表述和您的情况	A. 很符合　　 B. 比较符合 C. 基本符合　 D. 不太符合 E. 完全不符合	
11. 您总是主动地感悟职业生活场景中的美好。这一表述和您的情况	A. 很符合　　 B. 比较符合 C. 基本符合　 D. 不太符合 E. 完全不符合	

续表 8-1

测量项目	选项	选择结果
12.当您对单位的教师管理制度不满时,您一般会	A.边执行,边积极促进该制度的修改完善 B.设法发现该制度的执行给自己带来的好处,消除自己的不满情绪 C.心不甘情不愿地按照制度执行 D.拒绝执行 E.其他	
13.您认为社会很尊重教师。这一表述和您的感觉	A.很符合　　　B.比较符合 C.基本符合　　D.不太符合 E.完全不符合	
14.您坚信自己肯定能把教书育人的工作做好。这一表述和你的情况	A.很符合　　　B.比较符合 C.基本符合　　D.不太符合 E.完全不符合	
15.把书教好,把人育好,是您自己的人生追求。这一表述和您内心的想法	A.很符合　　　B.比较符合 C.基本符合　　D.不太符合 E.完全不符合	
16.您认为育人比教书重要。这一表述和您的想法	A.很符合　　　B.比较符合 C.基本符合　　D.不太符合 E.完全不符合	
17.即使某学生屡教不改,您依然坚信该生是有上进需求的。这一表述和您的情况	A.很符合　　　B.比较符合 C.基本符合　　D.不太符合 E.完全不符合	
18.您认为课堂教学的主要任务是	A.培养人 B.传授人类科学文化知识和技能 C.其他	
19.您认为,下列各因素中,哪个因素对您的职业幸福感影响最大	A.您自己　　　B.学生 C.领导　　　　D.同事 E.学生家长　　F.各种制度 G.工资收入　　H.学校物质环境 I.学校所在的社区环境 J.其他	

续表 8 – 1

测量项目	选项	选择结果
20.您认为，教书育人的幸福主要在	A.教书育人的过程中 B.学生将来取得了好成绩时 C.自己将来得到了表扬时 D.其他	

表 8 – 1 中的测量项目，是教师职业生活中影响教师幸福感的常见要素。各测量项目中没有绝对错误的选项，只有相对来说让教师们感觉更幸福的选项或者感觉不那么幸福的选项。如果以量化标准来衡量，20 个项目中，第 1、2、3、4、6、8、9、10、11、12、13、14、15、16、17 题中，A 计 5 分，B 计 4 分，C 计 3 分，D 计 2 分，E 计 1 分。

第 5、7 题中，A 计 1 分，B 计 2 分，C 计 3 分，D 计 4 分，E 计 5 分。

第 18、19、20 题中，A 计 5 分，其他计 2 分。

每个测量项目中的选项，分值越高的选项对教师的职业幸福感贡献越大。

所有的 20 个选项中，总分最低分为 23 分，最高分为 100 分。总体评价标准是总分"得分越高越幸福"。

如果要与"教师幸福状态单项目监测"的结果建立对应关系，可以将"中小学教师幸福感状态表层成因自我测量表"中的得分情况分为 5 个分数段：23、40、57、74、100，而得分与幸福状态的对应关系如下图所示。

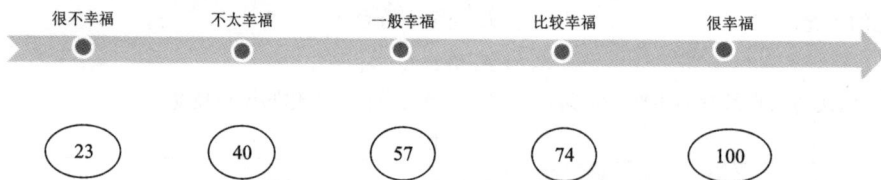

（三）中小学教师幸福感状态的深层成因的自我评价

1.教师专业素养和社会支持所致的中小学教师职业幸福状态

对于表 8 – 1 中的各测量项目，不同教师会选择不同选项。这种不一样的选择，体现出来的是不同教师在职业生活中所持的不同观念、思维方式、行为模式以及得到的社会支持等的差异。这种专业素养和社会支持上的差异，正是不同教师有着不同幸福状态的深层次原因之一。表8-1中测量项目背后反映的教师专业素养和社会支持情况，详见表8-2。

表8-2 中小学教师幸福感状态的深层成因的自我评价：专业素养和社会支持

测量项目/表层成因	深层成因：专业素养和社会支持
您总能将知识深入浅出、条分缕析地传授给学生	教书能力与实践活动；教育观、课程观、教学观、教师观
您总能调动学生的学习积极性	育人能力与实践活动；教育观、课程观、教学观、教师观、学生观
您习惯于探究教育教学现象和问题	教研能力与实践活动；教师观
本学期的职业生活中，从整体上来说，您得到了应有的尊重	社会支持
职业活动中，当他人指出您的不足时，您心里……	目标（是否追求自我实现）
当家长不配合您的育人工作时，您也不会生气	区分幸福来源类别，并动态调整期待等
职业生活中，当他人不公正地评价了您的时候，您一般会……	自尊
职业生活中，您一般是这样评价自己的	评价能力；目标
您总能发现学生的可爱	关注学生的积极要素
您总是感恩职业场域中他人对您的友好	对职场人际的基本态度
您总是主动地感悟职业生活场景中的美好	有追求幸福的明确意识
当您对单位的教师管理制度不满的时候，您会……	适应、应对
您认为社会很尊重教师	社会支持
您坚信自己肯定能把教书育人的工作做好	信念、自尊
把书教好，把人育好，是您自己的人生追求	目标、教师观
您认为育人比教书重要	教育观
即使某学生屡教不改，您依然坚信该生是有上进需求的	学生观、教师观
您认为课堂教学的主要任务是……	教学观、课程观、教育观、学生观

续表 8-2

测量项目/表层成因	深层成因：专业素养和社会支持
您认为，下列各因素中，哪个因素对您的职业幸福感影响最大	幸福观
您认为，教书育人的幸福主要在	幸福观
本学期您感觉……	幸福状态

2. 教师幸福能力所致的中小学教师职业幸福状态

中小学教师要获得职业幸福，不仅仅要拥有有助于自己获得职业幸福的观念、能力和社会支持等，还需要自己有创造幸福和感受幸福的实践。而且，如果只会创造幸福的来源，却不能从幸福来源中感受到幸福，幸福感也不会高。反之亦然。比如，中小学教师即使有了良好的社会支持，但却感觉不到社会支持的良好，就会使自己的幸福打折扣。即使有了先进的教育教学观念和良好教育实践能力，但是不努力运用到教育教学实践过程中，同样会使职业幸福打折扣。

基于第二节对中小学教师职业幸福能力的提升的探讨，下面从教师创造职业幸福的能力和感受职业幸福的能力两个方面着手，构建中小学教师职业幸福感状态的另一个深层成因的自我评价表，供教师们自我检测时参考。具体检测项目，参见表 8-3 中小学教师幸福感状态的深层成因的自我评价：幸福能力。

表 8-3 中小学教师幸福感状态的深层成因的自我评价：幸福能力

一级	二级	三级/监测点
创造职业幸福的能力	信念力	是否坚信自己能创造出教师幸福
	统摄力	是否有用自我实现需求统摄教师职业需求的能力
	选择力	是否有恰当选择职业活动相关对象的能力
	毅力	是否有排除万难，坚持实施所选的能力
	适应力	是否有主动适应教师职业环境的能力
	应对力	是否有积极应对教师职业环境变化的能力

续表 8 - 3

一级	二级	三级/监测点
感受职业幸福的能力	评价能力	是否确立了有助于获得幸福的评价标准的能力
		是否确立了有助于获得幸福的评价参照物的能力
		是否有科学、全面地看待评价对象的能力
	向过程要幸福的能力	是否具有现实的乐观主义精神
		是否在职业场域中能随时拥抱幸福
		是否具有优化自己的教育观的能力
		是否具有有意识地发现和选择幸福资源的能力
		是否具有协调自己欲望和现有幸福资源之间的关系的能力
	感恩	是否经常感激职业场域中学生、同事、领导、家长给予的关爱、支持和帮助等，并看到其中人性的光芒
		是否经常感激职业场域中的"物"提供的客观支持，并看到"物"的重要性
		是否经常感激社会提供的支持，并看到社会大众对教育、对教师，甚至是对自己的友好

　　其中，创造幸福的能力测量是从坚定信念、相信自己能创造出教师幸福，用自我实现需求统摄教师职业需求，培养恰当选择和坚持实施所选的能力，积极应对教师职业环境四个方面着手的。

　　感受幸福的能力测量则从评价能力、向过程要幸福的能力、感恩三个方面着手确定二级指标。"评价能力"的三级指标也就是幸福能力的监测点，包括：确立有助于获得幸福的评价标准的能力；确立有助于获得幸福的评价参照物的能力；科学、全面地看待评价对象的能力。"向过程要幸福的能力"的三级指标包括：是否具有现实的乐观主义精神；是否在职业场域中能随时拥抱幸福；是否具有优化自己的教育观的能力；是否具有有意识地发现和选择幸福资源的能力；是否具有协调自己欲望和现有幸福资源之间的关系的能力。"感恩"的三级指标包括：对职业场域中学生、同事、领导、家长给予的关爱、支持和帮助等的感激，并看到其中人性的光芒；对职业场域中的"物"提供的客观支持等表示感激，并看到"物"的重要性；对社会提供的支持等表示感激，并看到社会大众对教育、对教师，甚至是对自己的友好。

根据本章第二节中的相关论述，对表8-3中监测点中的问题，幸福能力较高的教师会给出肯定答案。

二、中小学教师幸福能力的评价模型

建构中小学教师幸福评价模型，主要是为了帮助中小学教师了解自己的幸福感状态，也可以为职称评审提供参考，但要进入实质操作还需要反复论证。

中小学教师幸福感是中小学教师通过对自己职业生活的评价而获得的一种满意感。中小学教师幸福感由五大要素构成，即教师职业收入需求的满足感、职业活动场域的物质安全保障感、教师职业场域关系的和谐感、教师职业活动中的被尊重感、教师职业追求上的自我实现感。

教师职业收入需求的满足感是教师对职业收入的满意状态。具体表现为教师因为从事教书育人职业活动收获的货币收入和非货币形式的物质收入，如工资、五险一金、生活物质等。如果教师对这些收入感觉满意，则有幸福感。

职业活动场域的物质安全保障感是教师所处的职业物质环境不会对教师的身心安全造成不利影响。教师对此感到满意，比如教学场地安全，教学设备、设施安全等。

教师职业场域关系的和谐感由身心安全感、人际关爱感、集体认同感、社会支持感等构成。身心安全感包括人身安全感和心理安全感。人际关爱感包括师师人际关爱感、师生人际关爱感和教师家长人际关爱感等，其中，师师人际关爱感又包括同级关爱感和上下级关爱感。集体认同感包括年级组认同感、学科组认同感、学校认同感。社会支持感包括中小学生家庭支持感、社区支持感、地方政府支持感、国家支持感。

教师职业活动中的被尊重感包括自尊感和他尊感，其中，自尊感包括自己对教师职业的认同感、对自己职业胜任力的认同感。职业胜任力的认同感包括对教书育人知识、能力、道德品行储备的认同。他尊感包括他人对教师职业的尊重，他人对教师职业胜任力的认同，其中包括对教师教书育人知识、能力、道德品行储备的肯定。

由此可以具体构建如下中小学教师幸福感获得能力评价表(表8-4)。

表 8 - 4　中小学教师幸福能力评价建议表

考评指标	考评点	测评问题示例
与职业收入需求满足感相关的幸福能力	对货币收入满足感的获得	您对目前您的工资、五险一金等有何看法？
	对非货币收入满足感的获得	您对单位发放的物资等有何看法？
与职业活动场域物质安全保障感相关的幸福能力	对教学场地安全性满意度的获得	您对校舍、校园花草树木等在安全方面有何看法？
	对教学设备、设施安全性满意度的获得	您对校园用电、用火、实验室、数据使用、辐射物质等有何看法？
	对学校食堂食品安全性满意度的获得	您对学校饭菜、茶水等的质量有何看法？
与职业场域关系和谐感相关的幸福能力	身心安全感的获得	在职业生活中，您感觉到的安全状况怎样？
	人际关爱感的获得	您和学生、同事、领导、家长等的关系如何？
	集体认同感的获得	您觉得年级组、学科组、学校等对您的工作和职业素养的评价是怎样的？
	社会支持感的获得	您觉得学生家庭、社区、地方政府、国家等对教师职业的支持情况如何？
与职业活动中被尊重感相关的幸福能力	自尊感的获得	您怎样看待教师职业？
		您怎样评价自己的教书育人知识、能力、道德品行储备等情况？
	他尊感的获得	您认为他人是怎样看待教师职业的？
		您认为他人是怎样看待您的教书育人知识、能力、道德品行储备等情况的？
与职业追求上自我实现感相关的幸福	使命体验感的获得	您对教书育人的使命有何感觉？
	成长感的获得	您是如何看待您的职业成长情况的？
	自我接受感的获得	您是怎样看待作为教师的自己的？
	创造感的获得	您是怎样实现职业生活中的自我超越的？
	奉献感的获得	您觉得自己的职业活动有哪些贡献？

使用表8-4时，可以在教师对测评问题的回答基础上，判断其在相应考评点上的幸福能力状况。判断的理论依据请参见本章第一节和第二节中的相关内容。

以上幸福感获得能力评价框架只是为中小学教师幸福感测评提供导向参考，开放性题型示例只是提供范例，如果要将测评结果运用于职称评审中，还需要在考察过程中通过设置问题来完成，需要获取可以量化比较的数据。

参考文献

[1] [美]马丁·塞利格曼.持续的幸福[M].赵昱鲲.杭州：浙江人民出版社,2012.

[2] [美]马斯洛.马斯洛人本哲学[M].成明.北京：九州出版社,2003.

[3] [美]威廉·佩沃特.主观幸福感研究综述[J].李莹.广西社会科学,2009 (6).

[4] 胡忠英.做幸福的教师：教师幸福感实证研究[M].杭州：浙江大学出版社,2015.

[5] 檀传宝.论教师的幸福[J].教育科学,2002 (1).

[6] [德]卡尔·雅斯贝尔斯.什么是教育[M].邹进.北京：生活·读书·新知三联书店,1991.

第九章
中小学正高级教师职称评审工作改进

正高级教师评审作为一个新生事物，经过几年的评审实践，总体反响良好。评价结果的公信力逐步提升，提高了中小学教师的职业地位，树立了正确的用人导向，有利于激励更多优秀人才长期从教，推动了中小学教师合理流动，促进了教师资源优化配置。但评审标准的科学性、推荐指标分配的合理性、组织过程的科学性、评审程序的透明性、面试赋分的客观性、评委组成的合理性等方面还受到一些质疑，有的不完全符合中小学教学工作实际，有的各方利益协调考虑不足，所以还需要进一步改进完善。

第一节　发挥正高级教师职称评审的效应

1986 年，我国颁布《中小学教师职务试行条例》，建立了以职务聘任制为主要内容的中小学教师职称制度，职称晋升成为教师职业生涯普遍追求的目标，这一制度对调动广大中小学教师的积极性、提高中小学教师队伍的整体素质，发挥了良好的导向作用。2015 年，国家发布了《关于深化中小学教师职称制度改革的指导意见》，建立起统一的中小学教师职务制度，中小学教师设置正高级教师职称，让中小学教师终于拥有了与大学教授、科研机构研究员同样的职称晋升空间，这是中小学教师职业发展顶层设计的重大突破。但是，正高级教师职务评审工作的开展还只有几年时间，优秀教师竞争激烈，基层教师能评上的还很少，致使许多教师觉得正高级职称高高在上，反正自己评不上，就不去了解、不去追求，这实质上消减了正高级职称设置对促进教师队伍建设的积极作用。为此我们要广泛宣传，引导教师们正确认识职称改革的意义，激发广大教师职业追求的积极性和主动性，发挥正高职称对现代教师队伍建设的正面引领作用。

一、正高级教师是中国特色的教师职称

职称评审结果是专业技术人员聘用、考核、晋升的重要依据。在我国，有许多职称系列，比如：高等学校的教授、副教授、讲师、助教系列；科研机构的研究员、副研究员、助理研究员系列等，正高级职称已广为人知，而中小学教师职称系列的完善，经历了长期的发展过程。

1986年，国家教育委员会下发的《中小学教师职务试行条例》明确了中小学教师职务是"根据学校的教育教学工作需要设置的工作岗位"，使用的是"教师职务"一词。当时中学教师职务设中学高级教师、中学一级教师、中学二级教师、中学三级教师；小学教师职务设小学高级教师、小学一级教师、小学二级教师、小学三级教师。中学与小学教师职务分开设立，相对独立，没有打通。

2015年，人社部、教育部下发的《关于深化中小学教师职称制度改革的指导意见》中，中小学教师职务系列称为"中小学教师职称（职务）"系列。虽然在职称后面加上"职务"，但对于中小学教师来说，可能更习惯使用或认可"职称"一词。"职称"是对专业技术人员品德、能力、业绩的评议和认定得到的结果，是符合中国国情的一个有益设计。

中小学教师系列专业技术职称分为正高级、副高级、中级、助理级、员级，分别对应正高级教师、高级教师、一级教师、二级教师、三级教师，正高级教师是最高等级的职称。中小学正高级教师职称与高校教授不同，不能称中小学正高级教师为"教授"。大学教授具有特定的专业内涵和岗位功能，笼统混称可能产生种种不必要的误解，也会影响评审中观念更新和标准制定的逻辑起点。

中小学正高级教师职称有自身的基本特点，与高校教授相比，不仅仅是名称不同，其内涵也有明显区别，因为中小学教师与高校教师的工作对象、属性都不尽相同，在工作性质、学术水平、社会评价方面要求也不一样。第一，教育对象不同。中小学教师面对的是未成年少年儿童，高校教师则面向已经具备了一定的基础知识和基本技能、心智比较成熟的青年人。第二，教育内容不同。中小学教学内容大多是国家规定的统一内容，高校教学内容与专业高度相

关，不同专业有较大差异，同一专业在不同学校也有差异。第三，教学方法不同。中小学多以讲授、讨论、练习相结合，需要循循善诱地启发，大学强调专业特点，教学弹性较大，更多需要学生进行项目参与、案例分析等自主学习。第四，价值追求不同。中小学追求教学的规范性、普适性和求同性，高校追求教学的异质性、创新性和个性化。第五，教育评价不同。中小学重视基础知识的掌握和基本技能的培养，学生的学业成绩被高度关注，大学更重视学生特定学科的专门化知识和专业能力、职业胜任能力和创造能力的发展。第六，研究角度不同。中小学教师的研究多指向课堂教学的实践性和应用性，其方法多用观察、反思和实证。高校具有培养人才、科学研究、服务社会等基本功能，高校教授的科学研究更侧重于"学术研究"，大学对教师的学术研究要求更高。所以，虽然中小学正高级职称与大学教授都属于正高职称，但应该有明显不同的评审尺度，应当避免完全套用大学教授标准评审中小学正高级教师。

二、正高级教师评审有助于教师专业发展

2009 年，全国开展中小学教师职称制度改革试点。2011 年 9 月，人社部、教育部印发《关于深化中小学教师职称制度改革扩大试点指导意见的通知》以后，逐步落实了中小学教师职称（职务）过渡。2015 年 9 月，人社部、教育部联合印发的《关于深化中小学教师职称制度改革的指导意见》，正式开始评审中小学教师正高级职称，2015—2019 年全国评上正高级教师的超过一万人，一批优秀教师脱颖而出。

中小学正高级教师职称的设立与评审，产生了良好的社会反响。公众普遍认为，中小学教师职称制度改革遵循了中小学教师的成长规律和职业特点，统一了自 1986 年以来一直施行的中学、小学两大职称系列，从制度框架、评审标准、评价机制等方面对中小学职称制度进行了整体设计，是一个鼓励优秀教师脱颖而出的良好制度。

同时，中小学正高级教师职称的设立与评审促进了骨干教师的成长，带动了教师队伍专业发展。科教兴国，教育振兴，需要激励广大教师潜心育人，需要一大批优秀骨干教师引领、示范。吸引和稳定优秀人才长期从教、终身从教，需要制度引领，为教育改革和发展注入积极的正能量。中小学正高级教师职称评审走向常态化、正规化，坚持把师德放在中小学教师评价的首位，注重

考察教师教书育人的工作业绩和实际贡献，才能有助于教师队伍专业发展。

在评审过程中，根据中小学教师的工作性质、职业特点，应充分考虑不同地域、不同学段、不同学科的特点和要求，分类制定评价标准，不将论文作为限制性条件。对长期在农村和艰苦边远地区工作的中小学教师，可放宽学历要求，不做论文、职称外语和计算机应用能力要求，提高实际工作年限的考核权重。这样，使得大量用心教书的教师"跳一跳能够得着"，很好地发挥了正高级教师在城乡各地区的引领作用，让更多基层教师充满希望，有更高的追求目标，为教师队伍的专业发展注入了新的活力。

第二节　完善正高级职称具体评审标准

科学的评审标准是准确评价中小学教师胜任力的前提，也是引领中小学教师职业发展的重要导向。申报正高级职称的教师关注评审标准，需要按照评审标准准备材料，年轻教师可以按照评审标准明确努力方向，所以，必须完善评审标准，最好尽快公开正高级教师的评审标准，发挥职称制度的导向、引领作用。

一、国家有关正高级教师的评审评价标准

2015 年，人社部、教育部颁发的《中小学教师水平评价基本标准条件》中明确规定了所有教师职称评审首先要具备 3 条基本条件，即：

1. 拥护党的领导，胸怀祖国，热爱人民，遵守宪法和法律，贯彻党和国家的教育方针，忠诚于人民教育事业，具有良好的思想政治素质和职业道德，牢固树立爱与责任的意识，爱岗敬业，关爱学生，为人师表，教书育人。

2. 具备相应的教师资格及专业知识和教育教学能力，在教育教学一线任教，切实履行教师岗位职责和义务。

3. 身心健康。

在达到上述标准条件的基础上，正高级教师的基本条件有 5 条：

第一，具有崇高的职业理想和坚定的职业信念，为促进青少年学生健康成长发挥了指导者和引路人的作用，教书育人成果突出；

第二，深入系统地掌握所教学科课程体系和专业知识，教育教学业绩卓著，教学艺术精湛，形成独到的教学风格；

第三，具有主持和指导教育教学研究的能力，在教育思想、课程改革、教学方法等方面取得创造性成果，并广泛运用于教学实践，在实施素质教育中，发挥了示范和引领作用；

第四，在指导、培养一级、二级、三级教师方面做出突出贡献，在本教学领域享有较高的知名度，是同行公认的教育教学专家；

第五，一般应具有大学本科及以上学历，并在高级教师岗位任教5年以上。

这实际上是一个全国性的基本标准，各省级区域还需要结合各类中小学的特点和教育教学实际，制定中小学教师具体评价标准。

二、湖南省正高级教师评价标准

根据国家文件确定的中小学教师专业技术水平评价基本标准，湖南省人力资源和社会保障厅、教育厅2016年下发的《湖南省深化中小学教师职称制度改革实施方案》中，对中小学教师、幼儿园教师、特殊教育教师、教研人员、校外教育机构教师分别制定了水平评价基本标准条件，为各类教师提供了基本标准条件。下面以"湖南省中小学教师水平评价基本标准条件"为例介绍。

"湖南省中小学教师水平评价基本标准条件"分为基本条件、业务能力水平、任职资历等，并对其他条件、破格条件等进行了规定。其中所有职称评审都要达到的基本条件包括：

（一）政治素养

1. 具有正确的世界观和方法论。

2. 实践科学发展观。

3. 树立社会主义核心价值观。

（二）法纪意识

1. 依法执教。

2. 廉洁从教。

（三）敬业精神

1. 忠诚人民教育事业，具有崇高的职业理想和坚定的职业信念。

2. 努力探索教育规律，根据不同时期的人才培养规格要求，选择符合学生身心发展特点和规律的教育教学内容、方法和手段。

3. 认真履行工作职责，忠于职守，服从工作安排。认真抓好教育教学的每个环节，按时保质保量地完成工作任务，注重教育教学感悟和反思。

（四）育人行为

1. 以学生发展为本，充分了解学生发展需求，注重个体差异，尊重、爱护学生，平等、公正地对待并严格要求每一个学生。

2. 保护学生安全，关心学生身心健康，维护学生合法权益。

3. 多元化评价激励学生，耐心细致教育学习上有困难的学生，无单纯以学习成绩评价学生、公布学生考试名次等现象。

4. 没有体罚或变相体罚学生的行为，不泄露学生的个人隐私。

（五）学习态度

1. 树立终身学习理念，不断拓宽知识视野，更新知识结构。

2. 不断学习、准确把握国家政治、经济、文化以及社会发展的新形势与新要求，不断学习和掌握教育研究的新成果、新进展，不断学习新技术、新方法。

3. 潜心钻研业务，具有不断地自我超越、自主创新的精神和能力。注重将理论学习与本职工作相结合，不断提高专业素养。注重将所学的先进经验和成果与本校本班的实际相结合，不断提高教育教学水平。

4. 继续教育达到规定学分要求，按照有关规定完成相应的学时（学分）培训任务。

（六）师德师风、身心条件

师德师风优秀，身体健康，心理健康，具备从事教育教学的身心条件。

（七）资格要求

具备《教师法》规定的相应的教师资格。

(八) 其他要求

对职称外语和计算机应用能力考试不作刚性要求，论文区别对待。

在这一系列基本条件的基础上，再分级提出了"业务能力水平"要求，其中正高级教师要具备以下条件：

1. 教育艺术高超，育人业绩卓著

(1) 具有先进的教育思想，树立育人为本、德育为先的理念，将学生的知识学习、能力发展与品德养成相结合，面向全体学生，促进学生全面发展。

(2) 任现职以来承担班主任、辅导员等学生管理工作 2 年以上，精通教育规律和学生身心发展规律，善于针对不同类型的学生设计不同的培养方案，提供适应其特点的教育，促进学生的全面发展，为促进学生健康成长发挥了指导者和引路人的作用。

(3) 善于挖掘和充分利用本学科教学中的德育元素，培养学生正确的世界观、价值观和方法论，充分发挥学科教学的育人功能。

(4) 积极参与社会教育活动，与社区和学生家长建立良好的沟通渠道，能够针对学生的教育成长、学校教育工作和社区教育发展等提出指导性意见或方案。

2. 教学业务精湛，教学效果优异

(1) 课堂教学效果优异，所教学生学习兴趣和动机得到充分培养，学习方法得到有效指导，所教学生自主学习能力强，课程教学考核等级达到良好标准，教学综合评价优良率在80%以上，教学效果在本区域内同学科层次处于领先水平。

(2) 深入系统地掌握所教学科课程标准体系和专业知识，能准确把握和创造性地使用教材。

(3) 备课精益求精，教学方案针对性强，富有创新精神。

(4) 课堂教学能够驾驭自如，学生自主、合作、探究学习在课堂中得到充分体现，形成独到的教学风格，受到学生普遍欢迎，得到本区域内同行的一致认可。

(5) 学生课业负担轻，作业有层次、有梯度，作业量适度，作业内容和形式多样化，具有学科特色，富有创新性。

（6）根据学生成长规律、学科特点和教学要求，创造性地组织、指导开展课外实践活动或参与各类竞赛。

（7）具有市级学科（专业）带头人或市级骨干教师等相应称号。

3.研究能力超群，教研成果丰富

（1）具有主持、指导教育教学研究的能力。在教育思想、课程改革、教学方法等方面取得创造性成果，并广泛运用于教学实践；在实施素质教育中，发挥示范和引领作用。

（2）任现职以来出版过或在全国中文核心期刊上发表过独创性的教育教学研究著作或论文，或持有国家承认的发明专利（实用新型专利），或主持的课题获市州以上奖励，或有经县市区教育部门组织同行专家鉴定或推荐的成果。

4.示范作用显著，区域同行公认

（1）在本学科领域享有较高知名度，为本区域同行公认的教育教学专家。

（2）具有很强的团队精神，在学校教学团队的成长和发展中发挥关键性作用；积极参与本区域教师培训工作，在指导、培养中青年骨干教师方面做出突出贡献。

（3）积极参与学校教学改革，在推动学校发展、促进学科建设和先进教育理念的推广与普及工作中取得显著成绩。

可以看出，无论是国家标准，还是湖南省标准，都是原则性的、方向性的、粗线条的，看起来都是高大上的，似乎满足基本资历的优秀教师谁都符合。其中一些描述性语言诸如"高超""卓越""精湛""领先""超群""示范""引领""显著""突出""创新性""领先水平""同行公认"等，由于缺乏刚性指标，含义模糊，实际操作难度较大，评委本身的专业水平、工作岗位、学术视野影响着评价结果，很难具有客观性。有些高校教授在担任中小学正高级职称评委时，由于不了解中小学教学实际，难以对评审对象做出合理判断，即使是一线中小学正高级教师担任评委，限于其本身的视野、学术水平，也不是轻易能做出客观评判的，所以在具体评审时，还需要制定具有可操作性的评分细则。

三、评审操作的评分细则

中小学正高级职称评审一般对中小学教师、幼儿园教师、特殊教育教师、教研人员、校外教育机构教师分别明确了评价标准条件，在此基础上，具体评审过程中的评分细则自然也要分别制定。比如：某省教师类高级职称评审评分细则指标体系共有15个一级指标，分别如下：

表9-1　某省教师类高级职称评审评分细则一级指标

序号	指标内容与分值
1	政治思想理论基础坚实(30分)
2	遵纪守法(30分)
3	爱岗敬业(40分)
4	关爱学生(30分)
5	终身学习(20分)
6	面向全体学生(50分)
7	发挥学科育人功能(30分)
8	发挥家庭、社区育人功能(30分)
9	为人师表(40分)
10	教学效果突出(50分)
11	教学过程科学有效(50分)
12	把握时代要求，改革教学方式(20分)
13	加强教学研究，探索教学规律(30分)
14	为农村学校服务(30分)
15	师德师风事迹突出(20分)

每个一级指标又列出二级指标和考评点，比如爱岗敬业、关爱学生、终身学习、教学效果突出、把握时代要求，改革教学方式、为农村学校服务等项目的二级指标如下表：

表9-2 某省教师类高级职称评审评分细则二级指标

一级指标	二级指标
爱岗敬业	1.职业理想坚定。忠诚人民教育事业，树立崇高的职业理想和坚定的职业信念 2.热爱本职工作。勤奋努力，勇挑重担，开拓进取，具有敬业精神和奉献精神 3.认真履职。忠于职守，服从工作安排，认真履行工作职责
关爱学生	1.以学生发展为本。充分了解学生的发展需求，根据教育教学规律和学生身心发展特点开展教育教学工作。注重个体差异，尊重、爱护学生，平等、公正地对待并严格要求每一个学生 2.关心学生身心健康。保护学生安全，关心学生身心健康，维护学生合法权益 3.多元化评价激励学生。耐心细致教育学习上有困难的学生
终身学习	1.树立终身学习理念。树立终身学习理念，把握社会发展的新形势与新要求，不断学习和掌握国内外教育研究的新成果、新进展，不断拓宽知识视野，更新知识结构 2.学以致用。潜心钻研业务，具有不断地自我超越、自主创新的精神和能力。注重将理论学习与本职工作相结合，不断提高专业素养。注重将所学的先进经验与本校、本班的实际相结合，不断提高教育教学水平
教学效果突出	1.教学质量高。所教学生基础知识、基本能力扎实，教学效果明显好于本区域内同学科层次。学生内在学习兴趣和动机得到了充分培养，学习方法得到了有效指导，所教学生自主学习的能力强。在上级教育行政部门组织的统一检测中，成绩突出 2.学生课业负担轻。布置课外作业符合规定，学生课业负担明显低于同一区域平均水平 3.教学水平高被公认。教学水平高，为本地区所公认，是本地区本学科的学术带头人，有一定的声望

续表 9 - 2

一级指标	二级指标
把握时代要求，改革教学方式	1. 提高教学的针对性和有效性。按照人才培养规格要求，确定教学目标，选择教学内容、教学方法和评价手段，注重培养学生的创新意识和实践能力 2. 有效地构建自主、合作、探究式的课堂教学模式。调动学生内在的学习动机和兴趣，鼓励学生自主学习；组织学生开展合作学习，培养团队精神；引导学生理论与实践相结合，进行探究学习，提高学生发现问题和解决问题的能力；引导学生认识学科价值，养成学科情感，养成科学的学习态度 3. 整合教学资源。充分利用所在社区教学资源、网络教学资源，拓宽学生学习和实践平台，提高学生综合素养
为农村学校服务	任现职以来，有农村学校(县城关镇以下学校，不含县城关镇学校)工作经历(包括经教育行政管理部门批准的农村学校支教工作经历)，不满1年，但超过6个月的，可按1年计算。由组织委派的支教人员，如援藏援疆、海外支教、义工等，等同对待

　　像这样的细则，要素构成过于复杂，多数考评点模糊。评委要具体对每个点给出客观评价，打出分数，确实困难。很多考评点实际上难以量化，更难以在评审期间短时间内从提交的书面材料来进行判断。所以，实际上这样的操作细则不具有良好的操作性，需要进行修改简化。

四、完善评审细则的建议

　　正高级教师职称评审分类包括中小学教师、幼儿园教师、特殊教育教师、教研人员、校外教育机构教师、校长，并为此制定具体操作细则，同类比较，分类确定指标。下面只以中小学教师类为例讨论评审标准与细则的完善，供有关部门参考。

(一)抓住核心点，简化观察点

　　正高级教师评审是经过学校、县区、市州的层层推荐才送到省里参评的，很多基本的资料已经经过审核、公示，应该作为省级评审的基础。所以省级评审的指标体系应该是严格审查核心指标，重点对教师胜任力核心要素进行评价，但不宜太多太细，应该把评审指标大大缩减，一级指标建议主要考察以下10个方面：

1. 政治素养与遵纪守法；

2. 师德师风与为人师表；

3. 学科素养与专业水平；

4. 教育教学能力与实绩；

5. 学习态度与学习能力；

6. 教研能力与教研成果；

7. 个性特质与社会影响；

8. 身心健康与职业幸福；

9. 引领示范与社会服务；

10. 先进事迹与特别加分。

每一个一级指标下只要抓住重点项目确定二级指标，不必面面俱到。

(二)明确奖项与荣誉项目的级别、数量要求

在确定各项指标考评观察点时，要明确奖励项目、荣誉称号的最低个数要求和级别界定标准。鉴于目前一些学会、协会、社会团体、杂志社、公司举办的比赛不够规范，颁发的奖项水分较多，需要以各级政府、教育行政部门颁发的证书为准，以免一线教师到处想方设法去获奖，甚至为了评职称花钱买证书。

因此，建议中小学正高级教师评审要求：

取得副高级职称以来至少获得1项省厅级(或以上)教书育人(如省级优秀教师、先进教育工作者、优秀班主任)方面的奖项，1项省级(或以上)教育行政部门或教研部门组织的教学比赛奖项，1项省级(或以上)教育行政部门或教研部门组织的教学成果评审奖项，三者都必须排名前3位，3个奖项至少有1项。

或者至少获得2项市局级教书育人方面的奖项，2项市级教育行政部门或教研部门组织的教学比赛奖项，2项市级教育行政部门或教研部门组织的教学成果评审奖项，6个奖项都必须排名前2位，缺一不可。

政府其他部门的奖项在同类比较时参考，学会、协会、社会团体、杂志社、公司颁发的奖项一律不予采纳，乡村村小教师可以不做刚性要求。

(三)分类明确指标计分点

在分别制定中小学教师、幼儿园教师、特殊教育教师、教研人员、校外教育机构教师、校长、工读学校教师评审具体操作细则时,相同的项目,考评计分分值可以不同,比如课题、论文、成果计分,中小学教师类的分值要比教研员类占的分值低,校外教育机构教师可以不计分;担任名师工作室首席名师、优质空间课堂首席名师、教师工作坊坊主等教育教学专业性工作中获得的省级及以上、市级表彰的计分适合中小学教师,教研员和培训机构教师就一般没有,所以不宜计分过多。

(四)考评方式要适合集中材料评审

评审操作细则实际上是到省级集中评审时才使用,一些过程性的考评点、观察点,若无刚性指标,并且集中封闭时无法进行考评,应该由市县和学校把关考核,不必列入评审记分细则。

(五)明确界定有关概念的具体含义

在评审材料中,所谓国家级、省级、市级项目或者获奖,一些教师很难搞清楚,填写时常常是错误的,一些杂志、课题是不符合要求的,为此,需要明确一些概念的界定。

比如"县级",含县、县级市、区、市直;"乡镇级",含街道、县(市)直学校、中心校(联校)。有些地市州颁发的证书有全市和市直两种,同样是市教育局颁发,市直先进只能以"县级"计分。

"教学比赛"必须是由教育行政部门、教研部门、教育主管部门委托组织的、通过选拔的专项教学比赛,其他部门、学会协会、社会机构、杂志社、课题组等组织的教学比赛都必须严格甄别,不予记分。

"课题"主要是指通过各级政府、教育科学规划领导小组办公室、社会科学界联合会立项的课题,如果是国家有关部门立项的视为国家课题,省级有关部门立项的为省级课题,市州有关部门立项的为市级课题;学会、协会以及教育行政部门下属的其他部门立项的有关教育教学的课题只能作为参考。参与课题要看排名与承担的具体工作。

"省级及以上刊物发表论文"指在国家或省新闻出版部门正式批准的、有国际国内统一标准刊号 ISSN、CN 的学术期刊上发表的学术文章，字数每篇要超过 1500 字。发表在增刊、论文集上的文章，或只发了用稿通知或已印清样，但未正式发表的论文不宜采用。

"学科带头人""骨干教师"是指教育行政部门经过实地考核、评审、发文等过程正式授予教师的荣誉称号。其他学会、协会、社会组织颁发证书的"学科带头人、骨干教师、文化名人"称号都不宜认可。

"主流媒体"是指党报、党刊、电视台新闻综合频道及教育部、省教育厅主办(主管)的主要报纸杂志。

"学生竞赛项目"必须是国家和省级政府部门按照规定认可的项目，教育主管部门不认可的竞赛获奖都不能算。

指导青年教师、辅导学生或指导学校工作获奖，需要教育主管部门、教研部门认可，并颁发有指导(辅导)证书。

"教学成绩名列前茅"指位居总样本的前 20%。名列市、县(市区)、乡镇前茅分别由市州、县(市区)教育行政部门、中心校出具有效证明，证明材料以表格、数字形式呈现。幼儿园教师须提供班级幼儿成长档案及相关材料，特殊学校教师须提供学生康复训练与生活实践能力提升等佐证材料。

第三节　完善正高级职称评审组织工作

中小学教师正高级职称推荐评审政策性强、关注度高，所以要求评审程序严谨、组织工作细致、评审公平公正、操作简单易行。

一、关于推荐指标分配与通过率

湖南省自 2016 年全面开启中小学正高级教师评审以来，各市州按照省教育厅分配的名额组织评审推荐，2016 年 222 人送省参评，2017 年 224 人送省参评，2018 年 233 人送省参评，2019 年 255 人送省参评。最终评审通过结果是 2016 年总数为 146 人，2017 年总数为 147 人，2018 年总数为 157 人，2019 年总数为 170 人。

根据人社部、教育部〔2018〕93号文件精神，2019年前，中小学正高级教师数量实行总量控制，由人社部、教育部统一确定各地中小学正高级教师数量。2019年起，人社部不再下达评审指标。各地在核定的岗位结构比例内开展正高级教师职称评审，评审结果报两部备案。

在这一政策背景下，省教育厅可以根据各地中小学教师队伍总体状况、区县数量、人口规模和经济社会发展水平等因素，以上一年度市州中小学、幼儿园专任教师数和副高级教师数各占50%的比重分配推荐名额。中央驻湘单位、省直厅局、省属企事业单位所举办的中小学实行推荐指标单列，由省教育厅统一组织申报推荐。

在分配推荐名额时，对规定一个单位是不是只能推荐一人申报，不同单位有不同的看法。规模大的学校、人数多的城区学校，认为这对人才集中、教师多的学校不公平。而规模小的学校认为这样可以让更多的学校拥有机会，有利于教师流动，大规模学校符合条件的教师可以流动到小规模学校或农村学校去参加评审，所以建议将权力下放，由市州教育局适当控制，一个单位最多不超过2人，但不宜以文件形式下发硬性规定一个学校只能申报1人。

对于学校领导的认定范围也引起了较大反响。有的认为：一个只有几个教师的学校校长也是正职，而拥有上百名教师的学校的副校长算教师，确实不合理；但无论学校大小，不管是小学还是中学，副校长都按照校长报，也不尽合理。笔者建议这样进行界定：县直、市直教育单位班子（市县教育局直接管理的学校、幼儿园、中心校、教研及校外教育机构）成员，乡镇中学、中心学校的党政一把手界定为"担任学校和教研机构行政领导职务"，这些人在申报时或通过的人员比例中不得超过30%。乡镇以下的片小、村小校长不能界定为行政领导，城区规模小的小学副校长不适宜都作为校长对待。

对全省评审通过率的适度平衡也值得再研究。由于各地区经济发展水平、教育资源不同、教育发展水平不一，中小学正高级教师推荐申报人数通过的比例各地也有差异，全省统一评审、统一标准，但并不是非要每个市州通过的比例相同，也要照顾地区差异。建议全省评审时，划出全省市州最低通过线，这样既保证质量，又相对公平。没有达到最低控制线的，宁缺毋滥，指标结余转下年度使用，彼此互不侵占，才能真正体现向偏远地区倾斜。

二、关于教研员的评审通过比例

教研员与校长相比,工作性质不同,社会影响力差异太大,不应该与校(园)长同类对待、同组评审。人社部、教育部〔2017〕67号文件规定"评审通过的正高级教师中,担任学校和教研机构行政领导职务的不得超过30%",在过去的申报推荐要求中,有的省明确一线教师占比不少于推荐总人数的70%,正校(园)级领导〔乡镇中心学校(幼儿园)以上(含本级)的党政正职领导〕以及教研机构、教师培训机构、校外教育机构中的专业技术人员占比不超过推荐总人数的30%。从几年的评审结果看,各省教研员(含教培机构)通过率差异很大。比如:上海市通过的人数中,2017年教研员占43.40%,2018年教研员占45.76%;北京市通过的人数中,2017年教研员占29.58%,2018年占26.03%;广东省通过的人数中,2017年教研员占16.86%,2018年教研员占19.89%;山东省通过的人数中,2017年教研员占19.40%,2018年占12.35%;江苏省通过的人数中,2017年教研员占15.64%,2018年占14.21%;贵州省通过的人数中,2017年教研员占15.18%,2018年占13.79%;安徽省通过的人数中,2017年教研员占13.13%,2018年占17.58%;湖南省通过的人数中,2017年教研员占5.44%,2018年占8.92%。

省、市、县三级专职教研人员当中,相当一部分是因为业务精湛才走上这个岗位的,他们是教师队伍中的佼佼者,在推动课程改革、改进教学实践、促进教师专业发展等方面发挥了重要作用。他们由普通教师成长为优秀教师,由优秀教师成长为一个地区的学科领头雁,教研机构高级职称比例远高于学校,人为降低教研员的推荐机会和评审通过率会把优秀人才排除在外,不利于教研队伍建设。所以建议不对教研员人为设定通过人数或通过率,只要市州推荐参评,在省级评审中按照实际水平评审即可。

三、关于向农村教师倾斜

2015年国家《关于深化中小学教师职称制度改革的指导意见》明确:在乡村学校任教(含城镇学校教师交流、支教)3年以上、经考核表现突出并符合具体评价标准条件的教师,在同等条件下优先评聘。

2016年《湖南省深化中小学教师职称制度改革实施方案》中进一步明确:

中级职称增加5%，高级职称增加3%，重点用于解决乡村工作满20年和30年的教师职称评审。同时文件明确普通中小学教师申报正高级职称必须累计有2年以上农村学校或薄弱学校任教经历；教研员要有1年以上基层教研机构或学校工作经历。

向一线和农村边远地区倾斜，无疑是正确的政策导向。但是评审过程中过分降低评审要求，无底线地倾斜，容易引发新的矛盾，产生不良影响。职称制度改革应该以品德、能力、业绩为导向，让做出贡献的人才有成就感和获得感，能够通过职称评审培养出一批留得住的农村教育家型的优秀教师。所以建议向一线教师特别是边远山区教师倾斜，可以通过加分方式解决，也可以通过增加县以下农村教师指标、计划单列来解决，要有利于引导有志青年到农村去，有利于促进城区教师向乡村流动，但不能让农村正高级教师职称的技术含量大大降低。

四、关于城市教师在农村学校或薄弱学校任教经历要求

一般来说，各省市会对城区教师职称评审提出有到农村学校或薄弱学校任教经历的要求。2016年湖南省规定：城市中小学教师晋升中级职称应有1年农村学校或者薄弱学校的任教经历，晋升高级职称应累计有2年以上农村学校或薄弱学校的任教经历。到2019年，修订的《湖南省中小学教师系列职称申报评价及管理办法》进一步明确：城市中小学教师晋升中级职称按规定应有1年以上农村学校工作经历，文件印发后1年为过渡期。晋升高级职称应累计有2年以上农村学校或薄弱学校任教经历（其中至少1年为农村学校工作经历），文件印发后2年为过渡期。这就意味着2020年之后的中级职称及高级职称评审要按照新的规定执行。这一要求有时代性和合理性，但是实际上很多城市教师因为没有机会到农村去支教而无法申报职称评审，因为到农村去任教不是个人有意愿就能去，而要服从学校和教育局的统一安排，不能过分影响所在学校的正常运行。

五、关于中小学正高级教师学术水平

中小学正高级教师应该研究能力超群，教研成果丰富，要具有主持和指导教育教学研究的能力，在教育思想、课程改革、教学方法等方面取得创造性成

果，并广泛运用于教学实践。具体材料表现在出版过著作或在全国中文核心期刊上发表过独创性的教育教学研究论文，或持有国家承认的发明专利（实用新型专利），或主持的课题获市州以上奖励，或有经县市区及以上教育部门组织同行专家鉴定或推荐的成果。评审过程中，如果不明确论文、课题、获奖的基本要求，往往难以操作。特别是在强调"不唯论文"的价值取向下，很多人误以为正高级教师不要主持课题，不用开展研究，不要学术水平，不用发表论文。这样过分降低正高级教师的学术水平，不仅不利于优秀教师积极进取，也影响教育质量的提升。实际上，一线教师的教育科研就是研究如何解决工作中的问题，克服工作中的困难，寻找突破教育难题的方法，提炼教育教学的规律，不大力提倡研究，教育质量无法提升，教育改革无法推进，容易导致教育水平的实际下降。如果课题、论文、成果都没有基本的要求，也难以造就教育家型的优秀教师。

为了促进正高级教师形成个人的学科教学思想、教学模式和教学方法体系，应该倡导一线教师积极撰写专著、论文、经验总结，主持校本课程开发，承担市级以上的教育科研课题，积极组织、参与教研教改活动，并在活动中充分发挥指导、示范作用。所以正高级教师至少应该要求在省级以上报刊发表教育论文3篇以上，要主持过市级以上教育科学规划课题。专职教研人员要求有一定的学术水平及引领能力，比如要有省级课题、个人专著、学术讲座等方面的要求。要通过正高级职称的评审鼓励中小学名师建构自己的教学体系，促成具有"工匠精神"的教学研究成果。

考虑到中小学教师的实际情况，发表论文可以不必要求在核心期刊或者C刊，只要是正规国内教育期刊就可以了，同时要坚决打击假论文、假课题、假获奖。

六、关于现场答辩

湖南省中小学教师正高级职称评审工作方案明确：正高级职称评审需要采取说课讲课、面试答辩、专家评议等多种评价方式，对参评对象的业绩、能力进行有效评价。不同省份评审程序不一定完全一致，但大部分是分学科组观看教学案例视频、审阅材料、现场答辩三步进行。根据近几年参加过现场答辩的教师反映，职称评审中的答辩环节尚存在一些有待完善的方面，比如答辩前没有给答辩对象一个基本的范围，专家命题也没有约束，以至于有些设问与本职工作相距甚远，让答辩者不能发挥正常水平，不能考核中小学教师的核心素养。由于评委成员中大学教授过多，导致有的问题不符合中小学实际。比如答辩环节中，有学科组甚至设置了这样的提问：最近你看了哪几本量子力学书籍，作者是谁，主要观点是什么？你的大学量子力学教师叫什么名字？同时，面试答辩环节赋分比较多，答辩打分主观性比较强，随意性较大，容易有人情分、运气分。所以建议面试答辩时间不少于十分钟，权重设置为10%，答辩问题主要与申报学科有关，是教育教学中的重要问题，一般应由一个学科专业问题、一个教育通识问题、一个与申报材料有关的问题组成。

七、关于加分设置与一票否决

对中小学正高级教师评审，加分项设置要慎重，尤其是宣传报道加分要大幅度降低。宣传报道赋分过大，极易引发有偿报道风行，带来不良社会风气。特级教师荣誉称号在教育系统甚至整个社会上的品牌效应非常显著，应等同于全国综合荣誉纳入中小学正高级职称加分项目。同时，要提高实际工作年限的考核权重，比如工龄、任现职年限、县以下农村薄弱学校工作年限以及中小学教师的从教年限，校长的任职年限、教研员从事教研工作的年限等必须设置一定分值。

坚决打击学术作假，实施对假论文、假获奖、假成果零容忍。加强师德的考察，通过个人述职、考核测评、征求学生和家长意见等方式全面考察教师的职业操守，对有严重师德师风问题的教师坚决实行一票否决，并且连续3年不能再申报。

八、关于专家评委库建设

评价人才的方法很多，怎么评，谁来评仍然非常重要，总体来说，应该是同行懂业务的专家来评审。评价农业科技人员，就得农业专家来评；评审中小学教师，一定要熟悉中小学教育的专家来评定，大学教授不一定都可以来评定中小学教师职称，毕竟中小学与大学的培育对象存在着差异，中小学的"育人艺术""学风养成""班风建设"与教学、教研有其特殊内涵。即使是大学教学论教授，如果没有中小学教育教学背景，评审时也难以遵循中小学教师成长规律和职业性质，体现中小学系列的独有特点，因此有可能导致职称评价结果难以有公信力。中小学正高级教师评委应该以中小学正高级教师、特级教师、教研专家为主体，评审过程中要确保中小学教育领域专家不低于60%，专家评审组长最好由中小学系列专家担任。

2019年8月，湖南省教育厅职称改革工作领导小组办公室下发《关于做好中小学教师系列高级职称评委库委员人选推荐工作的通知》，这是进一步完善评委库的一次实际行动。通知明确评委库专家人选从以下三类人员中产生，包括中小学正高级教师，高等学校中长期从事基础教育教学与研究的正高级专业技术人员，省、市州、县市区教研机构及教师培训机构和校外教育机构（含教育装备、勤工俭学、电化教育、教育考试等为基础教育服务的国家事业单位）中长期从事基础教育教学与研究的正高级专业技术人员。其中第一方面的人选就是中小学的正高级教师，并且提出了推荐条件，包括：

1.拥护党的路线、方针、政策，遵守国家法律法规，坚持原则、廉洁奉公、作风正派、办事公道，具有优秀的政治品德和良好的职业道德。

2.基础理论和专业知识坚实，教学经验丰富，教学效果显著，在教育教学某一方面有较深入的研究，并取得较高水平的研究成果。

3.从事本专业教育教学和教研工作满15年、任现职满3年（计算至2019年12月31日；中小学正高级教师任现职未满3年可推荐）。

4.在职在岗，身体健康，胜任评审工作且本人自愿，年龄一般不超过60周岁。按要求办理了延长退休年龄手续的可参与推荐，年龄相应放宽。

对有违纪违法、党纪政纪处分、诚信缺失、学术不端等情形及群众反映争议较大的人员不得入选评委库。入库委员须由2名本学科领域专家实名推荐或基层单位业务部门推荐。评委库评委委员原则上每3年进行一次调整，入库专家人选名单不对外公布。

九、关于信息公开与监督机制

作为一项广受关注的评审工作，如果评审标准及细则未公开，评审过程不透明，容易让人产生遐想。不要怕公开，哪怕细则本身不完美，只要细则公开，没有评上的就口服心服，也知道了自己的差距，明白了今后努力的方向，会减少很多矛盾、猜疑与暗箱操作。近年来，有的市州向社会公开了高级教师评分细则,一线教师高度赞赏,信访量逐年减少。同时公开也是倒逼提高评审工作质量的重要措施。

评审质量关系到职称评审公信力,要把真正干出成绩的教师评选出来才令人信服,才能真正鼓励优秀人才脱颖而出。评审标准要清晰明了,要契合基础教育特征;记分规则要向社会公布,评审过程要公开透明。

正高级职称评审每一步程序都要严格监督,要不断加强事中、事后监督,强化公示、公开,接受广大教师的监督。个人申报材料要公示到位;基层学校(单位)推荐、县市区教育行政部门审核要实在,不是形式主义审查;评审委员会及其下属的学科专家都要严格接受监督,强化责任追究。

十、关于运用现代化手段开展网络评审

随着教育信息化水平的提高,已经具备部分在线评审的条件,可以积极探索利用现代化信息技术手段实施评审,逐步实现网上受理、网上办理、网上反馈。在保障信息安全和个人隐私的前提下,逐步开放职称信息查询验证服务,积极探索实行职称评审电子证书。电子证书与纸质证书具有同等效力。课堂实录可以在网络上传播,可以尝试聘请同学科教师对课堂教学案例实录网络评分,作为专家评审的参考。建立网络材料打假系统,以免假材料蒙混过关。逐步推行无纸化申报评审,材料可以永久保存,过程记录真实,计分清晰明了,提高评审效率。

做好职称评审是加强新时代教师队伍建设的重要举措。中小学教师正高职称评审政策性强,牵动各方利益,影响组织对一个人的评价,影响一个家庭的幸福,影响局部安定,如果处置不善,不但不会起到正面激励作用,反而会偏离国家政策初衷和价值导向,带来严重负面影响,从而制约教育发展水准,影响教育事业健康发展,所以中小学教师正高级职称评审必须制度健全、方法科学、程序规范、监督有力,这样才能够保证评审质量。

图书在版编目(CIP)数据

中小学教师胜任力的提升与评价／赵雄辉等著.
—长沙：中南大学出版社，2020.9
ISBN 978 – 7 – 5487 – 2179 – 6

Ⅰ.①中… Ⅱ.①赵… Ⅲ.①中小学－师资培养－
研究 Ⅳ.①G635.12

中国版本图书馆 CIP 数据核字(2020)第 116323 号

中小学教师胜任力的提升与评价

ZHONGXIAOXUE JIAOSHI SHENGRENLI DE TISHENG YU PINGJIA

赵雄辉 等著

□责任编辑	谢贵良　张　倩　梁　甜	
□责任印制	周　颖	
□出版发行	中南大学出版社	
	社址：长沙市麓山南路	邮编：410083
	发行科电话：0731 – 88876770	传真：0731 – 88710482
□印　　装	长沙市宏发印刷有限公司	

□开　　本	710 mm×1000 mm 1/16	□印张 16	□字数 261 千字
□版　　次	2020 年 9 月第 1 版	□2020 年 9 月第 1 次印刷	
□书　　号	ISBN 978 – 7 – 5487 – 2179 – 6		
□定　　价	60.00 元		

图书出现印装问题，请与经销商调换